专用于体育行业国家职业资格认证

社会体育指导员国家职业资格培训教材

跆 拳 道

Taiquandao

国家体育总局职业技能鉴定指导中心 组编

高等教育出版社·北京

内容提要

本书是根据国家职业资格证书制度的相关要求以及《社会体育指导员国家职业标准》对跆拳道社会体育指导员的能力要求编写而成的。全书共分10章,包括跆拳道运动概述,跆拳道品势技术,跆拳道对打、防身术与击破,跆拳道竞技技术,跆拳道技术运用原理与技巧,跆拳道竞技战术,跆拳道运动员的体重控制以及运动损伤的预防和处理,跆拳道教学与训练,跆拳道竞赛的组织、规则与裁判法,跆拳道俱乐部的经营与管理。

本书配合社会体育指导员(跆拳道)国家职业资格培训使用,同时可作为普通高等学校体育专业相关课程教材,也可作为相关体育管理机构、跆拳道俱乐部的业务培训教材。

图书在版编目(CIP)数据

跆拳道 / 国家体育总局职业技能鉴定指导中心组编. —北京:高等教育出版社,2010.9(2019.6重印)

国家职业资格培训教材. 社会体育指导员

ISBN 978-7-04-027849-1

Ⅰ.①跆… Ⅱ.①国… Ⅲ.①跆拳道-技术培训-教材 Ⅳ.①G886.9

中国版本图书馆 CIP 数据核字(2010)第 175957 号

策划编辑 曹京华	责任编辑 史本玲	封面设计 韩璐儿	版式设计 韩璐儿
责任校对 刘 莉	责任印制 耿 轩		

出版发行	高等教育出版社	咨询电话	400-810-0598
社　　址	北京市西城区德外大街4号	网　　址	http://www.hep.edu.cn
邮政编码	100120		http://www.hep.com.cn
印　　刷	北京市鑫霸印务有限公司	网上订购	http://www.landraco.com
开　　本	787×960　1/16		http://www.landraco.com.cn
印　　张	24.5	版　　次	2010年9月第1版
字　　数	450 000	印　　次	2019年6月第9次印刷
购书热线	010-58581118	定　　价	42.80元

本书如有缺页、倒页、脱页等质量问题,请到所购图书销售部门联系调换
版权所有　侵权必究
物　料　号　27849-00

审委会名单

主　任　倪会忠
副主任　盛志国　李业武　续　川　翁家忍　赵　磊
委　员（以姓氏笔画为序）
　　　　　丁　涛　王正伦　田志宏　李　岩　曹　涛

编委会名单

主　编　刘宏伟
副主编　金星辉　孙茂君
成　员（以姓氏笔画为序）
　　　　　张　雷　张银余　吴建忠　侯　键

推行国家职业资格证书制度是我国改革开放以来，推动人力资源开发事业的一项重要举措。职业资格证书是反映就业者专业知识和技能水平的证明，是从业者通过职业技能鉴定进入就业岗位的凭证，是国家证书制度的主体。

我国建立职业资格证书制度以来，采用政府推动与社会化管理以及第三方认证相结合的模式，严格执行考培分离规定，按照统一鉴定站资质、统一考评人员资格、统一命题管理、统一考务管理、统一证书核发的"五统一原则"，开展职业技能的考核鉴定，改变了过去传统的自我培训、自我考核、自我认证方式，这是我国在人才评价认证方式上的一个根本性的变革。它使就业者能按照统一标准和尺度公平竞争，有利于劳动力市场的人才流动，降低了劳动力市场的运行成本，保证和协调了社会劳动力供需双方的利益。这种第三方认证的模式符合国际通行规则，既有利于我国人力资源开发最终与国际接轨，也为我国参与国际经济竞争创造了条件。

国家体育总局按照国家大力推行国家职业资格证书制度、实行学历文凭和职业资格两种证书并重的要求，于2004年正式成立国家体育总局职业技能鉴定指导中心，专门负责体育行业国家职业资格证书的日常技术管理和业务指导工作，并经人力资源和社会保障部批准在全国二十多个省市建立了职业技能鉴定站，具体承担相关职业资格考核鉴定工作。体育行业推行国家职业资格证书制度，通过建立科学、规范、统一的体育行业国家职业标准，针对职业岗位的相关从业人员开展职业资格培训和考核，规范大众健身服务市场，提高从业人员综合素质和体育服务标准化水平，保障人民群众健身安全，维护人民群众健身权益，从而促进全民健康素质的提升和体育市场健康有序的发展。

目前，由人力资源和社会保障部审定批准并纳入国家职业大典的体育特有职业包括：社会体育指导员、游泳救生员、体育场地工、体育经纪人四个职业。其中社会体育指导员包括47个项目，主要有健身教练、游泳、滑雪、健美操、体育舞蹈、轮滑、健美、网球、乒乓球、羽毛球、跆拳道、武术、户外运动、攀岩、潜水、棋类等。在国家体育总局各单项协会的大力支持和协助下，国家体育总局职业技能鉴定指导中心按照国家统一要求，组织编写了相关专业的培训大纲、培训教材，作为国家职业资格培训的主要参考材料。

职业资格考核鉴定是一种标准参照式考试，也就是达标考试，培训教材编写的定位是以职业标准为依据、以职业活动为导向、以职业技能为核心，严格按照国家职业标准制定的，不过分追求知识的系统性和完整性，保证培训内容符合职业实质，满足职业需要，为规范社会劳动力市场作出合理的参照。

由于各职业的工作内容不断调整，专业技术发展很快，社会对体育服务的需求也在不断变化，我们会据此对培训教材及时调整和改进。鉴于我们编写人员的学识和经验有限，编写的培训教材也有待于市场进一步检验，不妥之处，敬请提出宝贵意见！

国家体育总局职业技能鉴定指导中心
二〇一〇年八月

编写说明

跆拳道于2000年成为奥运会正式比赛项目,截至2010年5月,已经有191个国家和地区加入世界跆拳道联合会。随着1994年中国首届跆拳道全国比赛的举办,在国家体育总局跆拳道主管部门的大力推动下,在我国跆拳道专业人员和社会体育工作者的不断努力下,跆拳道在中国已经成为一个家喻户晓的体育项目,特别受到广大青少年体育爱好者的青睐。到20世纪90年代末期,跆拳道健身场馆在我国如雨后春笋般不断涌现,从事跆拳道运动也成为一种健身时尚,大部分省市成立了跆拳道专业队。我国跆拳道运动的发展从无到有,从小到大。尽管目前跆拳道运动在全国各个地区开展得还不够均衡,但跆拳道健身场馆几乎遍及各个省会城市,并且已经延伸到中小城市以至农村。

目前,跆拳道社会体育指导员已被正式纳入国家职业大典,面向跆拳道专业技术指导人员将实行国家职业资格证书制度,统一标准、统一考核、统一认证。为规范市场,统一跆拳道技术考核标准,提高跆拳道社会体育指导员的综合素质,保证跆拳道教学和指导的安全和质量,国家体育总局职业技能鉴定指导中心委托中国跆拳道协会,于2007年初组织专家编写《跆拳道社会体育指导员培训大纲》和培训教材、提炼鉴定要素、制定考核程序、建立国家试题库、编写考核试题，并于2008年开始在全国部分省市开展培训和考核认证的试点工作。

编写组按照《社会体育指导员国家职业标准》的要求，依照跆拳道职业活动的内容与特点，参考相关资料编写了本教材。本教材经全国体育行业职业技能鉴定专家指导委员会审定，作为跆拳道社会体育指导员国家职业资格培训的主要教材。本书涵盖了跆拳道初级、中级、高级以及指导师级四个级别的培训和考核内容，不同级别学员可参考本教材附录或培训大纲规定的相应内容进行学习。

本教材的编写遵循以下指导思想：

1. 教材内容的科学性。确保教材内容和观点准确、客观，不写入、不引用有争议的、尚无准确结论的资料。

2. 教材内容的先进性。尽量集中反映近几年世界跆拳道运动发展的最新成果和技术规范，并在吸收其他同类教材编写经验的基础上有所创新和突破。

3. 教材内容的实用性。严格按照以职业活动为导向，以职业标准为依据，以职业技能为核心的原则，从跆拳道社会体育指导员的职业特点与工作实际出发，突出实用性，做到简明扼要、通俗易懂、图文并茂。

本教材执行主编为刘宏伟（沈阳体育学院），副主编为金星辉（中国跆拳道协会）、孙茂君（首都体育学院）。本教材共10章，各章章目及撰稿人如下：

第一章　跆拳道运动概述　张雷、刘宏伟

第二章　跆拳道品势技术　刘宏伟、金星辉

第三章　跆拳道对打、防身术与击破　刘宏伟、张银余（中国国家跆拳道示范团）

第四章　跆拳道竞技技术　刘宏伟

第五章　跆拳道技术运用原理与技巧　刘宏伟、吴健忠（北京体育大学）

第六章　跆拳道竞技战术　刘宏伟

第七章　跆拳道运动员的体重控制以及运动损伤的预防和处理　孙茂君、侯健（上海体育学院）

第八章　跆拳道教学与训练　孙茂君、吴健忠、刘宏伟

第九章　跆拳道竞赛的组织、规则与裁判法　金星辉、侯健

第十章　跆拳道俱乐部的经营与管理　张雷、张银余

为了配合培训和考核，王菲菲（四川宁南文化体育局）、杨树叶（大连理工大学）协助编写小组制定了《跆拳道社会体育指导员培训大纲》和考核规范。在此，向他们表示衷心的感谢！

　　非常感谢为本教材图片做示范模特的孙兆瑞、肖金瀛、左彦坡、井婧梓、陈纯纯、刘立夫等；感谢为本教材图片处理做了大量工作的谯伟、刘胡兴、王菲菲、刘圆圆；感谢为本教材第二至八章拍摄大量图片的刘宏伟老师；感谢为本教材第九章拍摄图片的李维国老师（沈阳体育学院）。

　　在本教材编写过程中，中国跆拳道协会给予了大力支持和协助，多次提出宝贵意见。在此，向他们表示衷心的感谢！

　　由于编者水平有限，本教材不足之处敬请指正，以便再版时修正。

编者
二〇一〇年八月

第一章 跆拳道运动概述 → 1
　　第一节　跆拳道运动的起源及发展....2
　　第二节　跆拳道运动的定义、内容、特点和价值....7
　　第三节　跆拳道运动的段位制度....13

第二章 跆拳道品势技术 → 23
　　第一节　跆拳道品势技术基础....24
　　第二节　太极一章至八章品势....32
　　第三节　高丽品势....94
　　第四节　金刚品势....106
　　第五节　太白品势....114
　　第六节　平原品势....124
　　第七节　十进品势....132
　　第八节　地跆品势....142
　　第九节　天拳品势....151
　　第十节　汉水品势....161
　　第十一节　一如品势....170

第三章 跆拳道对打、防身术与击破 → 179
　　第一节　跆拳道对打....180
　　第二节　跆拳道防身术....185
　　第三节　跆拳道击破....199

第四章 跆拳道竞技技术 → 207
　　第一节　跆拳道竞技的非得分技术....208

第二节　跆拳道竞技的得分技术 228

第五章　跆拳道技术运用原理与技巧 → 245
　　第一节　距离 246
　　第二节　战机 249
　　第三节　节奏和空间原理 251
　　第四节　判断和预测 254

第六章　跆拳道竞技战术 → 257
　　第一节　跆拳道竞技战术训练与应用原则 258
　　第二节　跆拳道竞技战术的种类与应用 261

第七章　跆拳道运动员的体重控制以及运动损伤的预防和处理 → 273
　　第一节　跆拳道运动员的体重控制 274
　　第二节　跆拳道运动损伤的预防和处理 277

第八章　跆拳道教学与训练 → 281
　　第一节　跆拳道教学与训练的准备 282
　　第二节　跆拳道教学 287
　　第三节　跆拳道训练 300

第九章　跆拳道竞赛的组织、规则与裁判法 → 335
　　第一节　跆拳道竞赛的组织 336
　　第二节　跆拳道竞赛规则要点（品势）.... 344
　　第三节　跆拳道竞赛规则要点（竞技）.... 354

第十章　跆拳道俱乐部的经营与管理 → 369
　　第一节　跆拳道俱乐部的经营 370
　　第二节　跆拳道俱乐部的管理 373

附录 → 380

参考文献 → 381

第一章 跆拳道运动概述

本章提要

跆拳道是由朝鲜半岛最初的防身术演变而来的,现已成为深受人们喜爱的体育项目,2000年成为奥运会正式比赛项目。本章概括介绍了世界跆拳道发展简史、中国开展跆拳道的基本情况、跆拳道的内容与分类、跆拳道的特点与作用、跆拳道段位制度、跆拳道礼仪、跆拳道场地与器材等学习跆拳道必须掌握的基础理论知识,通过本章的学习,学员会对跆拳道有一个比较全面的了解。

重要概念

跆拳道 跆拳道竞技 品势技术 跆拳道运动的特点 跆拳道运动的作用 跆拳道礼仪 跆拳道段位制度

第一节 跆拳道运动的起源及发展

一、跆拳道运动的起源

跆拳道起源于朝鲜半岛（现朝鲜和韩国），是由朝鲜半岛的自卫术演变发展而来的。

原始社会时期，居住在朝鲜半岛的大部分人过着以农业为主的农耕生活，同时也辅以狩猎。为了获取食物、抵御外来的侵略，在生活和御敌的实践中，人们逐渐发现一些既能够锻炼身体又能够御敌自卫的技术。古代跆拳道的雏形正是在这种环境下孕育而生的。经过不断的发展和完善，这些技术由一种原始本能的自卫活动演化为有目的、有意识的自卫技击运动，除了用于御敌和狩猎外，也用于参与祭祀和展示力量的斗技大会。这种技击运动在社会生活实践中不断得到补充和完善，逐渐成为有目的、有意识的格斗运动。

朝鲜半岛的自卫术曾用的名称有手搏、托肩、唐手道、手搏道等。

1910年，日本侵略朝鲜，李朝（朝鲜的一个历史朝代）灭亡。殖民政府禁止一切朝鲜文化活动，自卫术也包含其中，部分人只能在民间秘密修炼。1945年，朝鲜半岛解放，国家的政治、经济、社会面貌发生了新的变化，自卫术再度兴起，流落海外的人也将各地的武艺带回本国，和朝鲜的各种自卫术进行融合，逐渐形成了现代跆拳道体系的雏形。

为了使自卫术得以正规发展，1955年，崔洪熙提出将跆拳道作为朝鲜半岛自卫术的统一名称，但由于各方意见不一致，1961—1965年使用跆手道；1965年8月，跆拳道这个名称才正式统一使用并沿用至今。

二、世界跆拳道运动的发展

1966年，第一个国际组织——国际跆拳道联盟（International Taekwondo Federation，简称ITF，崔洪熙创立）成立。

1973年5月，世界跆拳道联合会（The World Taekwondo Federation，简称WTF）成立，原主席金云龙，现任主席赵正源。同年开始举行第一届世界跆拳道锦标赛。

1975年10月，世界跆拳道联合会被国际体育联合会接纳为正式会员。

1980年，国际奥委会正式承认世界跆拳道联合会。

1986年，第10届亚运会将跆拳道列为正式比赛项目；同年，举办了第一届跆拳道世界杯比赛。

1988年、1992年，跆拳道连续两届被列为奥运会表演项目。

1994年9月，在法国巴黎召开的国际奥委会第103届会议，将跆拳道列为2000年奥运会正式比赛项目，设男子、女子各4个级别的比赛。

1996年，开始举办世界青年跆拳道锦标赛。跆拳道也被列入许多世界重大赛事，如跆拳道成为世界大学生运动会，世界军人运动会，亚运会、全非洲运动会、泛美运动会、东亚运动会等国际洲际比赛的正式项目。截至2010年5月，已有191个国家和地区加入世界跆拳道联合会，练习跆拳道的人数达到七千多万，世界跆拳道大家庭在不断扩大。

三、中国跆拳道运动的发展

中国自1992年开始有步骤、有计划地开展跆拳道运动，在"国家管理、依托社会、健康规范、迅速启动"的方针指导下，经过十几年的发展，已基本步入正轨，初步建立了科学的训练、竞赛、管理和组织体制，加入了世界跆拳道联盟和亚洲跆拳道联盟并积极参与重要国际跆拳道比赛和活动，取得了可喜的成绩。

1995年，中国跆拳道协会筹委会成立，魏纪中任主席。2004年7月，中国跆拳道协会召开正式成立大会，崔大林任主席。

随着跆拳道被列为2000年悉尼奥运会正式比赛项目，国家体育总局认识到开展跆拳道运动的必要性。1992年10月7日，经国家体委批准，中国跆拳道协会筹备小组正式成立。1994年5月，在河北正定举办了首届全国跆拳道教练员和裁判员学习班；1994年9月，首届全国跆拳道比赛在昆明举行，15个单位约150名运动员参加了比赛。1995年5月，首届全国跆拳道锦标赛在北京体育大学举行，22个单位约250名运动员参加了比赛，世界跆拳道联盟总裁李仲佑先生率韩国表演团参加了本次大会并作了表演。

1996年5月17—19日，中国万基杯全国跆拳道锦标赛在浙江金华举行。之后，跆拳道比赛列入国家体委的竞赛计划，每年都举行全国锦标赛以及全国冠军赛。

1996年6月，经国家体委批准，中国派出9名运动员参加了在澳大利亚墨尔本举行的第一届亚洲跆拳道锦标赛，男子83 kg级选手门凤伟获得铜牌。

1996年7月，中国跆拳道青年集训队在北京正式成立。次年9月，集训队组成14人的代表队赴越南河内参加了国际跆拳道邀请赛，我国选手获得2金1银2铜的好成绩。

随着现代社会的快速发展,体育已成为人们日常生活中不可缺少的一部分,竞技体育也受到人们越来越多的关注。跆拳道这一新兴的运动项目与健身方式备受广大青少年的喜爱,各地大众跆拳道运动逐渐开展起来。

虽然我国开展跆拳道项目时间不长,但我国选手在三次奥运会上取得了4枚金牌、1枚铜牌(表1-1-1)的好成绩,有效地推动了跆拳道运动的快速发展。

表1-1-1　中国队参加洲际、国际比赛成绩表

时间	比赛名称	地点	比赛成绩
1997年11月	第13届世界锦标赛	中国香港	黄鹏获女子43 kg级亚军 刘闯获男子58 kg级第三名
1998年5月	第13届亚洲锦标赛	越南	贺璐敏获女子70 kg级冠军 申旭获女子55 kg级亚军 黄鹏获女子43 kg级第三名 张会景获女子60 kg级第三名 刘闯获男子58 kg级第三名 刘华胜获男子54 kg级第三名
1998年12月	第13届亚运会	泰国	贺璐敏获72 kg级亚军 黄鹏获女子47 kg级第三名 袁桂茹获女子51 kg级第三名 陈中获女子67 kg级第三名 刘闯获男子62 kg级第三名
1999年6月	第14届世界锦标赛	加拿大	王朔获女子55 kg级冠军 张会景获女子63 kg级亚军 袁桂茹获女子51 kg级第三名 陈中获女子72 kg级第三名
2000年4月	世界杯比赛	法国	贺璐敏获女子67 kg级冠军 孔繁桃获女子47 kg级冠军
2000年5月	第14届亚洲锦标赛	中国香港	陈中获女子72 kg级冠军 贺璐敏获女子67 kg级冠军 王朔获女子59 kg级亚军 张会景获女子63 kg级亚军 朱峰获男子84 kg级第三名
2000年9月	第27届奥运会	澳大利亚	陈中获女子67 kg级冠军

续表

时间	比赛名称	地点	比赛成绩
2000年11月	世界青年锦标赛	爱尔兰	刘昱获女子67 kg级冠军
2001年5月	世界杯比赛	越南	陈中获女子72 kg级冠军
2001年11月	第15届世界锦标赛	韩国	陈中获女子72 kg级亚军 孔繁桃获女子47 kg级第三名
2002年4月	第15届亚洲锦标赛	约旦	陈中获女子72 kg级冠军 黄鹂获女子47 kg级第三名 王朔获女子59 kg级第三名 张会景获女子63 kg级第三名 张理月获女子67 kg级第三名 任瑞红获女子+72 kg级第三名
2002年7月	世界杯比赛	日本	李晓坚获女子55 kg级亚军 王赢获女子51 kg级第三名
2002年10月	第4届世界青年锦标赛	希腊	刘蕊获女子59 kg级亚军 孟远获男子68 kg级亚军 张玉红获女子43 kg级第三名 董万胜获男子84 kg级第三名
2003年8月	第22届世界大学生运动会	韩国	赵雅获女子55 kg级冠军 王大庆获女子72 kg级第三名
2003年9月	第16届世界锦标赛	德国	罗微获女子72 kg级冠军 王莹获女子47 kg级亚军 陈中获女子+72 kg级第三名
2004年5月	第16届亚洲锦标赛	韩国	宗绍娟获女子63 kg级冠军 白雨获男子84 kg级亚军
2004年6月	第5届世界青年锦标赛	韩国	吴静钰获女子49 kg级冠军 陈风获女子55 kg级冠军 刘蕊获女子+68 kg级冠军 侯玉琢获女子59 kg级亚军 李来获男子68 kg级亚军 李亮获男子78 kg级亚军 吴月斌获男子59 kg级第三名

续表

时间	比赛名称	地点	比赛成绩
2004 年 8 月	第 28 届奥运会	希腊	罗微获女子 67 kg 级冠军 陈中获女子 +67 kg 级冠军
2005 年 4 月	第 17 届世界锦标赛	西班牙	王莹获女子 51 kg 级冠军 刘蕊获女子 72 kg 级第三名
2005 年 8 月	世界大学生运动会	土耳其	刘蕊获女子 72 kg 级冠军 吴静钰获女子 47 kg 级冠军 崔玉红获男子 62 kg 级第三名
2005 年 11 月	第 4 届东亚运动会	中国澳门	刘孝波获男子 +80 kg 级冠军 潘冬冬获男子 80 kg 级亚军 左毅获男子 58 kg 级第三名 孙伟获女子 57 kg 级第三名 杨萍获女子 67 kg 级第三名 刘蕊获女子 +67 kg 级第三名
2006 年 4 月	第 17 届亚洲锦标赛	泰国	吴静钰获女子 47 kg 级亚军 罗薇获女子 72 kg 级亚军 刘蕊获女子 +72 kg 级亚军
2007 年 5 月	第 18 届世界锦标赛	中国	吴静钰获女子 47 kg 级冠军 陈中获女子 +72 kg 级冠军 罗薇获女子 72 kg 级第三名
2008 年 8 月	第 29 届奥运会	中国	吴静钰获女子 49 kg 级冠军 朱国获男子 80 kg 级第三名

注："+"表示该重量以上级别。

跆拳道的开展，主要以道馆的形式。20 世纪 80 年代后期，部分地区开始开展跆拳道运动，如延边、北京、昆明、深圳和广州等。

尽管政府主管部门没有大力提倡，但随着人们对跆拳道运动认识的逐渐加深，社会对跆拳道需求的不断增加，自发的跆拳道培训在民间从无到有、从少到多。20 世纪 90 年代后期，北京、广东、上海、云南等地先后掀起跆拳道热潮。尤其在北京，跆拳道道馆在短时间内由几十家猛增到上百家。2000 年，在首次成为奥运会正式项目的跆拳道比赛中，我国选手陈中获得金牌，对跆拳道在大众中的开展起到很大的宣传和推动作用；同时，影视、报刊、杂志等媒体对跆拳道的介绍和报道，也对跆拳道项目起到了很好的宣传作用，扩大和加深了人们对跆拳道项目的了解。

跆拳道运动在我国开展初期，大众跆拳道运动基本处于无序的自我发展状态。

2004年以来，中国跆拳道协会着手规范大众跆拳道市场，先后出台了一系列的管理政策，实行对国内跆拳道段位制的管理，同时，建立了官方网站，出版了跆拳道杂志，编译了跆拳道权威著作，组织编写了跆拳道培训材料，协助国家体育总局职业技能鉴定指导中心建立了跆拳道社会体育指导员国家职业资格考核鉴定体系。

随着2006年世界品势比赛的开展，我国组建了跆拳道品势国家队，参加了两届世界比赛，部分项目取得了第三名的好成绩。2006年开始举办全国大众跆拳道比赛，目前有超过1 000名队员参加，设有品势、竞技、跆拳操、击破等比赛项目，推动了跆拳道运动在我国的普及和发展。部分省市自2000年开始举办跆拳道俱乐部的比赛以及晋升级位和段位的比赛。2005年，北京跆协杯跆拳道比赛人数达到1 151人；2008年，广东省和浙江省跆拳道俱乐部（大众）比赛参赛人数都超过1 500人。

第二节　跆拳道运动的定义、内容、特点和价值

一、跆拳道运动的定义

跆拳道是起源于朝鲜半岛（现韩国和朝鲜）的一种格斗术，主要利用手脚等部位进行搏击对抗，是一项注重礼仪修养的武道体育运动。"跆"字的含义为脚踢，指与腿部相关的各种攻击和防守技术；"拳"字的含义为拳打，指与手臂相关的各种攻击和防守技术；"道"是指在"跆"和"拳"修炼过程中的精神要求以及搏击的艺术方法。

二、跆拳道运动的内容

（一）礼仪

跆拳道礼仪是跆拳道运动必不可少的组成部分。跆拳道礼仪是指练习者在习练跆拳道过程中表现出的高尚的、有价值的言行和举动。

1. 跆拳道礼仪的原则

以礼开始、以礼结束，礼仪教育贯穿在跆拳道练习的始终。练习者不但能够得

到身体锻炼，还能够得到礼仪教育，懂得秩序、懂得守时、懂得纪律、懂得尊重。因此，参加跆拳道训练能够提高练习者的礼仪修养，树立积极的、健康的人生观和社会观。

2. 跆拳道礼仪的形式

跆拳道礼仪的形式是鞠躬礼（图 1-2-1）。具体做法是：身体面向对方，并步直立，两臂置于身体两侧，上体前倾不小于 30°，头部前倾不小于 45°，稍停后，还原成直立姿势。

图 1-2-1　跆拳道鞠躬礼

问题指南

跆拳道运动的行为规范有哪些

◎每次进出训练馆时需向国旗行注目礼。

◎每次见到教练、家长、老师及长辈要敬礼问好。训练开始要集体向教练敬礼。

◎双人练习前，两人要互相敬礼。练习结束时，再次互相敬礼。两人交换和传递脚靶等训练物品时要互相敬礼。

◎向教练请假、请教、和教练谈话前要敬礼，结束时也要给教练敬礼。

◎练习时如果道服松开，应停止运动，转身背向国旗、会旗、教练以及同伴整理道服，整理好之后再继续进行练习。

◎当教练或领导进入训练馆时，所有学员必须马上立正行鞠躬礼，然后再进行活动。

◎在学校和家中做任何事情都需要礼让他人。在谈话、用餐、打电话、访问亲友时，都要按一定的礼节进行，将文明言行带到生活、学习以及工作的各个方面，养成良好的礼仪习惯，逐渐形成克己礼让、恭敬谦逊、宽厚待人的态度和习惯。

◎训练结束将要离开道馆时，要首先向国旗敬礼，然后依次向馆长、教练及长辈敬礼。

◎练习时衣着整齐清洁，讲究卫生，对教练、同伴要时刻表现出恭敬、谦虚的态度。

◎练习者的手指甲和脚趾甲必须修剪整齐，以免伤到对方。

(二) 品势技术

品势就是将跆拳道基本攻防技术按照一定原理进行的有机排列与组合，每个品势都有固定形式的起势和收势、动作运行路线和文化涵义。跆拳道晋升级位和段位的品势共有 17 个，分别为太极第一至第八章、高丽、金刚、太白、平原、十进、地跆、天拳、汉水、一如。跆拳道品势还包括自编的品势，多用于表演和比赛。

(三) 对打

对打是跆拳道双人练习的一种形式，是事先约定好双方所使用的攻防技术动作，然后进行配合练习。对打要求攻击用力适度，不能伤及同伴。对打的内容一般包括一人进攻、另一人防守，一人由进攻转入防守、另一人由防守转入进攻等。通过对打练习可以帮助练习者体会跆拳道技术的攻防作用，减少练习者实战恐惧心理，培养实战距离感，掌握攻防的时机、节奏等。

(四) 自卫术

利用人体四肢和躯干来进攻和防守是武道技法的根源，跆拳道品势中的动作都有特定的攻防含义，都具有特定的攻防作用。除了品势记录的技术外，跆拳道还有许多零散的自卫招法。跆拳道自卫术的内容主要包括：利用手脚等关节进行进攻和防守、擒拿术、利用器械的格斗等。

跆拳道自卫术经常用于表演，即先设计一定的情节，然后根据情节两人或多人进行演练，从而表现跆拳道惩恶扬善、见义勇为的高尚精神和高超的格斗技艺。

(五) 击破和特技

击破和特技是跆拳道练习功力和展示功力的主要形式。很多练习跆拳道的人都是因为看过跆拳道功力表演而被这项运动所吸引的。事实证明，经过一定时间的科学训练，人体拳、手、肘、膝、头等部位能够达到力量充沛、坚硬如铁，可以通过跆拳道击破技术击碎木板、砖瓦等（图 1-2-2①②）。这些对于常人来说不可思议的事情，对于训练有素的跆拳道练习者来说变得轻松自如。跆拳道特技练习者可以完成有较大难度的技术动作，充分表现出跆拳道高超的技巧和攻击威力。跆拳道功力表演增加了跆拳道的神秘色彩和吸引力。

① 踢板　　　　　　　　　　　② 腾空横踢击碎瓦片

图 1-2-2　跆拳道的击破技术

(六) 跆拳道舞

根据特定音乐的节奏来表现跆拳道技术，成为现代跆拳道的一种重要表现形式。结合音乐的练习主要有两种：一种是利用节奏鲜明的音乐引导练习，在现代社会受到广大练习者的欢迎，逐渐成为跆拳道一种新的表现形式。另一种是在意境深远的音乐背景下进行练习，使练习者体验跆拳道技法的意境。

(七) 双人对抗比赛 (竞技)

跆拳道双人对抗比赛也称为跆拳道竞技比赛，是在一定的时间和空间内，同性别、同级别的参赛者，在规则限制下，运用允许的技术进行攻防格斗运动。比赛主要由运动员、教练员和裁判员三部分人员组成。运动员是比赛的主体，教练员对参赛运动员进行临场组织和指挥，比赛的胜负由裁判员来裁决。通过比赛可以使运动员认识跆拳道比赛，正确对待比赛的胜负，提升运动员的价值观。通过比赛还可以提高运动员的意志力，培养运动员勇于拼搏、积极向上的良好品格。竞技跆拳道在 2000 年成为奥运会正式比赛项目。

> **专家提示**
>
> 跆拳道比赛的场地为 8 m×8 m，一场比赛分为 3 局，每局 2 min，局间休息 1 min。头部只能使用脚攻击，躯干可以使用直拳和脚攻击。2009 年开始在世界范围使用电子护具进行比赛。

三、跆拳道运动的特点

(一) 技法全面、突出腿技、注重功力

跆拳道技法由最初零散的招式、简单的方法变得越来越丰富，逐渐演变成为技法全面、系统的武技。跆拳道技法中，手、脚、膝、肘、头等部位都可以用来进攻和防守。跆拳道包括擒拿与解脱、摔技与倒地反击、一对一格斗与一人对多人格斗、空手夺武器与穴位攻击等许多独特的格斗技巧。传统跆拳道的技法体系中包括拳法、腿法、摔法、擒拿法等技术。

跆拳道突出对腿技的应用与研究。由于腿的打击距离远，攻击隐蔽性强、威力大，因此，跆拳道把腿技修炼和运用摆在了突出位置，并在多年的实践中积累了丰富的腿法技击经验，使腿技成为跆拳道所有技法的突出代表。跆拳道也因此著称于世。按照禁止摔法、限制拳法、突出腿法的原则，跆拳道双人搏击格斗被成功改造为现代体育运动，并成为奥运会正式比赛项目。

跆拳道特别注重功力训练，修炼的目标是：使身体强如盾牌、拳如铁锤、手掌如刀、指如尖锥，使身体进攻部位强劲无比，犹如随身携带着武器。跆拳道理论认为，手、脚、肘、膝等是上天赐予人自我保护的最佳武器，比任何其他武器都便于使用，跆拳道利用特有的方法进行练习，使这些部位更加强壮。

跆拳道常用击破的方法来检验练习者的功力水平，如断砖、碎板、破瓦等，跆拳道还经常把击破作为展示跆拳道威力的手段在重要场合进行表演。

(二) 方法简捷、稳健刚劲、技击性强

跆拳道在自卫技击中技法简单、注重实效、很少有花招杂式。远距离使用腿法，近距离则用手、肘、膝等进攻。防守法分为内、外、上、下四个方向，上段、中段、下段三个不同高度；经常使用的部位有手、前臂等；防守以直接格挡为主，随之就是刚劲的攻击。跆拳道发力稳健刚劲，劲由脚发起，全身协调配合，而且很重视蓄劲和放松，在接触目标的瞬间要求迅速有力、刚劲爆发。跆拳道要求动作规整、平衡稳健、发力雄浑，练习腿技时十分注重对人体髋和腰的运用，这不但可以使腿的攻击距离加长，控制范围增大，而且还增加了打击的力量。跆拳道技法的每个动作都具有一定的攻防含义，虽然动作十分简单，但实用性较强。

(三) 内外兼练、适应性强

跆拳道既练外在的身体，又修炼内在的精神。练习者在日常生活中要用武与礼并重的要求约束自己，严格遵守礼仪规范，培养"以礼开始、以礼结束"的行为习惯，养成坦诚、谦虚、不怕困难、顽强拼搏、克己自律的良好品质，从而达到内外兼练的目的。

跆拳道技术规范简单，易学易练，很少受场地、季节和时间的限制。跆拳道既有实战练习的形式，又有品势练习的形式，内容丰富，可供不同体质、性别、年龄的人选择，具有广泛的适应性。

(四) 严格的段位晋升制度

跆拳道用不同的级和段来表明练习者的修炼层次。跆拳道的段位晋升制度分为晋级和晋段，具体分为十级九段。不同的级要佩带不同颜色的腰带，入段后系黑色腰带。跆拳道段位晋升制度非常严格，只有在一定的年龄段、练习足够的时间、经过规定内容考试合格后才可以晋级或晋段。这种制度不但能使练习者长期保持练习兴趣，不断追求更高的目标，而且使初学者必须按部就班地进行学习和锻炼，循序渐进地增长跆拳道功夫。这无疑会使跆拳道练习者建立一个比较扎实的功底，同时还可以有效地避免好高骛远与贪多冒进。

四、跆拳道运动的价值

(一) 修身养性、磨炼意志

跆拳道练习需要练习者精神和身体的直接参与。任何一个想获得更好成绩和晋升级位或段位的人，都必须不断向自己的身体和精神极限冲击并与惰性抗争。这无疑是对人的精神与意志的考验和锻炼。因此，参加跆拳道锻炼可以培养人的顽强、果断和吃苦耐劳的精神，磨炼人的坚忍不拔、积极向上的意志品质。许多跆拳道教授者认为：跆拳道技术本身并没有多么重要，重要的是通过跆拳道这种形式来完善习练者的人格和品行。因此，跆拳道始终倡导"以礼开始、以礼结束"，并且以"百折不挠、礼仪廉耻、忍耐克己"为练习宗旨，最大限度地使跆拳道成为精神修炼的载体，成为"正人之道"。

（二）强身健体、防身自卫

经常进行跆拳道练习，可以发展人体的速度、力量、耐力、柔韧、灵敏等素质，提高人体内脏器官和各个系统的机能，提高人体对外界环境变化的适应能力和对突发事件的快速反应及处理能力，增强人体关节攻击能力和全身抗击打能力。通过跆拳道的攻防练习，还可以使练习者获得较强的自卫能力。

（三）娱乐观赏、陶冶性情

跆拳道技艺具有高度的艺术性。练习时，练习者身穿白色道服，系着不同颜色的腰带，展现出不同的身体姿势和演练节奏，在做刚劲有力的动作时，常结合吐气发声，给人以整洁美和威武的阳刚之美。在击破表演中，演练者赤手光脚击碎坚硬的木板或砖瓦，表现出跆拳道技法惊人的杀伤力，体现出人体的无穷潜力和跆拳道的技击功力之美。比赛场上双方斗智斗勇、拳脚翻飞，形成飞动惊险的实战竞技美。这些都说明跆拳道具有较强的观赏性和感染力，具有耐人寻味的东方武技特色。观赏跆拳道比赛和表演不仅能得到美的享受，还能激发人的斗志，鼓舞人奋发向上、努力进取的精神，陶冶人的道德情操。

第三节　跆拳道运动的段位制度

一、跆拳道段位制简介

实施跆拳道段位制是开展跆拳道运动的重要手段，是对从事和参与跆拳道运动者进行的技术评定和监督管理，包括晋级、晋段、考试、审批、管理、监督和惩罚等环节。

划分段位的基本依据是申请者的年龄、训练年限、技术水平和国际国内比赛成绩，执行中国跆拳道协会（CTA，以下简称中国跆协）和韩国国技院（KUKKI-WON，以下简称国技院）认可的有关考试标准。

段位制度包括晋级和晋段（国际段位）两部分内容。级位称号由低至高依次为初学、九级、八级、七级、六级、五级、四级、三级、二级、一级。段位称号由低至高依次为一段、二段、三段、四段、五段、六段、七段、八段、九段。

段位称号的适用对象是从事和参与跆拳道运动、自愿申请晋段的中国跆拳道协会的个人会员（包括外籍会员）。

中国跆拳道协会全面负责晋级考试并制定级位制度管理办法，各省级体育主管部门或相应的跆拳道协会根据中国跆协的晋级制度管理办法，制定实施细则并报中国跆协批准后，具体负责组织实施。

中国跆协全面负责晋段考试并制定段位制度管理办法，各级会员遵照段位制度管理办法执行。

符合条件的人员，上交有关资料和考试费用，参加晋级、晋段考试资格审查合格后，由中国跆协统一颁发级位证书，由中国跆协与国技院联合统一颁发段位证书。

级位证书由中国跆协统一制作，段位证书由中国跆协报送国技院统一制作、统一监制、统一管理，伪造必究。

> **专家提示**
>
> 获得中国跆协颁发的级位和段位证书者，拥有如下权利：①参加中国跆协组织的各类竞赛、训练、培训等活动；②经中国跆协推荐，参加国际跆拳道的有关活动；③获得一段以上段位称号者，可到相应的跆拳道协会申请备案，有资格担任跆拳道教练；获得三段以上段位称号者，向所属跆拳道协会和中国跆协申请，经当地有关部门批准后，可开办跆拳道道馆、学校、训练班、俱乐部以及从事其他和跆拳道相关的培训活动；④获得国际段位称号者有资格推荐学员晋级，有资格推荐比本人段位低的学员晋段。

获得段位称号者出现以下情况之一，中国跆协将根据情节严重程度分别给予警告、通报直至吊销证书等处罚：①用不正当途径获得段位证书，更改、伪造段位证书；②触犯法律，扰乱社会治安；③无考试资格者进行考试；④其他各种不良行为。

晋级、晋段考试的具体实施方案，按照中国跆协颁布的《跆拳道级位制度管理规定》和《跆拳道国际段位实施管理办法》（暂行）的规定执行。

二、跆拳道级位、段位考核内容

(一) 跆拳道晋级考核内容（表1-3-1）

表1-3-1 跆拳道晋级考核内容

级别	考试内容	腰带颜色	备注
初学	有练习跆拳道的意识	白色腰带	学习5课时后系白带
九级	1. 基本礼义：进馆礼义、鞠躬方法、道服穿着等 2. 基本动作 　(1) 基本准备姿势，基本踢腿准备姿势 　(2) 马步冲拳一次，两次，三次（配合发声） 3. 基本拳法：上踢腿法（配合发声） 4. 跆拳道基本国际用语	白带间黄条腰带	
八级	1. 基本动作：走步，弓步，下格挡，中内格挡，上格挡 2. 腿法 　(1) 前踢（配合发声） 　(2) 左右前踢组合（配合发声）（抽查） 3. 体能 　(1) 俯卧撑（男10个、女6个、儿童4个） 　(2) 仰卧起坐（男15个、女8个、儿童6个） 　(3) 双腿提膝（左右各10次） 4. 品势：太极一章必考	黄色腰带	练习满一个月后方可晋升下一级
七级	1. 柔韧：横叉、左右竖叉（抽查） 2. 基本动作：行进间弓步上位正拳击直拳 3. 基本腿法 　(1) 横踢（配合发声） 　(2) 下劈（配合发声） 　(3) 横踢+高位横踢（左右各2次、配合发声） 4. 体能 　(1) 俯卧撑（男15个、女10个、儿童8个） 　(2) 两头起（男15个、女10个、儿童8个） 　(3) 背肌（男20个、女10个、儿童8个） 　(4) 每腿两次左右提膝（各10次） 5. 品势：太极二章必考	黄带间绿条腰带	

续表

级别	考试内容	腰带颜色	备注
六级	1. 柔韧：横叉、左右竖叉（抽查） 2. 基本动作：行进间三七步手刀中位外格挡（左右各 2 次） 3. 腿法 　（1）侧踢（配合发声） 　（2）前腿下劈（配合发声） 　（3）前腿横踢（配合发声） 4. 体能 　（1）拳卧撑（男 10 个、女 5 个、儿童 3 个） 　（2）两头起（男 20 个、女 12 个、儿童 3 个） 　（3）立卧撑跳（男 15 个、女 10 个、儿童 6 个） 5. 品势：太极三章必考，太极一、二章中抽考一章	绿色腰带	
五级	1. 柔韧：横叉、左右竖叉 2. 基本动作 　（1）弓步立掌刺击（左右各 2 次） 　（2）弓步燕子手刀颈部攻击（左右各 2 次） 3. 腿法 　（1）前旋踢（配合发声） 　（2）双飞踢（配合发声） 　（3）横踢+双飞踢（配合发声） 4. 体能 　（1）抱膝跳（男 15 个、女 10 个、儿童 8 个） 　（2）拳卧撑（男 15 个、女 6 个、儿童 4 个） 　（3）快速转身左右横踢脚靶（左右各 4 次、配合发声） 5. 品势：太极四章必考，太极一至三章中抽考一章	绿色间蓝条腰带	
四级	1. 柔韧：横叉、左右竖叉 2. 基本动作：下格挡+立拳下锤（左右各 2 次） 3. 腿法 　（1）后踢（配合发声） 　（2）横踢+后踢（配合发声） 　（3）原地腾空后踢（配合发声） 4. 体能 　（1）拳卧撑夹臂（男 15 个、女 8 个、儿童 6 个） 　（2）单腿快速横踢脚靶（男 20 个、女 15 个、儿童 10 个） 5. 品势：太极五章必考，太极一至四章中抽考一章	蓝色腰带	

续表

级别	考试内容	腰带颜色	备注
三级	1. 柔韧：横叉、左右竖叉 2. 基本动作：行进间单手刀上位斜外格挡（左右各2次） 3. 拳法：直拳击靶 4. 腿 　（1）360°横踢（配合发声） 　（2）横踢+360°横踢（配合发声） 　（3）三飞踢（配合发声） 5. 体能 　（1）立卧跳转体360°踢（男10个、女8个、儿童4个） 　（2）双腿腾空左右分腿拍脚（男10个、女8个、儿童6个） 6. 品势：太极六章必考，太极一至五章中抽考一章	蓝色间红条腰带	
二级	1. 柔韧：横叉、左右竖叉 2. 基本动作：行进间虎步、单手掌中位内格挡（左右各2次） 3. 腿法 　（1）后旋踢（配合发声） 　（2）任意组合腿法（男3种、女3种、儿童2种） 　（3）360°横踢+后旋踢（配合发声） 　（4）横踢+后旋踢（配合发声） 4. 体能 　（1）俯卧撑击掌（男8个、女5个、儿童3个） 　（2）双腿腾空向前双拍脚+分腿拍脚（男5组、女4组、儿童3组） 　（3）指卧撑（男8个、女4个、儿童2个） 5. 实战：2分钟一回合 6. 理论：裁判规则、技术理论答疑（抽查） 7. 品势：太极七章必考，太极一至六章中抽考一章	红色腰带	

续表

级别	考试内容	腰带颜色	备注
一级	1. 基本动作：外山势隔挡（左右各 4 次） 2. 腿法 　（1）横踢+360°横踢+后旋踢 　（2）横踢+双飞+后踢 　（3）腾空后旋踢 3. 击破 　（1）腾空二段前踢（男 3 块、女 2 块、儿童 1 块，1 cm 厚度跆拳道木板） 　（2）360°横踢（男 3 块、女 2 块、儿童 1 块，1 cm 厚度跆拳道木板）（抽查） 4. 实战：3 min 一回合 5. 理论：裁判规则、技术理论答疑（抽查） 6. 品势：太极八章必考，太极一至七章中抽考一章	红色间黑条腰带	

（二）跆拳道晋段考核内容

（1）基本技术。

（2）品势（表 1-3-2）。

表 1-3-2　跆拳道晋段品势考核内容

	品　势				
	指定（1套）	必修（1套）	升段年限	升段年龄	腰带
一品、段	太极第一至七章	太极八章		15岁以上	黑带
二品、段	太极第一至八章	高丽	1年	16岁以上	黑带
三品、段	太极第一至八章、高丽	金刚	2年	18岁以上	黑带
四品、段	太极第一至八章、高丽、金刚	太白	3年	21岁以上	黑带
五段	太极第一至八章、高丽、金刚、太白	平原	4年	25岁以上	黑带
六段	太白、平原、十进	地跆	5年	30岁以上	黑带
七段	平原、十进、地跆	天拳	6年	36岁以上	黑带

续表

	品　势		升段年限	升段年龄	腰带
	指定(1套)	必修(1套)			
八段	十进、地跆、天拳	汉水	8年	44岁以上	黑带
九段	地跆、天拳、汉水	一如	9年	53岁以上	黑带

(3) 实战。

(4) 击破和特技。

(5) 理论考试（适用于四段以上）。

三、跆拳道晋段申请、考试及审批

(一) 晋段申请条件

申请晋升段位需满足下列条件：

(1) 中国跆拳道协会个人会员，并已经取得跆拳道一级级位资格。

(2) 遵纪守法，品德优良，愿意为中国跆拳道事业作出贡献。

(3) 符合晋段的年限和年龄规定。

(4) 技术水平达到相应段位的要求。

(二) 晋段申请

根据会员注册情况，按照以下情况执行：

1. 有区域性团体会员单位的地区

(1) 考试申请人经有资格的教练（指已获得段位称号及一级教练员资格）推荐，由所属专业团体会员单位向上级区域性团体会员单位提出申请。

(2) 一级区域性团体会员（没有一级区域性团体会员的地区，可以由二级区域性团体会员单位）根据本地区考生晋段申请情况，制定考试计划，并至少提前40天向中国跆协提出书面申请。申请内容应当包括考试时间、地点、所考段位、建议考官名单、考试领导小组人员安排等信息。

(3) 中国跆协根据申请，与晋段考试代理机构协商、审核并批准后，成立领导小组，安排考官，指导申请单位的考试工作。

(4) 中国跆协以文件形式通知申请单位，同时在协会网站上公布考试安排，各地会员可根据通知要求，报名参加考试。

2. 没有区域性团体会员单位的地区

（1）考试申请人经有资格的教练（指已获得段位称号及一级教练员资格）推荐，向所属专业团体会员单位提出申请。

（2）考试人数达到 30 人时，该专业团体会员单位（也可由多家专业团体会员单位联合）向当地体育行政主管部门备案后，向中国跆协提出组织晋段考试申请。

（3）中国跆协根据申请，与晋段考试代理机构协商、审核并批准后，成立晋段考试工作小组，安排考官，负责组织考试工作。

（4）中国跆协以文件形式通知申请单位，同时在协会网站上公布考试安排，各地会员可根据通知要求，报名参加考试。

（三）考试内容

1. 技术水平考试

（1）基本技术。

（2）品势。

（3）实战。

（4）击破和特技（可自由选择内容）。

（5）具体考试内容由主考官考前宣布。

2. 理论考试（适用于四段以上）

（1）笔试，理论考卷。

（2）论文，指定论文题目。

（3）面试，适用于六段以上者。

3. 评分

（1）满分为 100 分。

（2）每个考官对应试者的评分，60 分以上者为合格，59 分以下者为不合格。

（3）评分的最小单位为 5 分，如 55 分、60 分、65 分等。

（4）应试者的成绩，应作好记录（表 1-3-3）。

表 1-3-3 考试成绩记录表

应试者	考试成绩（分）			
	王××	金××	张××	结果
张三	60	55	60	合格
李四	55	55	60	不合格

评委三人当中，有两人评 60 分以上时为合格，两人评 60 分以下时为不合格。

（5）各项考试内容中（基本技术、品势、实战、理论）有一项不合格时，按不合格处理。

（6）评分标准。100～90 分，优秀；89～80 分，良好；79～60 分，及格；60 分以下，不及格。

（四）申报材料

1. 考试学员

（1）正楷填写中/英文的段位申请表一份，贴近期 1 寸免冠照片 1 张，并附上身份证或户口本复印件。

（2）填写打印韩/英文段位申请表一份，贴近期 1 寸免冠照片 1 张。

（3）申请二段以上段位者，需附上原段位证书复印件。

（4）外籍会员申请晋段，需提供本人在国内的有效暂住证明。

2. 考试承办单位

（1）负责审核考生资格及申请表内容、格式。

（2）按照要求汇总提交本次考试的考生资料并附考试成绩记录表（表 1-3-3），连同电子版及学员的两份申请表上报晋段考试小组。

（五）审核标准

（1）考试小组将考试结果及有关资料送交中国跆协备案。

（2）晋段考试代理机构审核考试成绩、训练年限、年龄及其他有关内容。

（3）审核结果合格者，在网上公布名单，报送国技院，颁发相应段位证书。

（4）审核结果不合格者，保留一次考试机会，补考相应内容，不再办理申请手续。

（六）晋段考试费用

按照国技院规定，各段晋段费用如下：一段 560 元，二段 720 元，三段 960 元，四段 1 200 元，五段 2 400 元，六段 2 800 元，七段 3 600 元，八段 2 200 元，九段 2 800 元。

（七）申请的递交和证书的发放

申请递交韩国国技院后，国技院按照规定制作相应的段位证书。段位证书由中国跆协转交考试组织单位，由组织单位负责向会员发放。

(八) 证书的查询

段位证书可以在中国跆拳道协会网站上查询。

本制度颁布实施后，任何组织或团体不得擅自颁发段位证书，或向国技院递交晋段申请。如有违反，国家体育总局和中国跆协将会同有关部门予以查处。

1. 简述跆拳道的起源。
2. 简述跆拳道在世界的发展概况。
3. 简述跆拳道在中国的发展概况。
4. 简述中国在世界跆拳道重大比赛中的成绩。
5. 简述中国跆拳道道馆（俱乐部）的发展。
6. 简述跆拳道运动的内容与特点。
7. 简述跆拳道运动的价值与跆拳道礼仪。
8. 什么是跆拳道段位制？
9. 简述跆拳道晋级、晋段的考核标准与考核程序。

第二章　跆拳道品势技术

本章提要

　　品势是跆拳道技术体系的重要组成部分。品势将一定数量的跆拳道攻防招式按照一定顺序有机地组合在一起，通过品势练习可以记忆和掌握跆拳道攻防招法，可以表演、展示和感受跆拳道的技术，还可以通过练习跆拳道品势来锻炼身体、磨炼意志。本章介绍了跆拳道品势的基本知识、基本动作、基本站立法等，全面介绍了跆拳道太极第一至八章、高丽等世界跆拳道联合会规定的段位考试品势，这些品势也是世界品势比赛的重要内容。

重要概念

　　攻击使用部位　拳法　手刀　站立法　跆拳道品势

第一节 跆拳道品势技术基础

一、攻击使用部位

在跆拳道技术体系中可以使用的身体部位有拳、肘、脚、膝、指、头等。

(一) 跆拳道拳法

拳法是跆拳道进攻的重要方法之一,是手的技法中使用最多的技法,常用的拳型及使用方法如下:

1. 正拳

正拳是使用拳的正面击打目标,正拳的握法是:将伸开的掌指依次卷曲,大拇指扣在中指和食指的第二指节上,手面要平,手腕要伸直。正拳可以根据手臂的不同状态,如屈臂、直臂、臂的旋转等几种不同的变化,对目标进行更恰当的攻击。正拳经常用来攻击对方面部、腹部和胸部。使用时手臂要伸直,使用部位是食指和中指根部。发力时手臂边向前冲边向内旋转,然后借助腰、肩的力量迅速攻击(图2-1-1)。

2. 砸拳

砸拳亦称锤拳,拳的握法与正拳相同,使用部位是小指一侧,由上向下劈击目标(图2-1-2)。

3. 摆拳

摆拳的握法与正拳相同,从侧面攻击目标,要充分利用脚的蹬地及转腰的力量(图2-1-3)。

图 2-1-1 正拳

图 2-1-2 砸拳

图 2-1-3 摆拳

4. 勾拳

勾拳的握法与正拳相同，使用时由下向上勾击（图2-1-4）。

5. 上挑拳

上挑拳拳型与正拳相同，拇指一侧向上，主要用于由下向上挑击腹部与下颌部。

6. 背拳

背拳的形状与正拳相同，手心朝内，拳的背面对准目标，用食指、中指根部凸出部位攻击目标（图2-1-5）。

7. 横击拳

横击拳的握法与正拳相同，用小指一侧水平横击目标（图2-1-6）。

图 2-1-4 勾拳

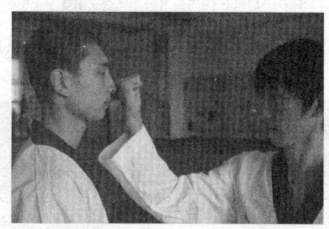
图 2-1-5 背拳

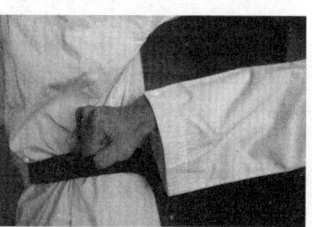
图 2-1-6 横击拳

8. 中指拳和食指拳

（1）中指拳是令中指指节突出，五指握。中指拳可用于攻击面部、心窝、肋部等，威力较大（图2-1-7①②）。

（2）食指拳是在正拳的基础上将食指突出，作用与中指拳相同（图2-1-8）。

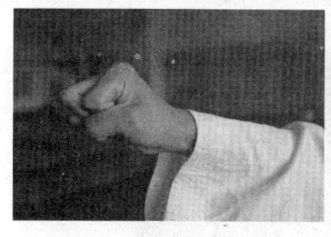
① 握法

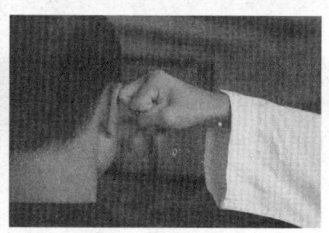
② 攻击部位

图 2-1-7 中指拳

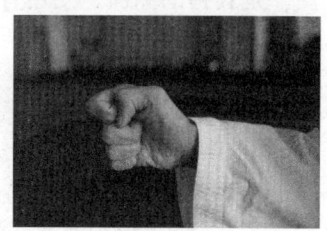
图 2-1-8 食指拳

9. 平拳

握拳时手掌伸开，四指的第二指节屈曲卷紧，拇指紧贴食指侧，手腕伸直。平拳比正拳的打击距离远，威力较大，主要攻击头部及颈部（图2-1-9①②③）。

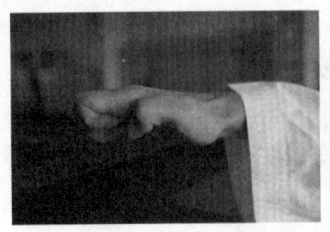 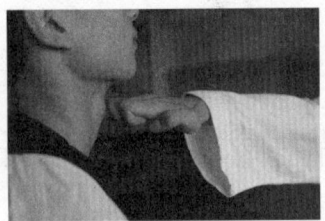 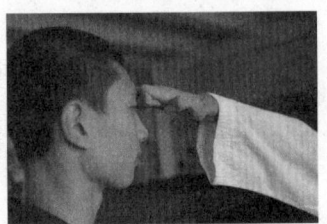

① 握法　　　　　　② 攻击颈部　　　　　　③ 攻击头部

图 2-1-9　平拳

(二) 手掌、贯手、肘

1. 手掌

(1) 手刀。四指并拢，中指与无名指稍微弯曲，拇指弯曲紧贴食指，小指外侧形成手刀。可用于劈砍人体颈部等薄弱部位（图 2-1-10①②）。

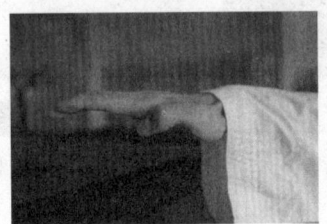 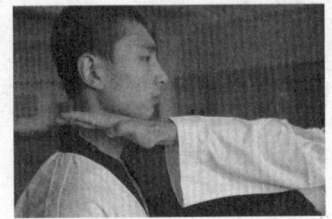

① 手法　　　　　　　　② 攻击部位

图 2-1-10　手刀

(2) 背刀。四指并拢，形状如手刀，拇指弯曲紧贴掌心，使用部位与手刀相反，是食指的侧面。使用背刀可以攻击对方头部等薄弱部位（图 2-1-11①②）。

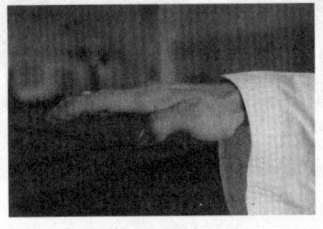 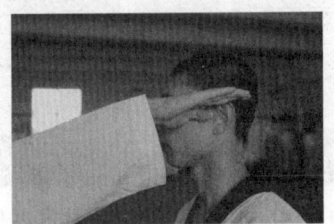

① 手法　　　　　　　　② 攻击部位

图 2-1-11　背刀

(3) 掌指刺击。四指并拢，形状如手刀，拇指紧贴食指侧，尽量使食指、中指、无名指排列整齐，这需要中指、无名指有一定的弯曲，以利于集中力量加强进攻效果。掌指刺击主要用指尖戳击（图 2-1-12①②）。

（4）反掌。反掌的形状与手刀相同，主要用掌背攻击对方面部（图 2-1-13）。

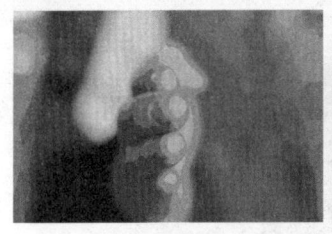 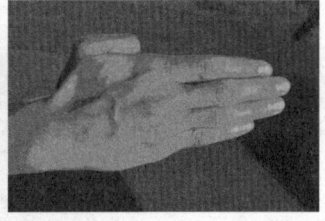 

① 正面　　　　　　　　② 侧面

图 2-1-12　掌指刺击　　　　　　　图 2-1-13　反掌

（5）虎掌。亦称弧形掌，四指并拢弯曲，拇指外展与四指分开。主要用于对腿部及颈部的推卡与掐击（图 2-1-14①②）。

 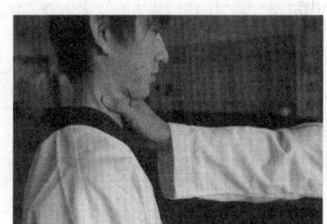

① 手法　　　　　　　　② 攻击部位

图 2-1-14　虎掌

（6）底掌。四指弯曲并拢，拇指弯曲，手腕上挑，用掌根部位攻击对方下颌及两肋等部位（图 2-1-15①②）。

① 手法　　　　　　　　② 攻击部位

图 2-1-15　底掌

2. 贯手

（1）二指贯手。食指与中指伸直分开，如剪刀状，其余三指卷曲握紧（图 2-

1-16)。

(2)一指贯手。食指伸直,其余四指卷曲,拇指压于中指第二指节处(图2-1-17)。

图2-1-16 二指贯手

图2-1-17 一指贯手

3.肘

肘是指大、小臂连接的关节部分,是近距离攻击的有利武器,既灵活又极具威力。肘可以向水平方向横扫(图2-1-18),向上方挑肘(图2-1-19),向后方或侧方顶肘(图2-1-20)以及向下砸肘(图2-1-21)等。

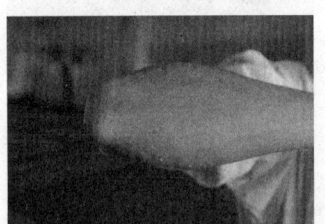
图2-1-18 横肘

图2-1-19 挑肘

图2-1-20 顶肘

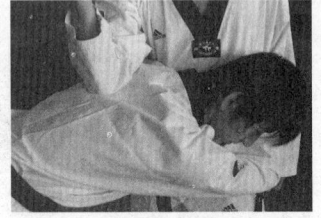
图2-1-21 砸肘

(三)脚、膝

1.脚

(1)脚前掌。脚趾根部位为脚前掌,使用时脚背伸直,脚趾翘起,主要用来攻击对方胸腹部与下颌（图 2-1-22）。

（2）足底（脚底）。指脚底的整个面积。这个部位在跆拳道实战中经常使用，腿法中的后旋踢、下劈腿、后踢等就以足底为着力点，多用于攻击对方头部。

（3）足刀（脚刀）。指脚的外侧部分，如腿法中侧踢就以足刀为着力点，足刀多用于攻击大腿、膝部、胸部、腹部、头部、颈部等（图 2-1-23）。

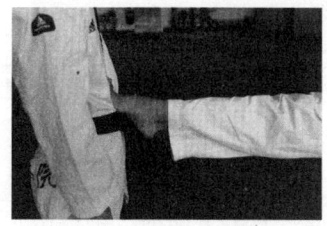
图 2-1-22　脚前掌

图 2-1-23　足刀

（4）足跟。指脚跟部，可用于攻击对方后背、裆部等（图 2-1-24①②）。

① 足跟之一

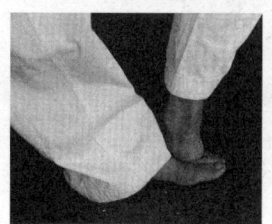
② 足跟之二

图 2-1-24　足跟

（5）足背。脚背部，主要用于攻击对方头部、胸部、腹部和裆部。

2. 膝部

指大小腿连接的关节处。膝部是近距离攻击的有力武器，主要用于攻击对方头部、腹部、肋骨等位置（图 2-1-25①②）。

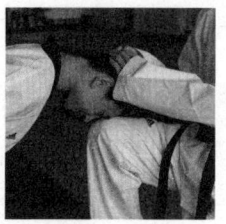
① 攻击头部

② 攻击腹部

图 2-1-25　膝法

二、跆拳道站立姿势

跆拳道站立姿势，相当于中国武术中的步型，是站立时下肢和躯干处于不同位置而形成的姿势与形态，是获得稳定有力的攻击和防守的基础。

1. 并步

两腿伸直，两腿并拢站立（图2-1-26）。

2. 开立步（并排步）

两脚平行开立与肩同宽，两脚间的距离约一脚长，脚内侧平行，两腿膝关节伸直（图2-1-27）。

3. 马步

双脚间宽度为两脚长距离，两腿膝关节弯曲，膝关节朝前。上体中正，低头向下看时膝关节与前脚尖在一条直线上，膝关节向内扣紧（图2-1-28）。

图2-1-26 并步

图2-1-27 开立步

图2-1-28 马步

4. 弓步

前后脚的距离为四脚半长距离，左右脚的宽度是一拳距离，上体中正，前腿膝关节弯曲，低头向下看时膝关节和前脚尖在一条直线上。后脚尖与正前方成30°，后腿膝关节伸直，重心的2/3放在前腿（图2-1-29）。左脚在前为左弓步，右脚在前为右弓步。

5. 前行步（走步）

两腿伸直，重心均匀分布在两脚。身体中正，肩部与前方自然形成30°，前后脚的距离为三脚长（图2-1-30）。

6. 虚步（虎步）

身体中正，后脚尖与正前方成30°，重心在后腿，前腿膝关节与前脚尖在一条垂直线上。前脚跟离地，脚前掌轻轻点地，双腿膝关节弯曲，身体重心的90%~100%放在后腿，前后脚的距离为两脚长（图2-1-31）。左脚在前为左虚步，右脚在前为右虚步。

图 2-1-29　弓步　　　　　图 2-1-30　前行步　　　　图 2-1-31　虚步

7. 三七步

两脚跟并拢时脚内侧形成 90°，前后脚的距离为三脚长的距离，重心的 70% 放在后腿，30% 放在前腿。左脚在前为左三七步，右脚在前为右三七步（图 2-1-32）。

8. 前后交叉步

双脚相距一拳距离，双腿交叉，两小腿形成"X"型，中心的 90% 放在支撑腿上，两脚成 90°（图 2-1-33）。

9. 鹤立步（提膝步）

支撑腿膝关节弯曲，另一脚提起，紧贴支撑腿膝关节内侧，膝关节朝前（图 2-1-34）。

10. 独立步

支撑腿膝关节弯曲，另一脚提起，脚背紧贴在支撑腿膝关节后面，膝关节朝前（图 2-1-35）。

图 2-1-32　三七步　　　　　　　　图 2-1-33　前后交叉步

图 2-1-34　鹤立步　　　　　　　　图 2-1-35　独立步

第二节 太极一章至八章品势

一、太极一章品势

太极一章寓意八卦里的"乾"卦，示意开始和起步，是跆拳道品势当中的第一套品势。太极一章共 18 个动作，步型以前行步为主，手型是拳。动作由下格挡、中段格挡、上格挡、直拳、前踢等基础动作组成，适合跆拳道八级修炼者练习。

（一）太极一章品势动作要点和运动路线

左右移动或旋转时以脚前掌为轴，上格挡前踢与直拳要连续完成。弓步移动的路线是直线，从起点开始，最终回到起点。太极一章品势的运动路线用"乾"的符号"☰"来表示（图 2-2-1、图 2-2-2）。

图 2-2-1 太极一章品势运动路线

图 2-2-2　太极一章品势全图（乾）

(二) 太极一章品势动作说明 (表 2-2-1)

表 2-2-1 太极一章品势动作说明

顺序	动作名称	动作说明		
		站姿	移动及腿法	手部动作
预备	并步预备式	并步		
准备	开立步准备式	开立步		基本准备势
动作 1	前行步下格挡	左前行步	上步	下格挡
动作 2	前行步直拳	右前行步	上步	中段右手直拳
动作 3	前行步下格挡	右前行步	向后转	下格挡
动作 4	前行步直拳	左前行步	上步	中段左手直拳
动作 5	弓步下格挡	左弓步	转身	下格挡
动作 6	弓步直拳	左弓步	步法不变	中段右手直拳
动作 7	前行步内格挡	右前行步	移动步法	中段内格挡
动作 8	前行步直拳	左前行步	上步	中段右手直拳
动作 9	前行步内格挡	左前行步	向后转	中段内格挡
动作 10	前行步直拳	右前行步	上步	中段左手直拳
动作 11	弓步下格挡	右弓步	转身	下格挡
动作 12	弓步直拳	右弓步	步法不变	中段右手直拳
动作 13	前行步上格挡	左前行步	移动步法	上格挡
动作 14	前踢前行步直拳	右前行步	右脚前踢向前落地	中段右手直拳
动作 15	前行步上格挡	右前行步	向后转	上格挡
动作 16	前踢前行步直拳	左前行步	左脚前踢向前落	中段左手直拳
动作 17	弓步下格挡	左弓步	移动步法	下格挡
动作 18	弓步直拳	右弓步	上步	中段右手直拳并配合发声
结束	开立步准备式	开立步	以右脚为轴向后转身	基本准备势

(三) 太极一章品势动作图解 (图 2-2-3~图 2-2-23)

图 2-2-3　并步预备式

图 2-2-4　开立步准备式

动作 1

图 2-2-5　前行步下格挡

动作 2

图 2-2-6　前行步直拳

动作 3

图 2-2-7　前行步下格挡

动作 4

图 2-2-8　前行步直拳

动作 5

图 2-2-9　弓步下格挡

动作 6

图 2-2-10　弓步直拳

动作 7

图 2-2-11　前行步内格挡

动作 8
图 2-2-12 前行步直拳

动作 9
图 2-2-13 前行步内格挡

动作 10
图 2-2-14 前行步直拳

动作 11
图 2-2-15 弓步下格挡

动作 12
图 2-2-16 弓步直拳

动作 13
图 2-2-17 前行步上格挡

动作 14-1

动作 14-2
图 2-2-18 前踢前行步直拳

动作 15
图 2-2-19 前行步上格挡

动作 16-1　　　　　　　　　动作 16-2

图 2-2-20　前踢前行步直拳

动作 17　　　　　　　　　动作 17（侧面）

图 2-2-21　弓步下格挡

动作 18　　动作 18（侧面）　　　　　　

图 2-2-22　弓步直拳　　　　　图 2-2-23　开立步准备式

二、太极二章品势

太极二章寓意八卦里的"兑"卦,示意外柔内刚。修炼太极二章可以练习基本挡和踢的动作。太极二章共 18 个动作,在太极一章动作基础上增加了上段直拳和前踢,以进一步修炼身体的协调性,对身体重心的起伏也有较为严格的要求,适合跆拳道七级修炼者练习。

(一)太极二章品势动作要点和运动路线

太极二章品势中的前踢与直拳要同步进行,中段格挡左右各一次时,以脚前掌为轴旋转。它的运动路线用"兑"的符号"☱"来表示,从起点开始,最终回到起点(图 2-2-24、图 2-2-25)。

图 2-2-24 太极二章品势运动路线

图 2-2-25 太极二章品势全图（兑）

（二）太极二章品势动作说明（表 2-2-2）

表 2-2-2 太极二章品势动作说明

顺序	动作名称	动作说明		
		站姿	移动及腿法	上肢动作
预备	并步预备式	并步		
准备	开立步准备式	开立步		基本准备势
动作 1	前行步下格挡	左前行步	上步	下格挡
动作 2	弓步直拳	右弓步	上步	中段右手直拳
动作 3	前行步下格挡	右前行步	向后转	下格挡
动作 4	弓步直拳	左弓步	上步	中段左手直拳
动作 5	前行步内格挡	左前行步	转身	中段内格挡
动作 6	前行步内格挡	右前行步	上步	中段内格挡
动作 7	前行步下格挡	左前行步	移动步法	下格挡
动作 8	前踢弓步直拳	右弓步	右脚前踢向前落地	上段右手直拳
动作 9	前行步下格挡	右前行步	向后转	下格挡
动作 10	前踢弓步直拳	左弓步	左脚前踢向前落地	上段左手直拳
动作 11	前行步上格挡	左前行步	转身	上格挡
动作 12	前行步上格挡	右前行步	上步	上格挡
动作 13	前行步内格挡	左前行步	转身	中段内格挡
动作 14	前行步内格挡	右前行步	两脚转换方向	中段内格挡
动作 15	前行步下格挡	左前行步	移动步法	下格挡
动作 16	前踢前行步直拳	右前行步	右脚前踢向前落地	中段右手直拳
动作 17	前踢前行步直拳	左前行步	左脚前踢向前落地	中段左手直拳
动作 18	前踢前行步直拳	右前行步	右脚前踢向前落地	中段右手直拳并配合发声
结束	开立步准备式	开立步	以右脚为轴向后转身	基本准备势

（三）太极二章品势动作图解（图2-2-26~图2-2-46）

动作1

图2-2-26 并步预备式　　　图2-2-27 开立步准备式　　　图2-2-28 前行步下格挡

动作2　　　　　　　　　动作3　　　　　　　　　动作4

图2-2-29 弓步直拳　　　图2-2-30 前行步下格挡　　　图2-2-31 弓步直拳

动作5　　　　　　　　　动作6　　　　　　　　　动作7

图2-2-32 前行步内格挡　　图2-2-33 前行步内格挡　　图2-2-34 前行步下格挡

动作 8-1

动作 8-2

图 2-2-35　前踢弓步直拳

动作 9

图 2-2-36　前行步下格挡

动作 10-1

动作 10-2

图 2-2-37　前踢弓步直拳

动作 11

图 2-2-38　前行步上格挡

动作 12

图 2-2-39　前行步上格挡

动作 13

图 2-2-40　前行步内格挡

动作 14

图 2-2-41　前行步内格挡

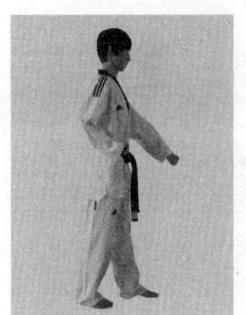

动作 15　　　　　　　　　动作 15（侧面）

图 2-2-42　前行步下格挡

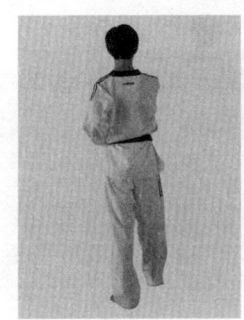

动作 16-1　　　动作 16-1（侧面）　　　动作 16-2　　　动作 16-2（侧面）

图 2-2-43　前踢前行步直拳

动作 17-1　　　动作 17-1（侧面）　　　动作 17-2　　　动作 17-2（侧面）

图 2-2-44　前踢前行步直拳

动作 18-1　　　　　　　动作 18-1（侧面）

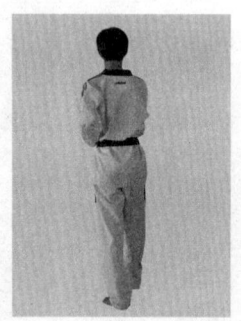 

动作 18-2　　　　　　　动作 18-2（侧面）

图 2-2-45　前踢前行步直拳

图 2-2-46　开立步准备式

三、太极三章品势

太极三章寓意八卦里的"离"卦,"离"在八卦中意味着火,代表热与明亮,通过修炼培养人的正气和修炼欲望。太极三章共 20 个动作,动作设计充满活力,新动作有单手刀颈部攻击和单手刀中段外格挡。新站势是三七步,技术特点是连续两次直拳,然后迅速格挡对手的进攻,适合跆拳道六级修炼者练习。

(一) 太极三章品势动作要点和运动路线

三七步是前脚尖与后脚跟相距三脚距离。单手刀中段外格挡时,格挡的手刀从髋关节经过肩部后格挡。在单手刀颈部攻击起始动作时,辅助手臂放松伸直,与胸口同高,拳心向下,攻击手臂的掌心向外,手尖与耳部同高。前踢后,两次直拳要连续完成。太极三章品势的运动路线用"离"的符号"☲"来表示(图 2-2-47、图 2-2-48)。

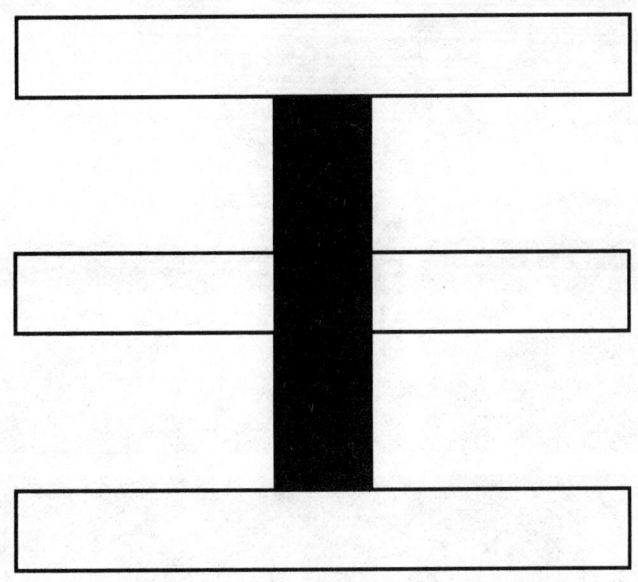

图 2-2-47 太极三章品势运动路线

图 2-2-48 太极三章品势全图（离）

(二) 太极三章品势动作说明（表 2-2-3）

表 2-2-3 太极三章品势动作说明

顺序	动作名称	动作说明		
		站姿	移动及腿法	上肢动作
预备	并步预备式	并步		
准备	开立步准备式	开立步		基本准备势
动作 1	前行步下格挡	左前行步	上步	左下格挡
动作 2	前踢弓步直拳	右弓步	右脚前踢向前落地	中段两次直拳
动作 3	前行步下格挡	右前行步	向后转	右下格挡
动作 4	前踢弓步直拳	左弓步	左脚前踢向前落地	中段两次直拳
动作 5	前行步手刀攻击	左前行步	转身	右单手刀颈部攻击
动作 6	前行步手刀攻击	右前行步	上步	左单手刀颈部攻击
动作 7	三七步手刀外格挡	左三七步	左脚移步	左单手刀外格挡
动作 8	弓步直拳	左弓步	左脚向前移步	中段右手直拳
动作 9	三七步手刀外格挡	右三七步	右脚移步	右单手刀外格挡
动作 10	弓步直拳	右弓步	右脚向前移步	中段左手直拳
动作 11	前行步内格挡	左前行步	移动步法	右中段内格挡
动作 12	前行步内格挡	右前行步	上步	左中段内格挡
动作 13	前行步下格挡	左前行步	转身	左下格挡
动作 14	前踢弓步直拳	右弓步	右脚前踢向前落地	中段两次直拳
动作 15	前行步下格挡	右前行步	向后转	右下格挡
动作 16	前踢弓步直拳	左弓步	左脚前踢向前落地	中段两次直拳
动作 17	前行步下格挡直拳	左前行步	转身左下格挡	中段右手直拳
动作 18	前行步下格挡直拳	右前行步	右脚上步右下格挡	中段左手直拳
动作 19	前踢前行步下格挡直拳	左前行步	左脚前踢向前落地、左下格挡	中段右手直拳
动作 20	前踢前行步下格挡直拳	右前行步	右脚前踢向前落地、右下格挡	中段左手直拳配合发声
结束	开立步准备式	开立步	以右脚为轴向后转身	基本准备势

（三）太极三章品势动作图解（图2-2-49~图2-2-71）

图2-2-49 并步预备式

图2-2-50 开立步准备式

动作1
图2-2-51 前行步下格挡

动作2-1

动作2-2

动作2-3

图2-2-52 前踢弓步直拳

动作3
图2-2-53 前行步下格挡

动作4-1

动作4-2

动作4-3

图2-2-54 前踢弓步直拳

动作 5
图 2-2-55 前行步手刀攻击

动作 6
图 2-2-56 前行步手刀攻击

动作 7
图 2-2-57 三七步手刀外格挡

动作 8
图 2-2-58 弓步直拳

动作 9
图 2-2-59 三七步手刀外格挡

动作 10
图 2-2-60 弓步直拳

动作 11
图 2-2-61 前行步内格挡

动作 12
图 2-2-62 前行步内格挡

动作 13
图 2-2-63 前行步下格挡

动作 14-1　　　　　　　动作 14-2　　　　　　　动作 14-3

图 2-2-64　前踢弓步直拳

动作 15　　　　动作 16-1　　　　动作 16-2　　　　动作 16-3

图 2-2-65　前行步下格挡　　　　图 2-2-66　前踢弓步直拳

动作 17-1　　　动作 17-1（侧面）　　　动作 17-2　　　动作 17-2（侧面）

图 2-2-67　前行步下格挡直拳

50

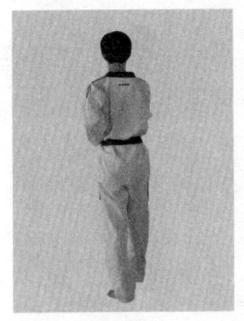   

动作 18-1　　　　动作 18-1（侧面）　　　　动作 18-2　　　　动作 18-2（侧面）

图 2-2-68　前行步下格挡直拳

  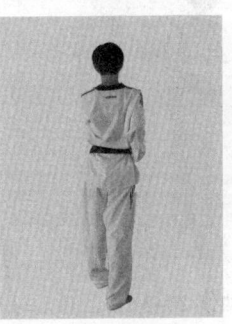 

动作 19-1　　　　动作 19-1（侧面）　　　　动作 19-2　　　　动作 19-2（侧面）

动作 19-3　　　　　　　　动作 19-3（侧面）

图 2-2-69　前踢前行步下格挡直拳

  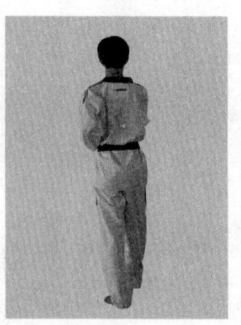 

动作 20-1　　　　动作 20-1（侧面）　　　　动作 20-2　　　　动作 20-2（侧面）

动作 20-3　　　　　　　　动作 20-3（侧面）

图 2-2-70　前踢前行步下格挡直拳

图 2-2-71　开立步准备式

四、太极四章品势

太极四章寓意八卦里的"震"卦。"震"是指具有威风凛凛的强大力量和令人望而生畏的权威。太极四章共20个动作，主要包括掌刀中段外防、贯手、手刀攻击、侧踢、背拳等技术，步型有三七步和弓步，适合跆拳道五级修炼者练习。

（一）太极四章品势动作要点和运动路线

重心的移动不能起伏过大。背拳前击时，拳从辅助手臂的内侧向外击出。手刀颈部攻击时，肩部向左45°。两次侧踢时，两拳放在胸口。侧踢两次当中，第一个侧踢动作完成后形成走步，然后完成下一个侧踢。太极四章品势的运动路线用"震"的符号"☳"来表示（图2-2-72、图2-2-73）。

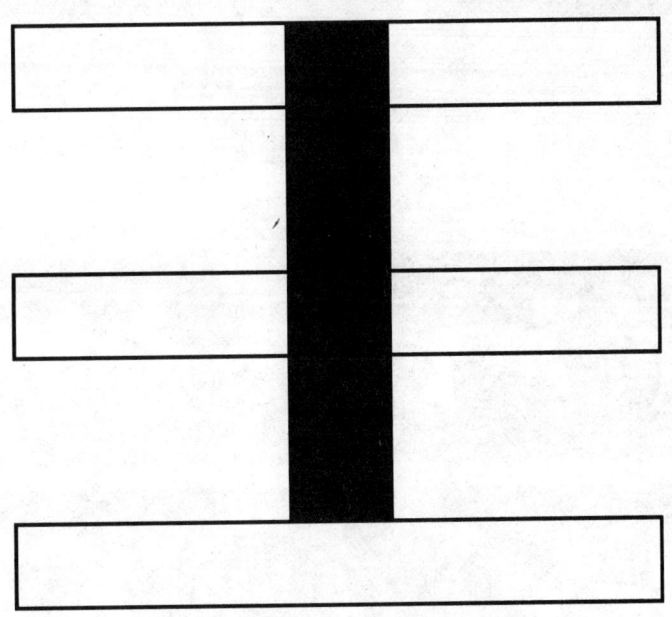

图2-2-72 太极四章品势运动路线

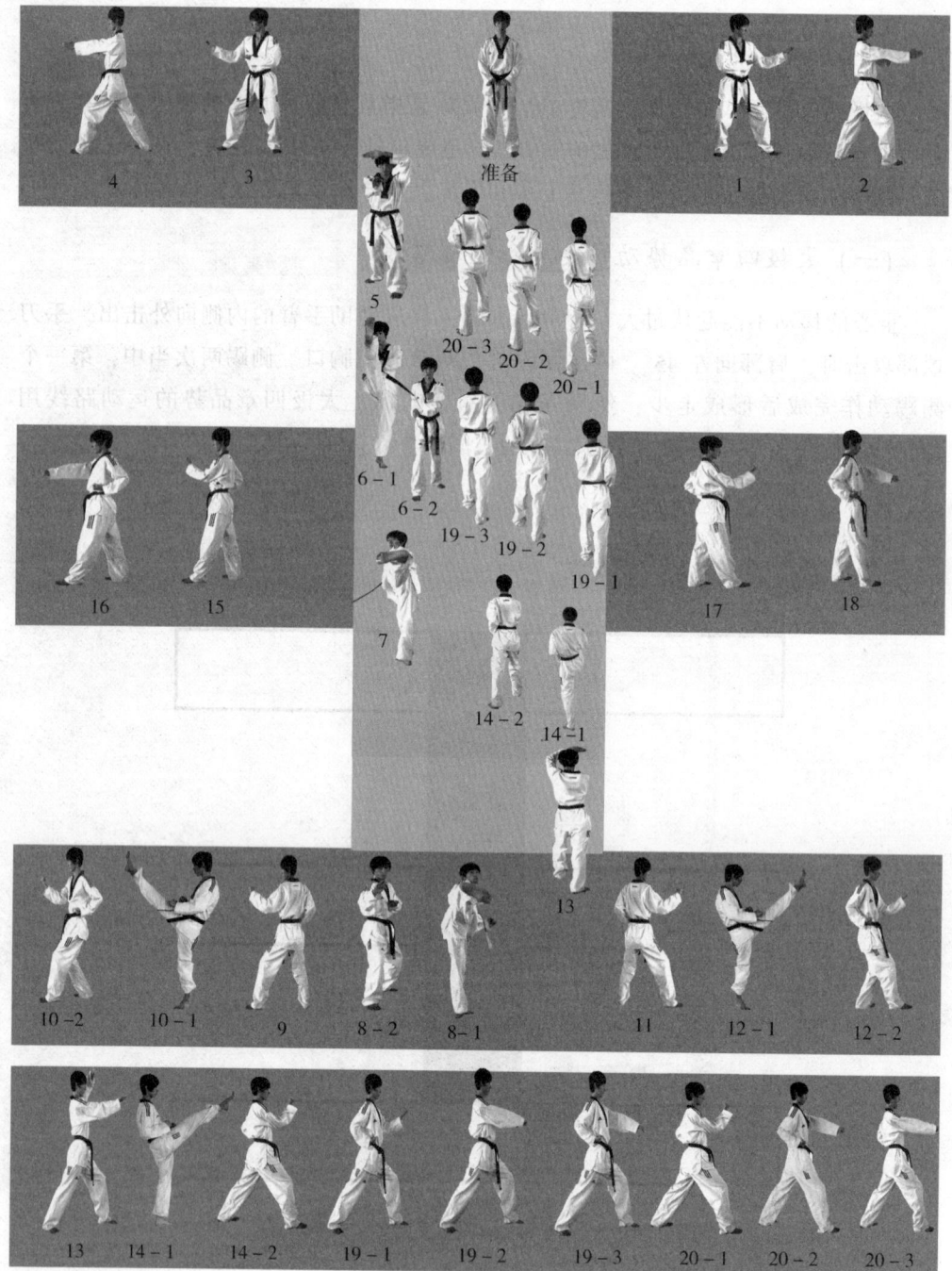

图 2-2-73　太极四章品势全图（震）

(二) 太极四章品势动作说明 (表2-2-4)

表2-2-4 太极四章品势动作说明

顺序	动作名称	动作说明		
		站姿	移动及腿法	上肢动作
预备	并步预备式	并步		
准备	开立步准备式	开立步		基本准备势
动作1	三七步手刀外格挡	左三七步	上步	左手刀中段外格挡
动作2	弓步手刀刺击	右弓步	上步	右手刀中段刺击
动作3	三七步手刀外格挡	右三七步	向后转	右手刀中段外格挡
动作4	弓步手刀刺击	左弓步	上步	右手刀中段刺击
动作5	弓步手刀格挡攻击	左弓步	转身	左手刀上格挡+右手刀颈部攻击
动作6	前踢弓步直拳	右弓步	右脚前踢向前落地	中段左手直拳
动作7	侧踢		左脚侧踢向前落地	
动作8	侧踢三七步手刀格挡	右三七步	右脚侧踢向前落地	右手刀中段格挡
动作9	三七步外格挡	左三七步	转身	左手中段外格挡
动作10	前踢三七步内格挡		右脚前踢向后落地	右手中段内格挡
动作11	三七步外格挡	右三七步	双脚原地换方向	右手中段外格挡
动作12	前踢三七步内格挡	右三七步	左脚前踢向后落地	右手中段内格挡
动作13	弓步手刀格挡攻击	左弓步	移动步法	左手刀上格挡+右手刀颈部攻击
动作14	前踢弓步背拳前击	右弓步	右脚前踢向前落地	背拳前击
动作15	前行步内格挡	左前行步	移动步法	左中段内格挡
动作16	前行步直拳	左前行步	步法不变	中段右手直拳
动作17	前行步内格挡	右前行步	步法不变原地换方向	右中段内格挡
动作18	前行步直拳	右前行步	步法不变	中段左手直拳
动作19	弓步内格挡直拳	左弓步	移动步法（中段内格挡）	中段两次直拳
动作20	弓步内格挡直拳	右弓步	上步（中段内格挡）	中段两次直拳并配合发声
结束	开立步准备式	开立步	以右脚为轴向后转身	基本准备势

(三) 太极四章品势动作图解 (图 2-2-74~图 2-2-96)

图 2-2-74 并步预备式

图 2-2-75 开立步准备式

动作 1

图 2-2-76 三七步手刀外格挡

动作 2

图 2-2-77 弓步手刀刺击

动作 3

图 2-2-78 三七步手刀外格挡

动作 4

图 2-2-79 弓步手刀刺击

动作 5

图 2-2-80 弓步手刀格挡攻击

动作 6-1

动作 6-2

图 2-2-81 前踢弓步直拳

56

动作 7　　　　　　　　　　动作 8-1　　　　　　　　　　动作 8-2

图 2-2-82　侧踢　　　　　图 2-2-83　侧踢三七步手刀格挡

动作 9　　　　　　　　　　动作 10-1　　　　　　　　　　动作 10-2

图 2-2-84　三七步外格挡　　　图 2-2-85　前踢三七步内格挡

动作 11　　　　　　　　　　动作 12-1　　　　　　　　　　动作 12-2

图 2-2-86　三七步外格挡　　　图 2-2-87　前踢三七步内格挡

动作 13　　　　　　　　　动作 13（侧面）

图 2-2-88　弓步手刀格挡攻击

动作 14-1　　　动作 14-1（侧面）　　　动作 14-2　　　动作 14-2（侧面）

图 2-2-89　前踢弓步背拳前击

动作 15　　　　　　　　　动作 16

图 2-2-90　前行步内格挡　　　图 2-2-91　前行步直拳

动作 17

动作 18

图 2-2-92　前行步内格挡　　　　　图 2-2-93　前行步直拳

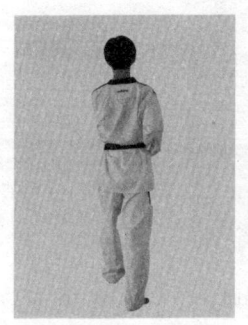
动作 19-1

动作 19-1（侧面）

动作 19-2

动作 19-2（侧面）

动作 19-3

动作 19-3（侧面）

图 2-2-94　弓步内格挡直拳

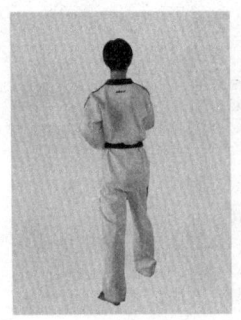  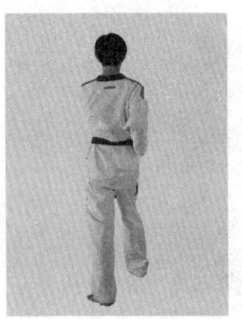 

动作 20-1　　　　动作 20-1（侧面）　　　　动作 20-2　　　　动作 20-2（侧面）

动作 20-3　　　　　　　动作 20-3（侧面）

图 2-2-95　弓步内格挡直拳

图 2-2-96　开立步准备式

五、太极五章品势

太极五章寓意八卦里的"巽"卦。"巽"在八卦中代表风,练习时,开始部分节奏缓慢宁静,像自然的微风,然后动作逐渐加快,犹如强风,表现出刚劲有力、迅速威猛之势。太极五章共20个动作,新动作有侧向前行步、交叉步、横击肘和锤拳,适合跆拳道四级修炼者练习。

(一)太极五章品势动作要点和运动路线

下锤拳时,击打的拳要从辅助拳内侧向外击打。中段内格挡和背拳前击时,双拳的高度要准确。侧踢与侧击后,拳肘对击要同步进行。太极五章品势的运动路线用"巽"的符号"☴"来表示(图 2-2-97、图 2-2-98)。

图 2-2-97 太极五章品势运动路线

图 2-2-98　太极五章品势全图（巽）

(二) 太极五章品势动作说明 (表 2-2-5)

表 2-2-5 太极五章品势动作说明

顺序	动作名称	动作说明		
		站姿	移动及腿法	上肢动作
预备	并步预备式	并步		
准备	开立步准备式	开立步		基本准备势
动作 1	弓步下格挡	左弓步	上步	左下格挡
动作 2	侧开立步锤拳	左侧开立步	收回	左下锤拳
动作 3	弓步下格挡	右弓步	换方向	右下格挡
动作 4	侧开立步锤拳	右侧开立步	收回	右下锤拳
动作 5	弓步左右内格挡	左弓步	移步左中段内格挡	右中段内格挡
动作 6	前踢弓步背拳内格挡	右弓步	右脚前踢右背拳前击	左中段内格挡
动作 7	前踢弓步背拳内格挡	左弓步	左脚前踢左背拳前击	右中段内格挡
动作 8	弓步背拳前击	右弓步	上步	右背拳前击
动作 9	三七步手刀外格挡	左三七步	转身	左单手刀中段外格挡
动作 10	弓步肘前横击	右弓步	上步	右肘前横击
动作 11	三七步手刀外格挡	右三七步	向后转	右单手刀中段外格挡
动作 12	弓步肘前横击	左弓步	上步	左肘前横击
动作 13	弓步下格挡内格挡	左弓步	转身左下格挡	右中段内格挡
动作 14	前踢弓步下格挡内格挡	右弓步	右脚前踢向前落地、右下格挡	左中段内格挡
动作 15	弓步下格挡	左弓步	移动步法	左下格挡
动作 16	侧踢弓步掌肘对击	右弓步	右脚侧踢向前落地	掌肘对击
动作 17	弓步上格挡	右弓步	向后转	右上格挡
动作 18	侧踢弓步掌肘对击	左弓步	左脚侧踢向前落地	掌肘对击
动作 19	弓步下格挡内格挡	左弓步	转身左下格挡	右中段内格挡
动作 20	前踢交叉步背拳	后交叉步	右脚前踢向前落地	右背拳前击配合发声
结束	开立步准备式	开立步	右脚为轴向后转	基本准备势

(三) 太极五章品势动作图解 (图 2-2-99~图 2-2-121)

图 2-2-99 并步预备式

图 2-2-100 开立步准备式

动作 1

图 2-2-101 弓步下格挡

动作 2

图 2-2-102 侧开立步锤拳

动作 3

图 2-2-103 弓步下格挡

动作 4

图 2-2-104 侧开立步锤拳

动作 5-1

动作 5-2

图 2-2-105 弓步左右内格挡

动作 6-1　　　　　　　　动作 6-2　　　　　　　　动作 6-3

图 2-2-106　前踢弓步背拳内格挡

动作 7-1　　　　　　　　动作 7-2　　　　　　　　动作 7-3

图 2-2-107　前踢弓步背拳内格挡

动作 8　　　　　　　　　动作 9　　　　　　　　　动作 10

图 2-2-108　弓步背拳前击　　图 2-2-109　三七步手刀外格挡　　图 2-2-110　弓步肘前横击

动作 11

动作 12

图 2-2-111　三七步手刀外格挡　　　　　图 2-2-112　弓步肘前横击

动作 13-1

动作 13-1（侧面）

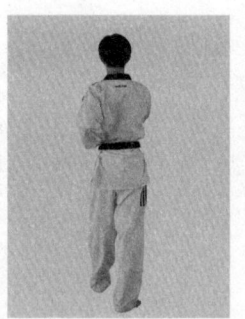
动作 13-2

动作 13-2（侧面）

图 2-2-113　弓步下格挡内格挡

动作 14-1

动作 14-1（侧面）

动作 14-2

动作 14-2（侧面）

动作 14-3

动作 14-3（侧面）

图 2-2-114　前踢弓步下格挡内格挡

动作 15

图 2-2-115　弓步上格挡

动作 16-1

动作 16-2

图 2-2-116　侧踢弓步掌肘对击

动作 17

图 2-2-117　弓步上格挡

动作 18-1

动作 18-2

图 2-2-118　侧踢弓步掌肘对击

动作 19-1　　　　动作 19-1（侧面）　　　　动作 19-2　　　　动作 19-2（侧面）

图 2-2-119　弓步下格挡内格挡

  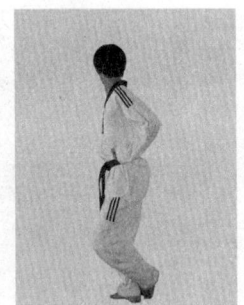 

动作 20-1　　　　动作 20-1（侧面）　　　　动作 20-2　　　　动作 20-2（侧面）

图 2-2-120　前踢交叉步背拳

图 2-2-121　开立步准备式

六、太极六章品势

太极六章寓意八卦里的"坎"卦。"坎"在八卦中代表水,指川流不息与柔韧。因此,练习太极六章时动作要柔缓、连贯。太极六章共19个动作,新动作有横踢、三七步手臂中段外格挡、手掌中段内格挡、双手交叉分式下格挡等,适合跆拳道三级修炼者练习。

(一) 太极六章品势动作要点和运动路线

右侧单手刀上位斜外格挡时,肩部向左45°。横踢后,踢腿脚落地的宽度与弓步的宽度相同,视线注视进攻的方向。单手掌中内格挡时,手掌的高度与胸口同高,做动作16和17时,要以脚前掌为轴向后旋转,格挡与旋转同时进行。太极六章品势运动路线用"☵"符号来表示(图2-2-122、图2-2-123)

图2-2-122 太极六章品势运动路线

图 2-2-123 太极六章品势全图（坎）

(二) 太极六章品势动作说明（表2-2-6）

表2-2-6　太极六章品势动作说明

顺序	动作名称	动作说明		
		站姿	移动及腿法	上肢动作
预备	并步预备式	并步		
准备	开立步准备式	开立步		基本准备势
动作1	弓步下格挡	左弓步	上步	左下格挡
动作2	前踢三七步外格挡	左三七步	右脚前踢、回收	左中段外格挡
动作3	弓步下格挡	右弓步	换方向右脚向前微动	右下格挡
动作4	前踢三七步外格挡	右三七步	左脚前踢、回收	右中段外格挡
动作5	弓步手刀斜外格挡	左弓步	转身	右单手刀上段斜外格挡
动作6	横踢弓步外格挡直拳	左弓步	右脚横踢向前落地，左脚向左移并做左上段外格挡	中段右手直拳
动作7	前踢弓步直拳	右弓步	右脚前踢向前落地	中段左手直拳
动作8	弓步外格挡直拳	右弓步	向后转右手上段外格挡	中段左手直拳
动作9	前踢弓步直拳	左弓步	左脚前踢向前落地	中段右手直拳
动作10	开立步双手下格挡	开立步	移动左脚	双手交叉分手下格挡
动作11	弓步手刀斜外格挡	右弓步	上步	左单手刀上段斜外格挡
动作12	横踢弓步下格挡	右弓步	左脚横踢向前落地配合发声同时右脚向后转	右下格挡
动作13	前踢三七步外格挡	右三七步	左脚前踢、回收	右中段外格挡
动作14	弓步下格挡	左弓步	换方向左脚向前微动	左下格挡
动作15	前踢三七步外格挡	左三七步	右脚前踢、回收	左中段外格挡
动作16	三七步手刀外格挡	左三七步	右脚移动	手刀中段格挡

续表

顺序	动作名称	动作说明		
		站姿	移动及腿法	上肢动作
动作17	三七步手刀外格挡	右三七步	左脚向后撤	手刀中段格挡
动作18	弓步手掌内格挡右直拳	左弓步	右脚向后撤左手掌中段内格挡	中段右手直拳
动作19	弓步手掌内格挡左直拳	右弓步	左脚向后撤右手掌中段内格挡	中段左手直拳
结束	开立步准备式	开立步	收回右脚	基本准备势

（三）太极六章品势动作图解（图2-2-124~图2-2-145）

图2-2-124 并步预备式

图2-2-125 开立步准备式

动作1

图2-2-126 弓步下格挡

动作2-1

图2-2-127 前踢三七步外格挡

动作2-2

动作3

图2-2-128 弓步下格挡

动作 4-1　　　　　　　　动作 4-2　　　　　　　　动作 5

图 2-2-129　前踢三七步外格挡　　　图 2-2-130　弓步手刀斜外格挡

动作 6-1　　　　　　　　动作 6-2　　　　　　　　动作 6-3

图 2-2-131　横踢弓步外格挡直拳

动作 7-1　　　　动作 7-2　　　　　动作 8-1　　　　动作 8-2

图 2-2-132　前踢弓步直拳　　　　图 2-2-133　弓步外格挡直拳

动作 9-1

动作 9-2

动作 10

图 2-2-134　前踢弓步直拳　　　　　　　图 2-2-135　开立步双手下格挡

动作 11

动作 12-1

动作 12-2

图 2-2-136　弓步手刀斜外格挡　　　　　图 2-2-137　横踢弓步下格挡

动作 13-1

动作 13-2

动作 14

图 2-2-138　前踢三七步外格挡　　　　　图 2-2-139　弓步下格挡

动作 15-1

动作 15-2

图 2-2-140　前踢三七步外格挡

动作 16

图 2-2-141　三七步手刀外格挡

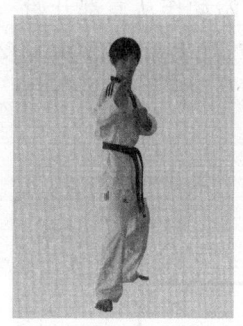
动作 17

图 2-2-142　三七步手刀外格挡

动作 18-1

动作 18-2

图 2-2-143　弓步手掌内格挡右直拳

动作 19-1

动作 19-2

图 2-2-144　弓步手掌内格挡左直拳

图 2-2-145　开立步准备式

75

七、太极七章品势

太极七章寓意八卦里的"艮"卦。"艮"在八卦中代表山，意味着沉稳与厚重，通过修炼可以达到不可动摇的修炼意识和力量。因此，在演练太极七章时，要用厚重的力量控制节奏和力量。太极七章共 25 个动作，新动作有膝部进攻、双手上下同时防守、双臂交叉下防、内摆腿和肘部横击等技法，有一定演练难度，适合跆拳道二级修炼者练习。

（一）太极七章品势动作要点和运动路线

要求虚步规范准确。手掌中内格挡后，背拳前击的高度是人中，手脚要同时进行，剪刀手格挡要连续进行，要利用腰部的力量。动作 21 和 22 的内摆与掌肘对击的动作要同步进行，掌肘对击的高度是胸口。背拳外击时起始动作从肩部开始，拳心向脸部。太极七章品势的运动路线用"艮"的符号"☶"来表示（图 2-2-146、图 2-2-147）。

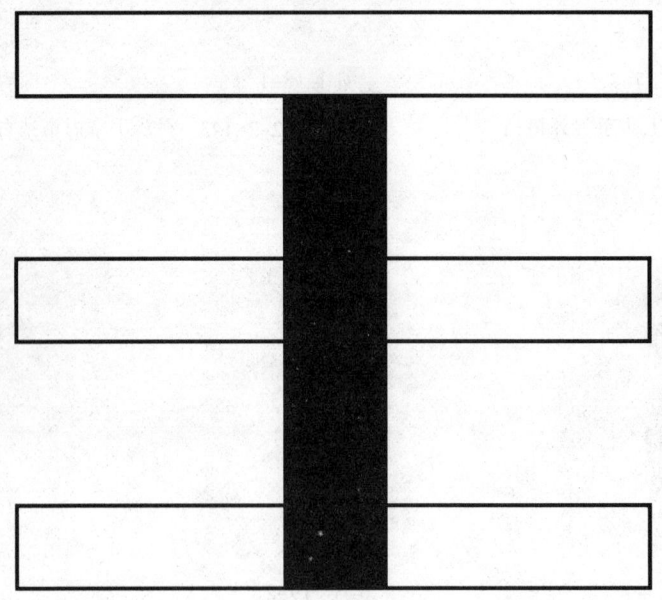

图 2-2-146　太极七章品势运动路线

图 2-2-147　太极七章品势全图（艮）

(二) 太极七章品势动作说明 (表2-2-7)

表2-2-7 太极七章品势动作说明

顺序	动作名称	动作说明		
		站姿	移动及腿法	上肢动作
预备	并步预备式	并步		
准备	开立步准备式	开立步		基本准备势
动作1	虚步手掌内格挡	左虚步	移左脚	右手掌中段内格挡
动作2	前踢虚步内格挡	左虚步	右脚前踢回原位	左中段内格挡
动作3	虚步手掌内格挡	右虚步	双脚原地换方向	左手掌中段内格挡
动作4	前踢虚步内格挡	右虚步	左脚前踢回原位	右中段内格挡
动作5	三七步手刀下格挡	左三七步	转身	手刀下格挡
动作6	三七步手刀下格挡	右三七步	上步	手刀下格挡
动作7	虚步手掌内格挡	左虚步	换方向	右手掌中段内格挡
动作8	虚步背拳前击	左虚步	步法不变	右背拳前击
动作9	虚步手掌内格挡	右虚步	换方向	左手掌中段内格挡
动作10	虚步背拳前击	右虚步	步法不变	左背拳前击
动作11	并步抱拳	并步	收左脚并步	抱拳
动作12	弓步剪刀格挡	左弓步	左脚上步	剪刀格挡
动作13	弓步剪刀防御	右弓步	右脚上步	剪刀格挡
动作14	弓步双手外格挡	左弓步	转身	双手交叉中段外格挡
动作15	抬膝交叉步仰拳攻击	后交叉步	抬右膝右脚向前落地	中段双手仰拳前击
动作16	弓步交叉拳下格挡	右弓步	左脚后撤	交叉拳下格挡
动作17	弓步双手外格挡	右弓步	向后转	双手交叉中段外格挡
动作18	提膝交叉步仰拳攻击	后交叉步	提左膝左脚向前落地	中段双手仰拳前击
动作19	弓步交叉拳下格挡	左弓步	左脚后撤	交叉拳下格挡
动作20	前行步背拳外横击	左前行步	转身	左背拳外横击

续表

顺序	动作名称	动作说明		
		站姿	移动及腿法	上肢动作
动作21	内摆腿马步掌肘对击	马步	右脚内摆向前落地	掌肘对击
动作22	前行步背拳外横击	右前行步	身体起立左脚跟步	右背拳外横击
动作23	内摆腿马步掌肘对击	马步	左脚内摆向前落地	掌肘对击
动作24	马步手刀外格挡	马步	步法不变	左单手刀外格挡
动作25	马步直拳	马步	右脚上步	中段右手直拳配合发声
结束	开立步准备式	开立步	右脚为轴向后转	基本准备势

（三）太极七章品势动作图解（图 2-2-148~图 2-2-175）

图 2-2-148　并步预备式

图 2-2-149　开立步准备式

动作1

图 2-2-150　虚步手掌内格挡

动作 2-1

图 2-2-151　前踢虚步内格挡

动作 2-2

动作 3

图 2-2-152　虚步手掌内格挡

动作 4-1

动作 4-2

图 2-2-153 前踢虚步内格挡

动作 5

图 2-2-154 三七步手刀下格挡

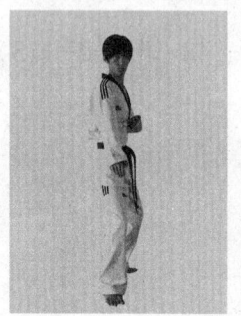
动作 6

图 2-2-155 三七步手刀下格挡

动作 7

图 2-2-156 虚步手掌内格挡

动作 8-1

动作 8-2

图 2-2-157 虚步背拳前击

动作 9

图 2-2-158 虚步手掌内格挡

动作 10-1　　　　　　　动作 10-2　　　　　　　动作 11

图 2-2-159　虚步背拳前击　　　　图 2-2-160　并步抱拳

动作 12-1　　　动作 12-2　　　　动作 13-1　　　动作 13-2

图 2-2-161　弓步剪刀格挡　　　　图 2-2-162　弓步剪刀防御

 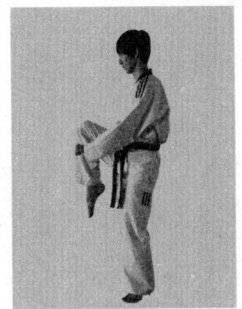 

动作 14　　　　　　　动作 15-1　　　　　　动作 15-2

图 2-2-163　弓步双手外格挡　　　图 2-2-164　抬膝交叉步仰拳前击

动作 16

图 2-2-165　弓步交叉拳下格挡

动作 17

图 2-2-166　弓步双手外格挡

动作 18-1

动作 18-2

图 2-2-167　提膝交叉步仰拳攻击

动作 19

图 2-2-168　弓步交叉拳下格挡

动作 20

动作 20（侧面）

图 2-2-169　前行步背拳外横击

动作 21-1　　　　　　　动作 21-1（侧面）　　　　　　动作 21-2

图 2-2-170　内摆腿马步掌肘对击

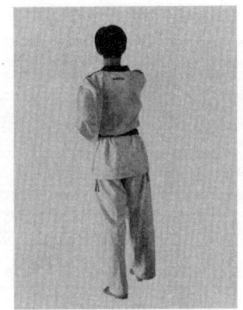 

动作 22　　　　　　　　动作 22（侧面）

图 2-2-171　前行步背拳外横击

  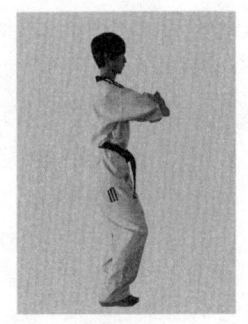

动作 23-1　　　　　　　动作 23-1（侧面）　　　　　　动作 23-2

图 2-2-172　内摆腿马步掌肘对击

动作 24　　　　　　　　　动作 24（侧面）

图 2-2-173　马步手刀外格挡

动作 25　　　　　　　　　动作 25（侧面）

图 2-2-174　马步直拳

图 2-2-175　开立步准备式

八、太极八章品势

太极八章寓意八卦里的"坤"卦,"坤"在八卦中代表大地,是万物生长的根源。太极八章共27个动作,新动作包括双手中位外格挡、左手下格挡、右手上位外格挡、勾拳、前交叉步、肘部前横击、背拳前击,腿法是跳起两次前踢(腾空二段前踢)和原地前踢接跳起前踢等,适合跆拳道一级修炼者练习。

(一) 太极八章品势动作要点和运动路线

动作 3-1 和 3-2 向前跳起的距离是弓步距离,动作 19 的前踢有两次,在第一次前踢完成落地前做第二次前踢。在动作 5 左手下格挡和右手上段外格挡时,双脚尖向上位外格挡方向形成 45°。在动作 6 和动作 8 的勾拳时,起始动作的辅助手臂与肩部同高,勾拳的拳心向下,并从胸部开始做动作,节奏是 8 s。交叉步时,要以脚前掌为轴旋转交叉。动作 13-2 和 16-2 的弓步和直拳动作要明显。动作 14—17 的手掌中段内格挡高度要与胸口同高。太极八章品势的运动路线用"坤"的符号"☷"来表示(图 2-2-176、图 2-2-177)。

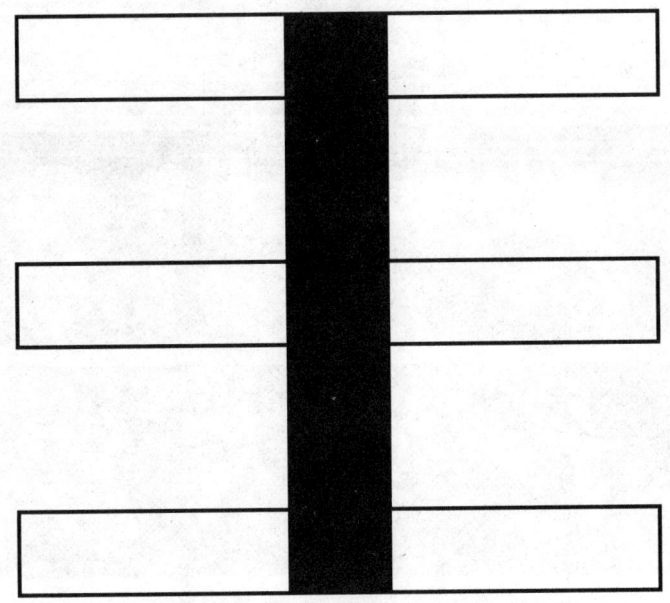

图 2-2-176 太极八章品势运动路线

图 2-2-177　太极八章品势全图（坤）

（二）太极八章品势动作说明（表 2-2-8）

表 2-2-8　太极八章品势动作说明

顺序	动作名称	动作说明		
		站姿	移动及腿法	上肢动作
预备	并步预备式	并步		
准备	开立步准备式	开立步		基本准备势
动作 1	三七步外格挡	左三七步	左脚上步	中段外格挡
动作 2	弓步直拳	左弓步	原地	中段右手直拳
动作 3	跳起两次前踢弓步内格挡直拳	左弓步	向前跳起两次前踢并配合发声，左中段内格挡	中段两次直拳
动作 4	弓步直拳	右弓步	右脚上步	中段右手直拳
动作 5	弓步外山势格挡	右弓步	转身左脚移动	左手下格挡右手上段外格挡（外山势格挡）
动作 6	弓步勾拳	左弓步	双脚原地换方向	右勾拳
动作 7	弓步外山势格挡	左弓步	左脚前交叉上步出右脚	右手下格挡左手上段外格挡（外山势格挡）
动作 8	弓步勾拳	右弓步	双脚原地换方向	左勾拳
动作 9	三七步手刀格挡	左三七步	右脚移动	手刀中段格挡
动作 10	弓步直拳	左弓步	双脚在原位	中段右手直拳
动作 11	前踢虚步手掌内格挡	右虚步	右脚前踢回收	右手掌中段内格挡
动作 12	虚步手刀格挡	左虚步	左脚移动	手刀中段格挡
动作 13	前踢弓步直拳	左弓步	左脚前踢向前落地	中段右手直拳
动作 14	虚步手掌内格挡	左虚步	收左脚	左手掌中段内格挡
动作 15	虚步手刀格挡	右虚步	换方向	手刀中段格挡
动作 16	前踢弓步直拳	右弓步	右脚前踢向前落地	中段左手直拳
动作 17	虚步手掌内格挡	右虚步	收右脚	右手掌中段内格挡
动作 18	三七步下格挡	右三七步	转身	下格挡

续表

顺序	动作名称	动作说明		
		站姿	移动及腿法	上肢动作
动作 19	跳前踢弓步内格挡直拳	右弓步	左脚前踢接原地跳起右脚前踢配合发声	中段右内格挡出两次直拳
动作 20	三七步手刀外格挡	左三七步	转身	左单手刀中段外格挡
动作 21	弓步肘前横击	左弓步	左脚向前	右肘前横击
动作 22	弓步背拳前击	左弓步	步法不动	右背拳前击
动作 23	弓步直拳	左弓步	步法不变	中段左手直拳
动作 24	三七步手刀外格挡	右三七步	换方向	右单手刀中段外格挡
动作 25	弓步肘前横击	右弓步	右脚向前	左肘前横击
动作 26	弓步背拳前击	右弓步	步法不变	左背拳前击
动作 27	弓步直拳	右弓步	步法不变	中段右手直拳
结束	开立步准备式	开立步	收左脚	基本准备势

(三) 太极八章品势动作图解（图 2-2-178~图 2-2-207）

图 2-2-178　并步预备式

图 2-2-179　开立步准备式

动作 1　　　　　　　　　　　动作 2

图 2-2-180　三七步外格挡　　图 2-2-181　弓步直拳

动作 3-1　　　动作 3-2　　　动作 3-3　　　动作 3-4

图 2-2-182　跳起两次前踢弓步内格挡直拳

动作 4　　　　　　动作 5　　　　　　动作 6

图 2-2-183　弓步直拳　　图 2-2-184　弓步外山势格挡　　图 2-2-185　弓步勾拳

动作 7-1　　　　　　　　动作 7-2　　　　　　　　　动作 8

图 2-2-186　弓步外山势格挡　　　　图 2-2-187　弓步勾拳

动作 9　　　　　　　　　　动作 10

图 2-2-188　三七步手刀格挡　　　　图 2-2-189　弓步直拳

动作 11-1　　　　　　　　动作 11-2　　　　　　　　动作 12

图 2-2-190　前踢虚步手掌内格挡　　　图 2-2-191　虚步手刀格挡

第二章 跆拳道品势技术

动作 13-1

动作 13-2

动作 14

图 2-2-192　前踢弓步直拳　　　　　图 2-2-193　虚步手掌内格挡

动作 15

动作 16-1

动作 16-2

图 2-2-194　虚步手刀格挡　　　　　图 2-2-195　前踢弓步直拳

动作 17

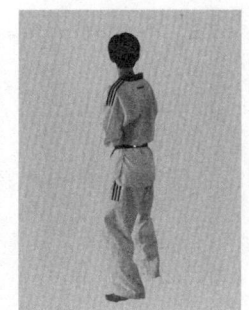
动作 18

动作 18（侧面）

图 2-2-196　虚步手掌内格挡　　　　　图 2-2-197　三七步下格挡

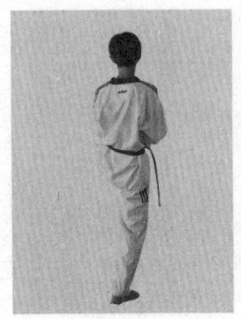   

动作 19-1　　动作 19-1（侧面）　　动作 19-2　　动作 19-2（侧面）

动作 19-3　　动作 19-3（侧面）　　动作 19-4　　动作 19-4（侧面）

动作 19-5　　动作 19-5（侧面）

图 2-2-198　跳前踢弓步内格挡直拳

动作 20
图 2-2-199 三七步手刀外格挡

动作 21
图 2-2-200 弓步肘前横击

动作 22
图 2-2-201 弓步背拳前击

动作 23
图 2-2-202 弓步直拳

动作 24
图 2-2-203 三七步手刀外格挡

动作 25
图 2-2-204 弓步肘前横击

动作 26
图 2-2-205 弓步背拳前击

动作 27
图 2-2-206 弓步直拳

图 2-2-207 开立步准备式

第三节 高丽品势

高丽品势的含义是士,指尚武精神和绅士风度。高丽品势共 30 个动作,新增加的动作有两次侧踢(二段侧踢)、单手刀外击、单手刀下格挡、虎掌前击、拳心向内双臂外格挡、上提下压折膝攻击、拳掌对击、肘侧击、手刀上提下击等,适合一品或一段修炼者练习。

一、高丽品势动作要点和运动路线

两次侧踢时,第一腿攻击的部位是膝关节,第二腿攻击的部位是头部,虎掌前击的起始点从髋关节处开始,拳心向上,在攻击目标的同时张开虎掌。双臂外格挡的起始动作是双臂在胸前交叉形成"X"形态,拳心向外开始格挡,完成动作后拳与肩部同宽同高。拳掌对击时,肘关节的高度与胸口同高。高丽品势的运动路线是"士"字型(图 2-3-1、图 2-3-2)

图 2-3-1 高丽品势运动路线

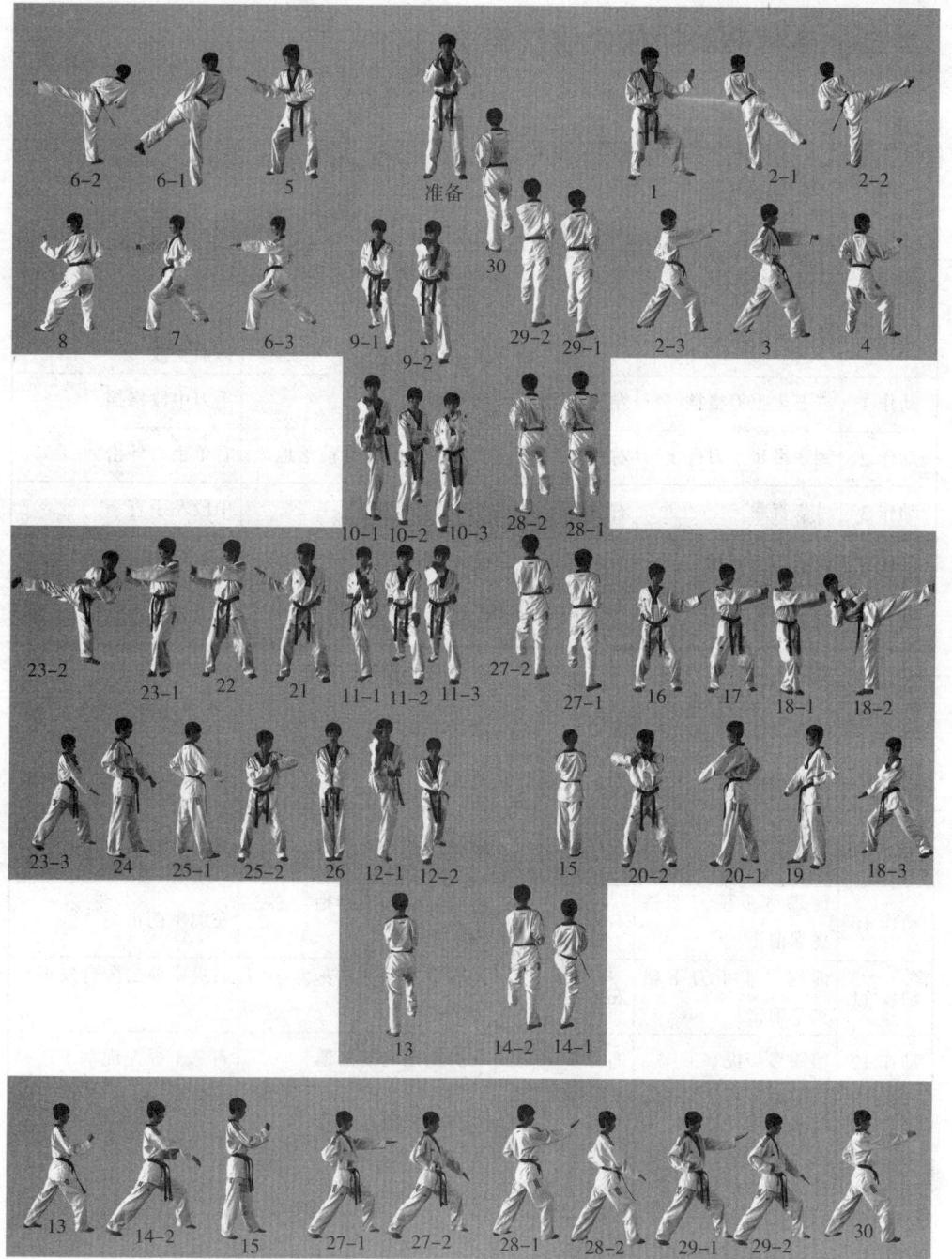

图 2-3-2 高丽品势全图

二、高丽品势动作说明（表 2-3-1）

表 2-3-1　高丽品势动作说明

顺序	动作名称	动作说明		
		站姿	移动及腿法	上肢动作
预备	并步预备式	并步		
准备	开立步平行式	开立步		双手掌平行相对置于体前上段
动作 1	三七步手刀格挡	左三七步	移左脚	手刀中段格挡
动作 2	侧踢弓步手刀外击	右弓步	右脚两次侧踢向前落地	右单手刀外击
动作 3	弓步直拳	右弓步	步法不变	中段左手直拳
动作 4	三七步内格挡	右三七步	收右脚	右中段内格挡
动作 5	三七步外格挡	右三七步	向后转身	手刀中段外格挡
动作 6	侧踢弓步手刀外击	左弓步	左脚两次侧踢向前落地	左单手刀外击
动作 7	弓步直拳	左弓步	步法不变	中段右手直拳
动作 8	三七步内格挡	左三七步	收左脚	左中段内格挡
动作 9	弓步手刀下格虎掌前击	左弓步	转身左手刀下格挡	右虎掌前击
动作 10	前踢弓步手刀下格虎掌前击	右弓步	右脚前踢向前落地、右手刀下格挡	左虎掌前击
动作 11	前踢弓步手刀下格虎掌前击	左弓步	左脚前踢向前落地左手刀下格挡	右虎掌前击配合发声
动作 12	前踢弓步虎掌下压	右弓步	右脚前踢向前落地	右掌上提左虎掌下压
动作 13	弓步双手外格挡	右弓步	左脚上步原地转身	掌心向内，双手交叉中段外格挡
动作 14	前踢弓步虎掌下压	左弓步	左前踢向前落地	左掌上提右虎掌下压
动作 15	前行步双手外格挡	左前行步		掌心向内双手交叉中段外格挡
动作 16	马步手刀外格挡	马步	左脚移动	左单手刀中段外格挡

续表

顺序	动作名称	动作说明		
		站姿	移动及腿法	上肢动作
动作17	马步拳掌对击	马步	步法不变	拳掌对击
动作18	侧踢弓步手刀上提下击	右弓步	右脚交叉上步，左脚侧踢向前落地，转身右弓步	手刀上提下击
动作19	前行步下格挡	右前行步	收右脚	右下格挡
动作20	马步肘击	马步	左脚上步左掌下压、右脚上步	右肘侧击
动作21	马步手刀外格挡	马步	步法不变	右单手刀中段外格挡
动作22	马步拳掌对击	马步	步法不动	拳掌对击
动作23	侧踢弓步上提下击	左弓步	左脚交叉上步、右脚侧踢向前落地，转身成弓步	手刀上提下击
动作24	前行步下格挡	左前行步	收左脚	左下格挡
动作25	马步肘击	马步	右脚上步，右手掌下压左脚上步	左肘侧击
动作26	并步下段拳肘对击	并步	收右脚	拳掌下段对击
动作27	弓步手刀外击下格挡	左弓步	移动左脚左手刀外击	右单手刀下格挡
动作28	弓步手刀击颈下格挡	弓步	右脚上步右手刀击颈部	右单手刀下格挡
动作29	弓步手刀击颈下格挡	弓步	左脚上步左手刀击颈部	左单手刀下格挡
动作30	弓步虎掌前击	右弓步	右脚上步	右虎掌前击配合发声
结束	开立步平行式	开立步	右脚为轴向后转	双手掌平行相对置于体前上段

三、高丽品势动作图解（图 2-3-3~图 2-3-35）

图 2-3-3　并步预备式

图 2-3-4　开立步平行式

动作 1

图 2-3-5　三七步手刀格挡

动作 2-1

动作 2-2

动作 2-3

图 2-3-6　侧踢弓步手刀外击

动作 3

图 2-3-7　弓步直拳

动作 4

图 2-3-8　三七步内格挡

动作 5

图 2-3-9　三七步外格挡

动作 6-1　　　　　　　　　动作 6-2　　　　　　　　　动作 6-3

图 2-3-10　侧踢弓步手刀外击

动作 7　　　　　　　　　　　动作 8

图 2-3-11　弓步直拳　　　　图 2-3-12　三七步内格挡

动作 9-1　　　　　　　　　动作 9-2

图 2-3-13　弓步手刀下格虎掌前击

动作 10-1　　　　　　　　动作 10-2　　　　　　　　动作 10-3

图 2-3-14　前踢弓步手刀下格虎掌前击

动作 11-1　　　　　　　　动作 11-2　　　　　　　　动作 11-3

图 2-3-15　前踢弓步手刀下格虎掌前击

动作 12-1　　　　　　　　动作 12-2

图 2-3-16　前踢弓步虎掌下压

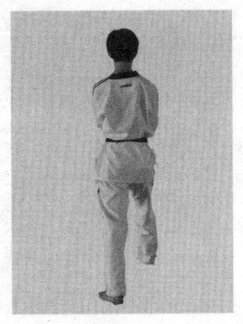

动作 13　　　　　　　　　　　动作 13（侧面）

图 2-3-17　弓步双手外格挡

动作 14-1　　　　　　动作 14-2　　　　　　动作 14-2（侧面）

图 2-3-18　前踢弓步虎掌下压

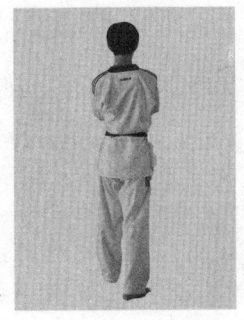

动作 15　　　　　　　　　　　动作 15（侧面）

图 2-3-19　前行步双手外格挡

动作 16
图 2-3-20　马步手刀外格挡

动作 17
图 2-3-21　马步拳掌对击

动作 18-1

动作 18-2

动作 18-3

图 2-3-22　侧踢弓步手刀上提下击

动作 19
图 2-3-23　前行步下格挡

动作 20-1

动作 20-2

图 2-3-24　马步肘击

第二章 跆拳道品势技术

动作 21
图 2-3-25 马步手刀外格挡

动作 22
图 2-3-26 马步拳掌对击

动作 23-1

动作 23-2

动作 23-3

图 2-3-27 侧踢弓步上提下击

动作 24
图 2-3-28 前行步下格挡

动作 25-1

动作 25-2

图 2-3-29 马步肘击

动作 26
图 2-3-30 并步下段拳肘对击

动作 27-1　　　　动作 27-1（侧面）　　　　动作 27-2　　　　动作 27-2（侧面）

图 2-3-31　弓步手刀外击下格挡

动作 28-1　　　　　　　　　　动作 28-1（侧面）

动作 28-2　　　　　　　　　　动作 28-2（侧面）

图 2-3-32　弓步手刀击颈下格挡

动作 29-1

动作 29-1（侧面）

动作 29-2

动作 29-2（侧面）

图 2-3-33　弓步手刀击颈下格挡

动作 30

动作 30（侧面）

图 2-3-34　弓步虎掌前击

图 2-3-35　开立步平行式

第四节 金刚品势

金刚品势象征着强劲和稳重,共 27 个动作,新增加的动作有掌跟上位前击、鹤立步金刚格挡、正拳胸前侧击、山形格挡等,适合黑带二段修炼者练习。

一、金刚品势的动作要点和运动路线

底掌上位前击时,起始动作的拳心向上,随即展开手掌攻击目标,手掌与指尖的角度为 45°。鹤立步金刚格挡时,进攻时拳心向下,离身体一拳距离,辅助拳放在髋关节处。马步山形格挡时,双臂的腕部与耳部同高,拳心向耳部,视线注视进攻的方向。金刚品势的运动路线是"山"字型(图 2-4-1、图 2-4-2)。

图 2-4-1　金刚品势运动路线

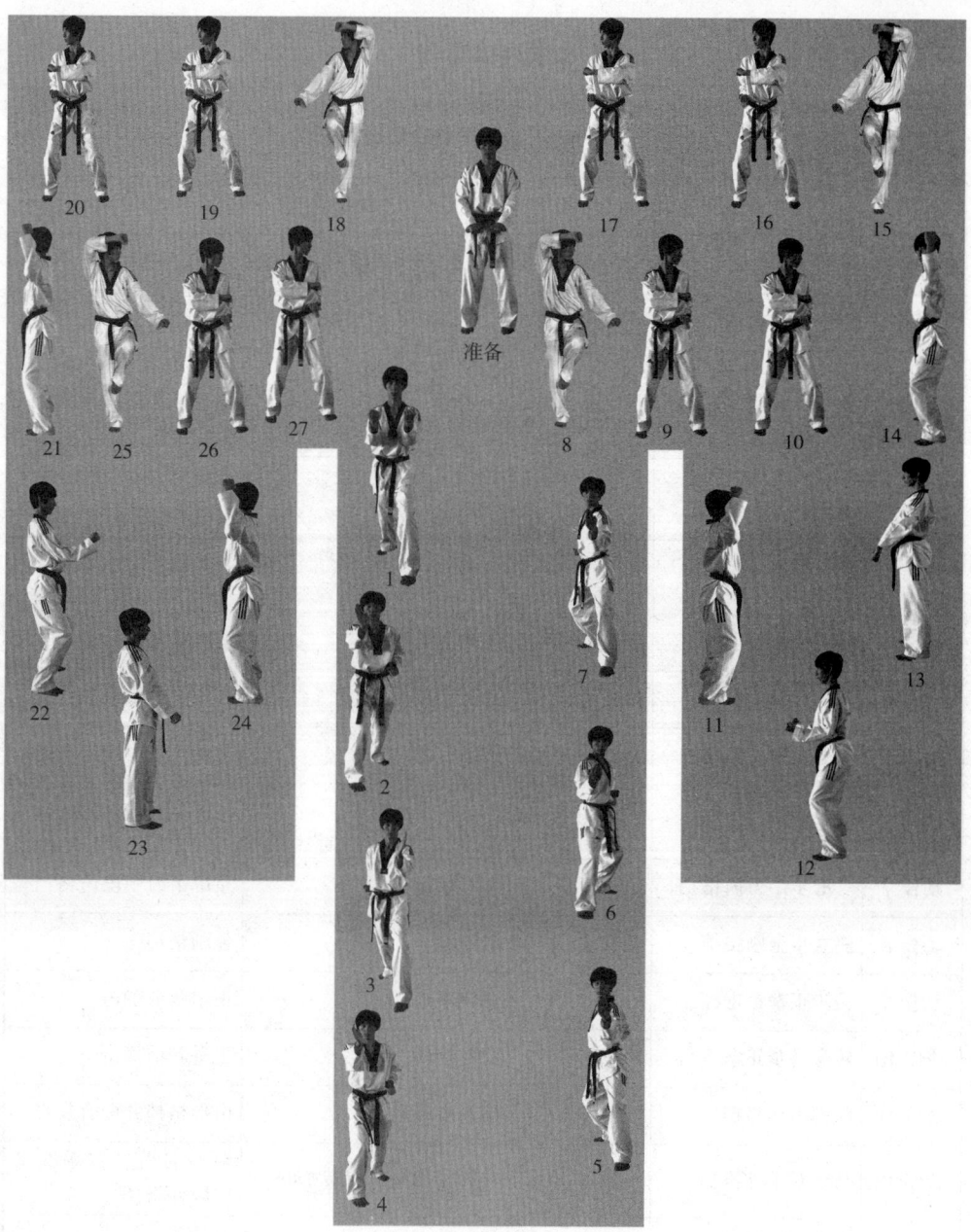

图 2-4-2　金刚品势全图

二、金刚品势动作说明（表2-4-1）

表2-4-1 金刚品势动作说明

顺序	动作名称	动作说明		
		站姿	移动及腿法	上肢动作
预备	并步预备式	并步		
准备	开立步对拳	开立步		双手握拳置于腹前，拳与拳相隔一拳距离，拳心向内
动作1	弓步双手外格挡	左弓步	左脚上步	掌心向内，双手交叉中段外格挡
动作2	弓步底掌攻击	右弓步	右脚上步	右底掌上段前击
动作3	弓步底掌攻击	左弓步	左脚上步	左底掌上段前击
动作4	弓步底掌攻击	右弓步	右脚上步	右底掌上段前击
动作5	三七步手刀内格挡	左三七步	右脚后撤	左单手刀中段内格挡
动作6	三七步手刀内格挡	右三七步	左脚后撤	右单手刀中段内格挡
动作7	三七步手刀内格挡	左三七步	右脚后撤	左单手刀中段内格挡
动作8	鹤立步金刚格挡	右鹤立步	收左脚	金刚格挡
动作9	马步正拳侧击	马步	左脚落地	正拳胸前侧击
动作10	转身马步正拳侧击	马步	向左旋转360°	正拳胸前侧击
动作11	踩脚山形格挡	马步	抬右脚踩地	山形格挡并配合发声
动作12	马步双手外格挡	马步	左脚移动并向右转180°	拳心向内，双手交叉中段外格挡
动作13	开立步双手下格挡	开立步	收左脚	双手交叉下格挡
动作14	踩脚山形格挡	马步	向右转身，左脚抬起向下踩脚	山形格挡
动作15	鹤立步金刚格挡	左鹤立步	向右转身抬起右脚	金刚格挡

续表

顺序	动作名称	动作说明		
		站姿	移动及腿法	上肢动作
动作 16	马步正拳侧击	马步	右脚落地	正拳胸前侧击
动作 17	转身马步正拳侧击	马步	左脚向右侧前进一步，身体向右转 360°右脚跟随移动	正拳胸前侧击
动作 18	鹤立步金刚格挡	左鹤立步	收右脚	金刚格挡
动作 19	马步正拳侧击	马步	放下右脚	正拳胸前侧击
动作 20	转身马步正拳侧击	马步	左脚向右侧前进一步，身体向右转 360°右脚跟随移动	正拳胸前侧击
动作 21	跺脚马步山形格挡	马步	抬左脚向下跺脚	山形格挡并发声
动作 22	马步双手外格挡	马步	右脚向左侧前进一步，身体向左转 180°	掌心向内，双手交叉中段外格挡
动作 23	开立步双手下格挡	开立步	收右脚	双手交叉下格挡
动作 24	跺脚马步山形格挡	马步	向左转身 180°，抬起右脚向下跺地	山形格挡
动作 25	鹤立步金刚格挡	右鹤立步	向左转身并收起左脚	金刚格挡
动作 26	马步正拳侧击	马步	收起左脚	正拳胸前侧击
动作 27	转身马步正拳侧击	马步	右脚向左侧前进一步，身体向左转 360°左脚跟随移动	正拳胸前侧击
结束	开立步对拳	开立步	收左脚	双手握拳置于腹前

三、金刚品势动作图解（图 2-4-3~图 2-4-32）

图 2-4-3　并步预备式

图 2-4-4　开立步对拳

动作 1

图 2-4-5　弓步双手外格挡

动作 2

图 2-4-6　弓步底掌攻击

动作 3

图 2-4-7　弓步底掌攻击

动作 4

图 2-4-8　弓步底掌攻击

动作 5

图 2-4-9　三七步手刀内格挡

动作 6

图 2-4-10　三七步手刀内格挡

动作 7

图 2-4-11　三七步手刀内格挡

动作 8
图 2-4-12 鹤立步金刚格挡

动作 9
图 2-4-13 马步正拳侧击

动作 10
图 2-4-14 转身马步正拳侧击

动作 11
图 2-4-15 跺脚山形格挡

动作 12
图 2-4-16 马步双手外格挡

动作 13
图 2-4-17 开立步双手下格挡

动作 14
图 2-4-18 跺脚山形格挡

动作 15
图 2-4-19 鹤立步金刚格挡

动作 16
图 2-4-20 马步正拳侧击

动作 17

图 2-4-21 转身马步正拳侧击

动作 18

图 2-4-22 鹤立步金刚格挡

动作 19

图 2-4-23 马步正拳侧击

动作 20

图 2-4-24 转身马步正拳侧击

动作 21

图 2-4-25 跺脚马步山形格挡

动作 22

图 2-4-26 马步双手外格挡

第二章　跆拳道品势技术

动作 23

图 2-4-27　开立步双手下格挡

动作 24

图 2-4-28　跺脚马步山形格挡

动作 25

图 2-4-29　鹤立步金刚格挡

动作 26

图 2-4-30　马步正拳侧击

动作 27

图 2-4-31　转身马步正拳侧击

图 2-4-32　开立步对拳

第五节 太白品势

太白品势表示传统的开端，也象征着天地人合一。太白品势共有 26 个动作，新增加的动作有手刀交叉分手下格挡、金刚中位格挡、背拳外击、双拳在腰侧格挡等，适合三段修炼者练习。

一、太白品势的动作要点和运动路线

手刀交叉下格挡的起始动作是双手先在胸前形成"X"形态，掌心向内，格挡完后双掌向内，放在前腿的左右两侧，和大腿相距一立掌的距离。金刚中段格挡的起始动作是中段外格挡的拳和上段格挡的拳是从腕关节出同时开始的，格挡时，双臂在胸前交叉，然后再格挡。背拳外击的起始动作是左拳在右肩处，拳心向脸部，辅助手臂伸直，双臂交叉开始格挡。太白品势的运动路线为"工"型（图 2-5-1、图 2-5-2）。

图 2-5-1　太白品势运动路线

图 2-5-2 太白品势全图

二、太白品势动作说明（表 2-5-1）

表 2-5-1 太白品势动作说明

顺序	动作名称	动作说明		
		站姿	移动及腿法	上肢动作
预备	并步预备式	并步		
准备	开立步对拳	开立步		双手握拳置于腹前，拳与拳相隔一拳距离，拳心向内
动作1	虚步双手刀下格挡	左虚步	移动左脚	手刀交叉，分手下格挡
动作2	前踢弓步直拳	右弓步	右脚前踢向前落地	中段两次直拳
动作3	虚步双手刀下格挡	左虚步	移动右脚向后转身	手刀交叉，分手下格挡
动作4	前踢弓步直拳	左弓步	左脚前踢向前落地	中段两次直拳
动作5	弓步手刀格挡攻击	左弓步	移动左脚转身	手刀上格挡同时手刀颈部攻击
动作6	手掌内旋弓步直拳	右弓步	右手掌内转解脱，右脚上步	中段左手直拳
动作7	手掌内旋弓步直拳	左弓步	左手掌内转解脱，左脚上步	中段右手直拳
动作8	手掌内旋弓步直拳	右弓步	右手掌内转解脱，右脚上步	中段左手直拳并配合发声
动作9	三七步外上格挡	左三七步	转身移动左脚	左手中段外格挡同时右手上段格挡
动作10	三七步勾拳	左三七步	步法不变	右手勾拳
动作11	三七步直拳	左三七步	步法不变	中段左手直拳
动作12	鹤立步双拳置腰	右鹤立步	收左脚	双拳置于右侧腰部
动作13	侧踢弓步掌肘对击	左弓步	左手侧拳，左脚侧踢向前落地	掌肘对击
动作14	三七步外上格挡	右三七步	收左脚，并步再出右脚	右手中段外格挡同时左手上段格挡
动作15	三七步勾拳	右三七步	步法不变	左手勾拳

续表

顺序	动作名称	动作说明		
		站姿	移动及腿法	上肢动作
动作16	三七步直拳	右三七步	步法不变	中段右手直拳
动作17	鹤立步双拳置腰	左鹤立步	收右脚	双拳置于侧腰部
动作18	侧踢弓步掌肘对击	右弓步	右手侧拳、右脚侧踢前落地	掌肘对击
动作19	三七步手刀格挡	左三七步	收右脚并步出左脚	手刀中段格挡
动作20	弓步手刀刺击	右弓步	左手下压,右脚上步	右平手刀刺击
动作21	三七步背拳外击	左三七步	向左转身,右掌内转解脱左脚上步	左背拳外击
动作22	弓步直拳	右弓步	右脚上步	右直拳并配合发声
动作23	弓步剪刀格挡	左弓步	移动左脚并转身	左剪刀格挡
动作24	前踢弓步直拳	右弓步	右脚前踢向前落地	中段两次直拳
动作25	弓步剪刀格挡	右弓步	移动右脚向后转身	右剪刀格挡
动作26	前踢弓步直拳	左弓步	左脚前踢向前落地	中段两次直拳
结束	开立步对拳	开立步	收左脚	双手握拳置于腹前

三、太白品势动作图解（图2-5-3~图2-5-31）

图2-5-3 并步预备式

图2-5-4 开立步对拳

动作1

图2-5-5 虚步双手刀下格挡

动作 2-1　　　　　　　　动作 2-2　　　　　　　　动作 2-3

图 2-5-6　前踢弓步直拳

动作 3　　　　　动作 4-1　　　　　动作 4-2　　　　　动作 4-3

图 2-5-7　虚步双手刀下格挡　　　　　图 2-5-8　前踢弓步直拳

动作 5　　　　　　　　动作 6-1　　　　　　　　动作 6-2

图 2-5-9　弓步手刀格挡攻击　　　　　图 2-5-10　手掌内旋弓步直拳

动作 7-1

动作 7-2

图 2-5-11　手掌内旋弓步直拳

动作 8-1

动作 8-2

图 2-5-12　手掌内旋弓步直拳

动作 9

动作 10

图 2-5-13　三七步外上格挡　　　　图 2-5-14　三七步勾拳

动作 11   动作 12

图 2-5-15 三七步直拳   图 2-5-16 鹤立步双拳置腰

动作 13-1   动作 13-2

图 2-5-17 侧踢弓步掌肘对击

动作 14-1   动作 14-2

图 2-5-18 三七步外上格挡

动作 15　　　　　　　　　　　　动作 16

图 2-5-19　三七步勾拳　　　　　图 2-5-20　三七步直拳

动作 17　　　　　　　动作 18-1　　　　　　动作 18-2

图 2-5-21　鹤立步双拳置腰　　　图 2-5-22　侧踢弓步掌肘对击

动作 19-1　　　　　　动作 19-2　　　　　动作 19-2（侧面）

图 2-5-23　三七步手刀格挡

动作 20　　　　　　　　　　　动作 20（侧面）

图 2-5-24　弓步手刀刺击

动作 21-1　　　动作 21-1（侧面）　　　动作 21-2　　　动作 21-2（侧面）

图 2-5-25　三七步背拳外击

动作 22　　　　　　动作 22（侧面）　　　　　动作 23

图 2-5-26　弓步直拳　　　　　　图 2-5-27　弓步剪刀格挡

动作 24-1　　　　　　　　动作 24-2　　　　　　　　动作 24-3

图 2-5-28　前踢弓步直拳

动作 25　　　　　　动作 26-1　　　　　动作 26-2　　　　　动作 26-3

图 2-5-29　弓步剪刀格挡　　　　　　图 2-5-30　前踢弓步直拳

图 2-5-31　开立步对拳

第六节 平原品势

平原品势象征着和平与一望无际的宽广。平原品势的动作有 21 个，腿法有 2 种，新增加的动作有叠掌准备姿势、肘上击、双拳上段侧格挡、双肘侧击、山形格挡、金刚格挡、背拳前击两次等，适合黑带四段以上者修炼。

一、平原品势动作要点和运动路线

叠掌准备势从大腿前部开始，手掌伸直，与准备动作的节奏相同。肘上击时，拳心向内与耳部同高。双肘侧击的同时，目视进攻方向。山形格挡时，起始动作在左右髋关节处开始，双臂经过面部时形成"X"形态，然后开始格挡，格挡完成后拳心向内，双臂的腕部与耳部同高。金刚格挡时，要有节奏、有力度地进行。平原品势的运动路线为"一"字型（图 2-6-1、图 2-6-2）。

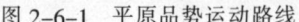

图 2-6-1 平原品势运动路线

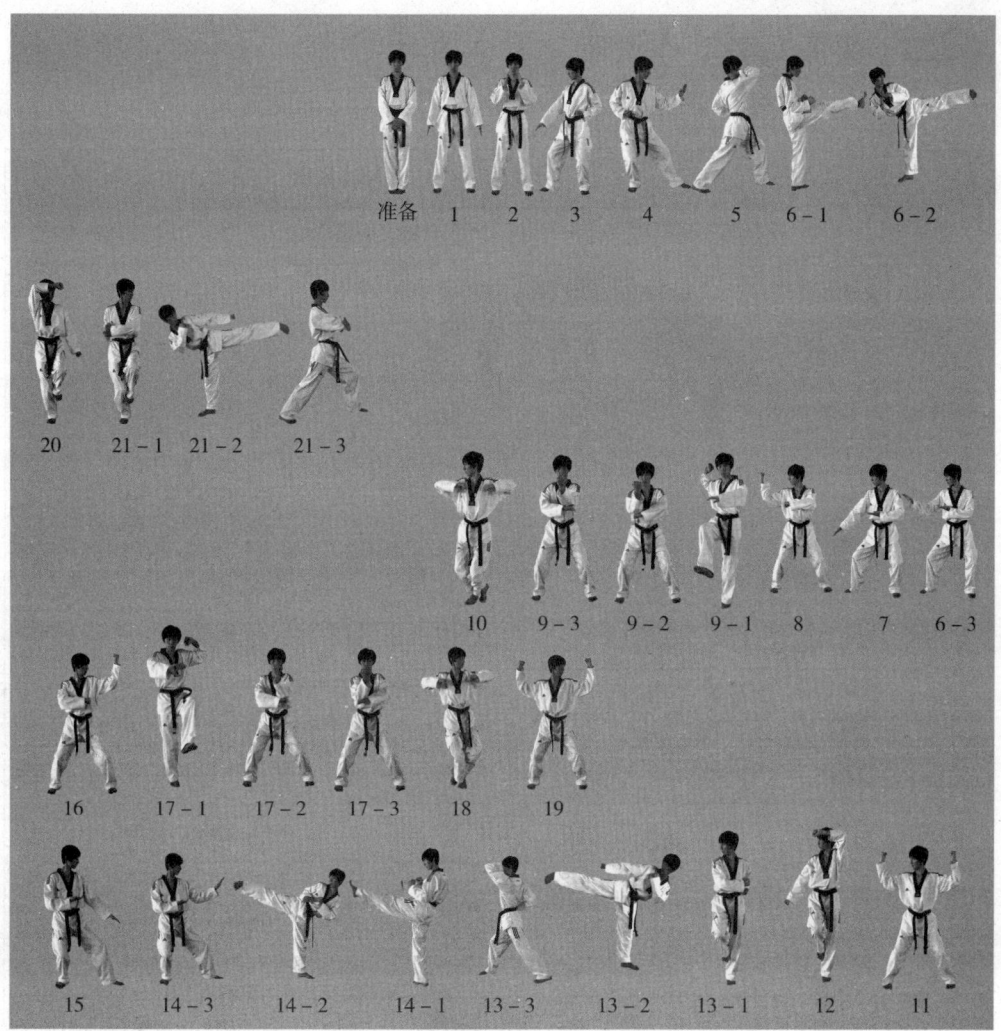

图 2-6-2 平原品势全图

二、平原品势动作说明（表2-6-1）

表2-6-1 平原品势动作说明

顺序	动作名称	动作说明		
		站姿	移动及腿法	上肢动作
预备	并步预备式	并步		
准备	并步叠掌	并步	双脚合并	双掌叠放于下腹前
动作1	开立步双手刀下格挡	开立步	移动左脚	手刀交叉分手下格挡
动作2	开立步双手掌平行式	开立步	步法不变	双手掌平行势
动作3	三七步手刀下格挡	右三七步	移动右脚	右单手刀下格挡
动作4	三七步手刀外格挡	左三七步	原地换方向	左单手刀中段外格挡
动作5	弓步挑肘	左弓步	左脚向前移动	右挑肘
动作6	前踢侧踢三七步手刀外格挡	右三七步	右脚前踢向前落地接转身左脚侧踢	手刀中段外格挡
动作7	三七步手刀下格挡	右三七步	步法不变	手刀下格挡
动作8	马步侧格挡	马步	原地	右拳上段侧格挡
动作9	踩脚马步背拳前击	马步	抬右脚向下踩地	右手背拳前击并发声、接左手背拳前击
动作10	交叉步双侧顶肘	左前交叉步	移动左脚	双侧顶肘
动作11	马步山形格挡	马步	移动右脚	分手山形格挡
动作12	鹤立步金刚格挡	左鹤立步	移动右脚	金刚格挡
动作13	侧踢弓步挑肘	右弓步	右脚侧踢向前落地	左挑肘
动作14	前踢侧踢三七步手刀外格挡	左三七步	左脚前踢向前落脚接转身右脚侧踢	手刀中段外格挡
动作15	三七步手刀下格挡	左三七步	步法不变	手刀下格挡
动作16	马步侧格挡	马步	原地	左拳上段侧格挡
动作17	踩脚马步背拳前击	马步	抬右脚向下踩地	左手背拳前击并发声，接右手背拳前击

续表

顺序	动作名称	动作说明		
		站姿	移动及腿法	上肢动作
动作18	交叉步双侧顶肘	右前交叉步	移动右脚	双侧顶肘
动作19	马步山形格挡	马步	移动左脚	分手山形格挡
动作20	鹤立步金刚格挡	右鹤立步	收左脚	金刚格挡
动作21	侧踢弓步掌肘对击	左弓步	左手侧拳，左脚侧踢向前落地	掌肘对击
结束	并步叠掌	并步	收左脚	双掌叠放于下腹前

三、平原品势动作图解（图 2-6-3~图 2-6-26）

图 2-6-3 并步预备式

图 2-6-4 并步叠掌

动作 1

图 2-6-5 开立步双手刀下格挡

动作 2

图 2-6-6 开立步双手掌平行式

动作 3

图 2-6-7 三七步手刀下格挡

动作 4
图 2-6-8　三七步手刀外格挡

动作 5
图 2-6-9　弓步挑肘

动作 6-1

动作 6-2

动作 6-3

图 2-6-10　前踢侧踢三七步手刀外格挡

动作 7
图 2-6-11　三七步手刀下格挡

动作 8
图 2-6-12　马步侧格挡

动作 9-1　　　　　　　　动作 9-2　　　　　　　　动作 9-3

图 2-6-13　跺脚马步背拳前击

动作 10　　　　　　　　动作 11　　　　　　　　动作 12

图 2-6-14　交叉步双侧顶肘　　图 2-6-15　马步山形格挡　　图 2-6-16　鹤立步金刚格挡

动作 13-1　　　　　　　动作 13-2　　　　　　　动作 13-3

图 2-6-17　侧踢弓步挑肘

动作 14-1　　　　　　　动作 14-2　　　　　　　动作 14-3

图 2-6-18　前踢侧踢三七步手刀外格挡

动作 15　　　　　　　　　动作 16

图 2-6-19　三七步手刀下格挡　　图 2-6-20　马步侧格挡

动作 17-1　　　　　　　动作 17-2　　　　　　　动作 17-3

图 2-6-21　跺脚马步背拳前击

动作 18　　　　　　　　　动作 19　　　　　　　　　动作 20

图 2-6-22　交叉步双侧顶肘　　图 2-6-23　马步山形格挡　　图 2-6-24　鹤立步金刚格挡

动作 21-1　　　　　　　　动作 21-2　　　　　　　　动作 21-3

图 2-6-25　侧踢弓步掌肘对击

图 2-6-26　并步叠掌

第七节 十进品势

十进意味着十长。十长是日、月、山、水、石、松树、不老草、乌龟、鹿、鹤，指人的信任、希望与爱情。十进品势共28个动作，新增加的动作包括牛角势格挡、直拳侧击、推岩石势、手刀交叉分手中位格挡、手刀交叉分式下格挡、双手交叉下格挡、上提拳、长短拳刺击等，适合黑带五段以上者修炼。

一、十进品势动作要点和运动路线

牛角势格挡的起始动作是双拳在腹前开始，拳心向内，经过面部到前额时，拳心向外翻，格挡完时有把牛角撕开的感觉。推岩石的起始动作是双掌向内，从髋关节开始，动作路线是斜上45°，动作完成后肩部向左自然形成45°。双手刀胸前交叉翻掌外格挡的起始动作右臂在内，左臂在外，拳心向前，双臂在胸前交叉形成"X"形态。手刀交叉分式下格挡时，左臂在外侧右臂在内侧，格挡动作完成后，手臂在大腿外侧，掌心向内，双拳与大腿一立掌距离。上提拳的起始动作是左臂放松，右臂的腕部放在胸口，格挡完成后左臂的腕部与胸口同高，拳心向内。十进品势的运动路线为"十"字型，表示无穷的发展（图2-7-1、图2-7-2）。

图 2-7-1 十进品势运动路线

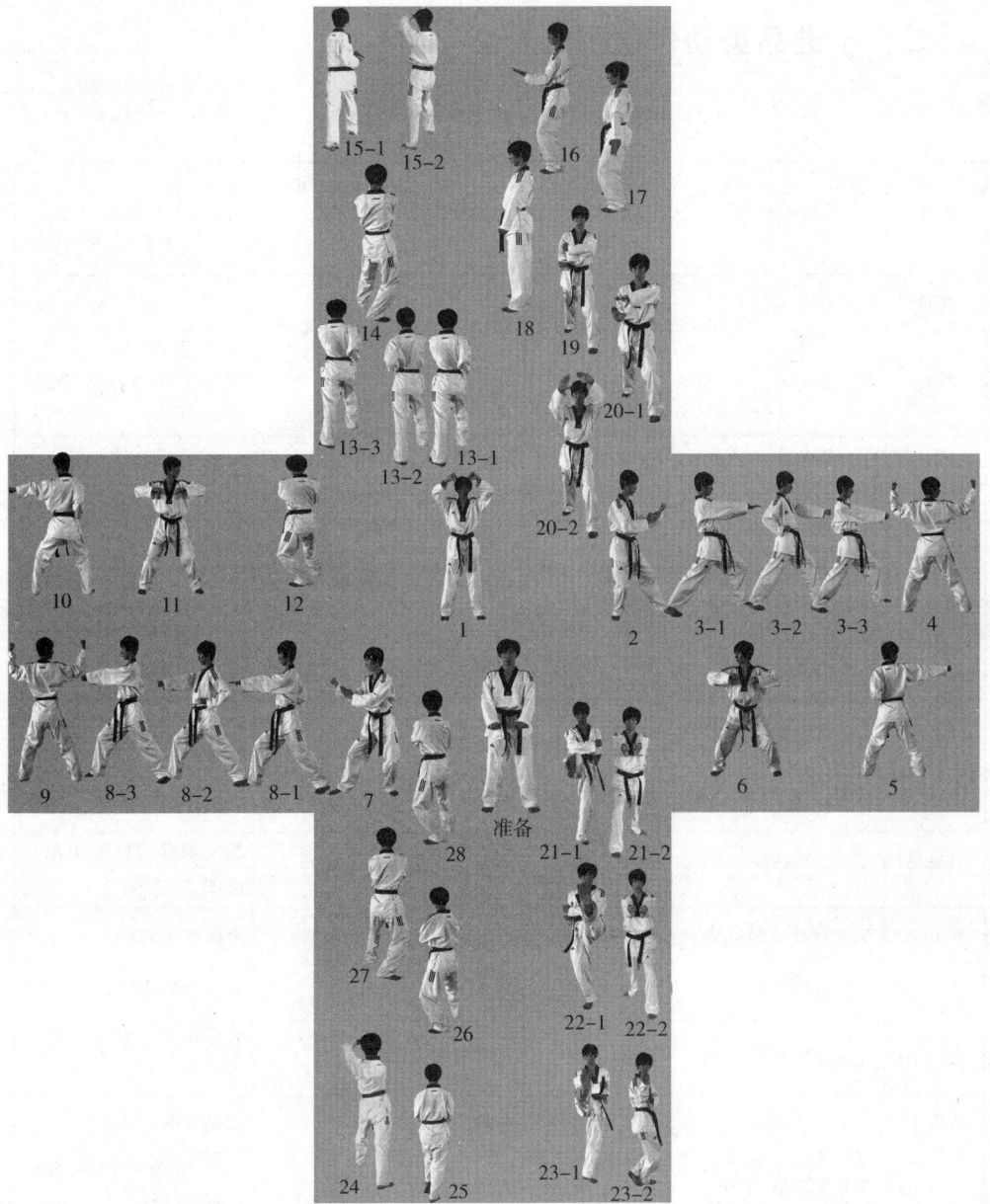

图 2-7-2 十进品势全图

二、十进品势动作说明（表2-7-1）

表2-7-1 十进品势动作说明

顺序	动作名称	动作说明		
		站姿	移动及腿法	上肢动作
预备	并步预备式	并步		
准备	开立步对拳	开立步		双手握拳置于腹前，拳与拳相隔一拳距离，拳心向内
动作1	开立步牛角势格挡	开立步	抬起双拳	牛角势格挡
动作2	三七步外格挡	左三七步	分开双拳同时移动左脚	右手辅助左内腕中段外格挡
动作3	弓步手刀平刺直拳	左弓步	左脚向前移右扣平手刀刺击	中段两次直拳
动作4	马步山形格挡	马步	右脚上步	分手山形格挡
动作5	马步直拳侧击	马步	左脚向右交叉上步	右手中段直拳侧击并配合发声
动作6	马步双侧顶肘	马步	右脚向左上步换方向	双侧顶肘
动作7	三七步外格挡	右三七步	收左脚并步接出右脚	左手辅助右内腕中段外格挡
动作8	弓步手刀平刺直拳	右弓步	右脚前移左扣平手尖刺击	中段两次直拳
动作9	马步山形格挡	马步	左脚上步	分手山形格挡
动作10	马步直拳侧击	马步	右脚向左交叉上步	右手中段直拳侧击并配合发声
动作11	马步双侧顶肘	马步	左脚上步	双侧顶肘
动作12	三七步外格挡	右三七步	右脚向右转	左手辅助右内腕中段外格挡
动作13	弓步手刀平刺直拳	右弓步	右脚前移左扣平手尖刺击	中段两次直拳
动作14	三七步手刀下格挡	左三七步	左脚上步	手刀下格挡
动作15	弓步推岩式	右弓步	右脚上步	推岩石势

续表

顺序	动作名称	动作说明		
		站姿	移动及腿法	上肢动作
动作 16	马步双手刀外格挡	马步	收左脚	掌心向内手刀交叉中段外格挡
动作 17	马步双手刀下格挡	马步	步法不变	手刀交叉分式下格挡，7秒完成
动作 18	马步双侧下格挡	大开立步	两脚不动，站起	手握拳
动作 19	弓步上提拳	左弓步	移左脚	左拳上提至右胸前
动作 20	弓步推岩式	左弓步	步法不变	推岩石势
动作 21	前踢弓步右长短拳	右弓步	右脚前踢向前落地	双拳攻击，右拳比左拳多打两拳头的距离
动作 22	前踢弓步左长短拳	左弓步	左脚前踢向前落地	双拳攻击，左拳比右拳多打两拳头的距离
动作 23	前踢交叉步背拳攻击	左后交叉步	右脚前踢向前跺脚	背拳击脸并配合发声
动作 24	左弓步推岩式	左弓步	收左脚	推岩石势
动作 25	左虚步手刀交叉下格挡	左虚步	收左脚	手刀交叉下格挡
动作 26	三七步背刀外格挡	右三七步	右脚上步	背刀中段外格挡
动作 27	三七步左长短拳	左三七步	左脚上步	左长右短双拳攻击
动作 28	三七步右长短拳	右三七步	右脚上步	右长左短双拳攻击
结束	开立步对拳	开立步	向左转身收右脚	双手握拳置于腹前

三、十进品势动作图解（图 2-7-3~图 2-7-33）

图 2-7-3　并步预备式

图 2-7-4　开立步对拳

动作 1
图 2-7-5　开立步牛角势格挡

动作 2
图 2-7-6　三七步外格挡

动作 3-1

动作 3-2

动作 3-3

图 2-7-7　弓步手刀平刺直拳

动作 4　　　　　　　　　　　动作 5

图 2-7-8　马步山形格挡　　　图 2-7-9　马步直拳侧击

动作 6　　　　　　　　　　　动作 7

图 2-7-10　马步双侧顶肘　　　图 2-7-11　三七步外格挡

动作 8-1　　　　　　动作 8-2　　　　　　动作 8-3

图 2-7-12　弓步手刀平刺直拳

动作 9

图 2-7-13　马步山形格挡

动作 10

图 2-7-14　马步直拳侧击

动作 11

图 2-7-15　马步双侧顶肘

动作 12

图 2-7-16　三七步外格挡

动作 13-1

动作 13-2

动作 13-3

图 2-7-17　弓步手刀平刺直拳

动作 14

动作 15-1

动作 15-2

图 2-7-18 三七步手刀下格挡　　　　　图 2-7-19 弓步推岩式

动作 16

动作 17

动作 18

图 2-7-20 马步双手刀外格挡　　图 2-7-21 马步双手刀下格挡　　图 2-7-22 马步双侧下格挡

动作 19

动作 20-1

动作 20-2

图 2-7-23 弓步上提拳　　　　　图 2-7-24 弓步推岩式

动作 21-1　　　　　　　　　　动作 21-2

图 2-7-25　前踢弓步右长短拳

动作 22-1　　　　　　　　　　动作 22-2

图 2-7-26　前踢弓步左长短拳

动作 23-1　　　　　动作 23-2　　　　　动作 24

图 2-7-27　前踢交叉步背拳攻击　　　图 2-7-28　左弓步推岩式

动作 25　　　　动作 25（侧面）　　　　动作 26　　　　动作 26（侧面）

图 2-7-29　左虚步手刀交叉下格挡　　　　图 2-7-30　三七步背刀外格挡

动作 27　　　　动作 27（侧面）　　　　动作 28　　　　动作 28（侧面）

图 2-7-31　三七步左长短拳　　　　图 2-7-32　三七步右长短拳

图 2-7-33　开立步对拳

141

第八节 地跆品势

地跆意味着人稳踏地面，顶天立地。地跆品势共有 28 个动作，新增加的动作有内腕中位外格挡、金刚前击、侧锤拳，适合黑带六段以上者修炼。

一、地跆品势动作要点和运动路线

内腕中位外格挡的起始动作是从髋关节处开始格挡，手臂经过肩部，格挡完成后拳与肩部同高。金刚前击的起始动作是左臂的腕部与胸口同高。拳心向内，攻击的拳在髋关节处，拳心向上。地跆品势的运动路线为"T"字型（图 2-8-1、图 2-8-2）。

图 2-8-1 地跆品势运动路线

图 2-8-2 地跆品势全图

二、地跆品势动作说明（表 2-8-1）

表 2-8-1 地跆品势动作说明

顺序	动作名称	动作说明		
		站姿	移动及腿法	上肢动作
预备	并步预备式	并步		
准备	开立步对拳	开立步		双手握拳置于腹前，拳与拳相隔一拳距离，拳心向内
动作 1	三七步外格挡	左三七步	移动左脚	左内腕中段外格挡
动作 2	弓步上格挡直拳	右弓步	右脚上步右上格挡	中段左手直拳
动作 3	三七步外格挡	右三七步	移动右脚向后转身	右内腕中段外格挡
动作 4	弓步上格挡直拳	左弓步	左脚上步左上格挡	中段右手直拳
动作 5	弓步下格挡	左弓步	移动左脚转身	左下格挡
动作 6	三七步手刀上格挡	左三七步	收左脚	左单手刀上格挡
动作 7	前踢三七步手刀下格挡	右三七步	右脚前踢向前落地	右手刀下格挡
动作 8	三七步外格挡	右三七步	步法不变	右手中段外格挡
动作 9	前踢三七步手刀下格挡	左三七步	左脚前踢向前落地	左手刀下格挡
动作 10	弓步上格挡	左弓步	移动左脚	左手上格挡
动作 11	弓步上格挡直拳	右弓步	右脚上步	左手上格挡同时右手直拳
动作 12	弓步内格挡	右弓步	右脚上步	左中段内格挡
动作 13	三七步手刀下格挡	左三七步	右脚向后撤	左单手刀下格挡
动作 14	前踢弓步直拳	左弓步	右脚前踢落回原地	中段两次直拳
动作 15	马步牛角式格挡	马步	左脚向后撤	牛角势格挡
动作 16	马步下格挡	马步	步法不变	左手下格挡

续表

顺序	动作名称	动作说明		
		站姿	移动及腿法	上肢动作
动作 17	马步手刀外格挡	马步	步法不变	右单手刀中段外格挡
动作 18	马步侧锤拳	马步	步法不变	左手侧锤拳并配合发声
动作 19	鹤立步下格挡	左鹤立步	收右脚	右下格挡
动作 20	鹤立步双拳置左腰	左鹤立步	步法不变	右手拉回置左侧腰部
动作 21	侧踢鹤立步下格挡	右鹤立步	右脚侧踢回收向下落脚	鹤立步左下格挡
动作 22	鹤立步双拳置右腰	右鹤立步	步法不变	左手拉回置右侧腰部
动作 23	侧踢弓步右直拳	左弓步	左脚侧踢向前落地	中段右手直拳
动作 24	右弓步右直拳	右弓步	右脚上步	中段右手直拳并配合发声
动作 25	三七步手刀下格挡	左三七步	移动左脚转身	左手刀下格挡
动作 26	三七步手刀格挡	右三七步	右脚上步	右手刀中段格挡
动作 27	三七步手刀下格挡	右三七步	移动右脚转身	右手刀下格挡
动作 28	三七步手刀格挡	左三七步	左脚上步	左手刀中段格挡
结束	开立步对拳	开立步	右脚为轴向后转身	双手握拳置于腹前

三、地跆品势动作图解（图 2-8-3~图 2-8-33）

图 2-8-3 并步预备式

图 2-8-4 开立步对拳

动作 1

图 2-8-5 三七步外格挡

动作 2-1

动作 2-2

图 2-8-6　弓步上格挡直拳

动作 3

动作 4-1

动作 4-2

图 2-8-7　三七步外格挡　　　　　图 2-8-8　弓步上格挡直拳

动作 5

动作 6

图 2-8-9　弓步下格挡　　　　　图 2-8-10　三七步手刀上格挡

动作 7-1　　　　　　　　　　　动作 7-2

图 2-8-11　前踢三七步手刀下格挡

动作 8　　　　　　　动作 9-1　　　　　　　动作 9-2

图 2-8-12　三七步外格挡　　　　图 2-8-13　前踢三七步手刀下格挡

动作 10　　　　　　　　　　　动作 11

图 2-8-14　弓步上格挡　　　　图 2-8-15　弓步上格挡直拳

动作 12-1　　　　　　　　动作 12-2　　　　　　　　动作 13

图 2-8-16　弓步内格挡　　　　　　图 2-8-17　三七步手刀下格挡

动作 14-1　　　　　　　　动作 14-2　　　　　　　　动作 14-3

图 2-8-18　前踢弓步直拳

动作 15　　　　　　　　　动作 16　　　　　　　动作 16（侧面）

图 2-8-19　马步牛角式格挡　　　　　图 2-8-20　马步下格挡

148

动作 17

图 2-8-21　马步手刀外格挡

动作 18

图 2-8-22　马步侧锤拳

动作 19

图 2-8-23　鹤立步下格挡

动作 20

图 2-8-24　鹤立步双拳置左腰

动作 21-1

动作 21-2

图 2-8-25　侧踢鹤立步下格挡

动作 22

图 2-8-26　鹤立步双拳置右腰

动作 23-1　　　　　　　动作 23-2　　　　　　　动作 23-2（侧面）

图 2-8-27　侧踢弓步右直拳

动作 24　　　　动作 24（侧面）　　　动作 25　　　　　动作 26

图 2-8-28　右弓步右直拳　　图 2-8-29　三七步手刀下格挡　图 2-8-30　三七步手刀格挡

动作 27　　　　　　　　动作 28

图 2-8-31　三七步手刀下格挡　　图 2-8-32　三七步手刀格挡　　图 2-8-33　开立步对拳

第九节 天拳品势

天拳意味天（宇宙）的无限能力。天拳品势共 26 个动作，新增加的动作有手掌展开、双拳击下颌、金刚侧击、手刀外山势格挡、推泰山势等，适合黑带七段以上者修炼。

一、天拳品势的动作要点和运动路线

手掌展开的起始动作与平原品势叠手准备势的起始动作相同，用手掌侧推时，双臂与肩部成水平。双拳击下颌的起始动作从髋开始，拳心向下，双拳攻击的路线是斜上 45°攻击下颌。动作完成后，拳心向内，拳和拳之间是一拳距离，中指第二关节凸出。上位外格挡的腕部与耳部同高，手掌向内，格挡时要经过面部。推泰山的起始动作是双臂从髋关节开始，如左腿向前时，左手掌向下，高度是小腹前，右手掌向上，高度是人中，双臂从髋关节同时旋转开始。天拳品势的运动路线为"⊥"字型（图 2-9-1、图 2-9-2）。

图 2-9-1　天拳品势运动路线

图 2-9-2 天拳品势全图

二、天拳品势动作说明（表2-9-1）

表2-9-1 天拳品势动作说明

顺序	动作名称	动作说明		
		站姿	移动及腿法	上肢动作
预备	并步预备式	并步		
准备	并步叠掌	并步		双掌叠于下腹前
动作1	并步展翅	并步	双手从下收到胸前	展翅
动作2	挥臂虚步双拳勾击下颚	右虚步	大幅度挥动双臂	双拳击下颌（中指拳）
动作3	弓步手刀斜上外格挡	右弓步	原地不变	左单手刀上段斜外格挡
动作4	弓步直拳	左弓步	拉回右手出左脚	中段右手直拳
动作5	弓步手刀斜上外格挡	左弓步	步法不变	右单手刀上段斜外格挡
动作6	弓步直拳	右弓步	拉左手出右脚	中段左手直拳
动作7	弓步手刀斜上外格挡	右弓步	步法不变	左单手刀上段斜外格挡
动作8	侧踢弓步下格挡	左弓步	左脚侧踢向前落地并配合发声	左下格挡
动作9	弓步直拳	右弓步	右脚上步	中段左手直拳
动作10	三七步外格挡	左三七步	移动左脚转身	左侧辅助内腕中段外格挡
动作11	三七步直拳	左三七步	步法不变左手掌内转解脱	左直拳侧击
动作12	三七步直拳	右三七步	左脚上步左手掌内转解脱	右手直拳侧击
动作13	三七步外格挡	右三七步	移动右脚向后转身	右侧辅助内腕中段外格挡
动作14	三七步直拳	右三七步	原地右手掌内转解脱	右直拳侧击
动作15	三七步直拳	左三七步	左脚上步右手掌内转解脱	左直拳侧击
动作16	弓步斜外格挡	左弓步	移动左脚转身	右腕中段斜外格挡
动作17	弓步直拳	左弓步	步法不变	中段左手直拳

续表

顺序	动作名称	动作说明		
		站姿	移动及腿法	上肢动作
动作 18	前踢弓步直拳	右弓步	右脚前踢向前落地	中段右手直拳
动作 19	三七步手刀下格挡	右三七步	收右脚	手刀下格挡
动作 20	三七步解脱下格挡	右三七步	双脚向前移动	右臂向下解脱,双手右下格挡
动作 21	马步上格挡直拳	马步	双脚向前移动	左手上格挡,右拳体侧直拳（金刚侧击）
动作 22	360°横踢马步上格直拳	马步	跳起360°横踢向下落脚	金刚侧击
动作 23	三七步手刀半山形格挡	左三七步	双脚原地换方向	手刀半山形格挡
动作 24	三七步手刀半山形格挡	右三七步	双脚原地换方向	手刀半山形格挡
动作 25	右虚步推泰山势	右虚步	换方向收右脚起身并步再下蹲	推泰山势
动作 26	左虚步腿泰山势	左虚步	收右脚起身并步再蹲下	推泰山势
结束	并步叠掌	并步	收左脚起身	双掌叠于下腹前

三、天拳品势动作图解（图 2-9-3~图 2-9-31）

图 2-9-3　并步预备式

图 2-9-4　并步叠掌

动作 1-1　　　　　　　　　动作 1-2

图 2-9-5　并步展翅

动作 2-1　　　　　　动作 2-2　　　　　　动作 3

图 2-9-6　挥臂虚步双拳勾击下颚　　图 2-9-7　弓步手刀斜上外格挡

动作 4　　　　　　　　　动作 5

图 2-9-8　弓步直拳　　　　图 2-9-9　弓步手刀斜上外格挡

动作 6-1

动作 6-2

动作 7

图 2-9-10　弓步直拳　　　　　　　　　　　　　　图 2-9-11　弓步手刀斜上外格挡

动作 8-1

动作 8-2

动作 9

图 2-9-12　侧踢弓步下格挡　　　　　　　　　　　图 2-9-13　弓步直拳

动作 10

动作 11-1

动作 11-2

图 2-9-14　三七步外格挡　　　　　　　　　　　　图 2-9-15　三七步直拳

动作 12-1

动作 12-2

动作 13

图 2-9-16　三七步直拳　　　　图 2-9-17　三七步外格挡

动作 14-1

动作 14-2

图 2-9-18　三七步直拳

动作 15-1

动作 15-2

图 2-9-19　三七步直拳

动作 16

动作 16（侧面）

图 2-9-20　弓步斜外格挡

动作 17

动作 17（侧面）

图 2-9-21　弓步直拳

动作 18-1

动作 18-1（侧面）

动作 18-2

动作 18-2（侧面）

图 2-9-22　前踢弓步直拳

动作 19　　　　动作 19（侧面）　　　　动作 20　　　　动作 20（侧面）

图 2-9-23　三七步手刀下格挡　　　　图 2-9-24　三七步解脱下格挡

动作 21　　　　　　　　　动作 21（侧面）

图 2-9-25　马步上格挡直拳

动作 22-1　　　　　动作 22-2　　　　　动作 22-2（侧面）

图 2-9-26　360°横踢马步上格直拳

动作 23　　　　　　　　　动作 24　　　　　　　　　动作 24（侧面）

图 2-9-27　三七步手刀半山形格挡　　　　图 2-9-28　三七步手刀半山形格挡

动作 25-1　　　　　　　　　　动作 25-2

图 2-9-29　右虚步推泰山势

动作 26-1　　　　　　　　动作 26-2

图 2-9-30　左虚步腿泰山势　　　　　　图 2-9-31　并步叠掌

第十节　汉水品势

汉水意味着滋养万物生命的水，体现包容力、融合力以及适应能力。汉水品势共 27 个动作，新增加的动作有双锤拳击肋、腕部下格挡、单手刀侧击等，适合黑带八段以上者修炼。

一、汉水品势的动作要点和运动路线

双锤拳击肋的起始动作，双臂分开腕部与耳部同高，拳心向外。双锤拳击肋正身起始动作，双臂放在髋关节处，拳心向下。单手刀外击起始动作的手掌心向脸部，辅助手臂与肩部同高。汉水品势的运动路线为"*"字型（图 2-10-1、图 2-10-2）。

图 2-10-1　汉水品势运动路线

图 2-10-2 汉水品势全图

二、汉水品势动作说明（表2-10-1）

表2-10-1 汉水品势动作说明

顺序	动作名称	动作说明		
		站姿	移动及腿法	上肢动作
预备	并步预备式	并步		
准备	并步叠掌	并步		叠掌准备势
动作1	弓步双手刀外格挡	左弓步	左脚上步	手刀交叉中段外格挡（掌心向内）
动作2	弓步双锤拳击肋	右弓步	右脚上步	双锤拳击肋
动作3	弓步半山形格挡	右弓步	右脚后撤	半山形格挡
动作4	弓步直拳	左弓步	双脚原地换方向	中段右手直拳
动作5	弓步半山形格挡	左弓步	左脚后撤	半山形格挡
动作6	弓步直拳	右弓步	双脚原地换方向	中段左手直拳
动作7	弓步半山形格挡	右弓步	右脚向后撤	半山形格挡
动作8	弓步直拳	左弓步	双脚原地换方向	中段右手直拳
动作9	弓步双手刀外格挡	右弓步	右脚上步	手交叉中段外格挡（掌心向内）
动作10	弓步虎掌前击	左弓步	左脚上步	左虎掌前击
动作11	虚并步双仰拳前击	左虚并步	右脚向前跳移	中段双仰拳前击
动作12	马步下格挡	马步	左脚向后撤	腕部下格挡
动作13	三七步手刀金刚格挡	左三七步	右脚向后撤	手刀金刚势格挡
动作14	鹤立步正拳胸前侧击	右鹤立步	收左脚	正拳胸前侧击(小轮式)
动作15	侧踢弓步手刀上格挡攻击	左弓步	左脚侧踢向前落地	左手刀上格挡，同时右手刀颈部攻击（燕子手刀）
动作16	侧踢交叉步背拳	后交叉步	右脚侧踢向前落地	背拳前击并配合发声

续表

顺序	动作名称	动作说明		
		站姿	移动及腿法	上肢动作
动作17	马步手刀外击	马步	左脚后撤	左单手刀外击
动作18	内摆腿马步掌肘对击	马步	左脚内摆	右脚内旋与掌部对击，掌肘对击
动作19	弓步虎掌前击	右弓步	收左脚并步出右脚	虎掌前击
动作20	虚并步双仰拳前击	右虚并步	右脚向前跳移	中段双仰拳前击
动作21	马步下格挡	马步	右脚向后撤	腕部下格挡
动作22	三七步手刀金刚格挡	右三七步	左脚向后撤	手刀金刚势格挡
动作23	鹤立步正拳胸前侧击	左鹤立步	收右脚	正拳胸前侧击(小轮式)
动作24	侧踢弓步手刀上格挡攻击	右弓步	右脚侧踢向前落地	左手刀上格挡，同时右手刀颈部攻击（燕子手刀）
动作25	前踢交叉步背拳	后交叉步	右脚前踢向前落地	背拳前击并配合发声
动作26	马步手刀外击	马步	右脚向后撤	右单手刀外击
动作27	内摆腿马步掌肘对击	马步	左脚内摆	掌肘对击
结束	并步叠掌	并步	移动右脚	叠掌准备势

三、汉水品势动作图解（图2-10-3～图2-10-32）

图2-10-3 并步预备式

图2-10-4 并步叠掌

动作1

图2-10-5 弓步双手刀外格挡

动作 2
图 2-10-6 弓步双锤拳击肋

动作 3
图 2-10-7 弓步半山形格挡

动作 4
图 2-10-8 弓步直拳

动作 5
图 2-10-9 弓步半山形格挡

动作 6
图 2-10-10 弓步直拳

动作 7
图 2-10-11 弓步半山形格挡

动作 8

图 2-10-12　弓步直拳

动作 9

图 2-10-13　弓步双手刀外格挡

动作 10

图 2-10-14　弓步虎掌前击

动作 11

图 2-10-15　虚并步双仰拳前击

动作 12

图 2-10-16　马步下格挡

动作 13

图 2-10-17　三七步手刀金刚格挡

动作 14

动作 15-1

动作 15-2

图 2-10-18　鹤立步正拳胸前侧击　　　　　图 2-10-19　侧踢弓步手刀上格挡攻击

动作 16-1

动作 16-2

动作 17

图 2-10-20　侧踢交叉步背拳　　　　　　　图 2-10-21　马步手刀外击

动作 18-1

动作 18-2

动作 19

图 2-10-22　内摆腿马步掌肘对击　　　　　图 2-10-23　弓步虎掌前击

动作 20
图 2-10-24　虚并步双仰拳前击

动作 21
图 2-10-25　马步下格挡

动作 22
图 2-10-26　三七步手刀金刚格挡

动作 23
图 2-10-27　鹤立步正拳胸前侧击

动作 24-1

动作 24-2

图 2-10-28　侧踢弓步手刀上格挡攻击

动作 25-1　　　　　　　动作 25-2　　　　　　　动作 26

图 2-10-29　前踢交叉步背拳　　　图 2-10-30　马步手刀外击

动作 27-1　　　　　　　动作 27-2

图 2-10-31　内摆腿马步掌肘对击

图 2-10-32　并步叠掌

第十一节 一如品势

一如是意味着心（精神）和身（身体）合一。一如品势共 23 个动作，新增加的动作有抱拳准备势、辅助鹤立步、金刚势格挡、半山形格挡侧踢、腾空侧踢等，适合跆拳道九段修炼者练习。

一、一如品势的动作要点和运动路线

抱拳准备势与太极七章动作 11 相同，此动作持续 6~8 s。半山形格挡侧踢时，侧击的手臂与大腿相距是一立掌距离，拳心向下，外格挡的手腕部与耳部同高。一如品势的运动路线图是"卍"字型（图 2-11-1、图 2-11-2）。

图 2-11-1　一如品势运动路线

图 2-11-2 一如品势全图

二、一如品势动作说明（表2-11-1）

表2-11-1 一如品势动作说明

顺序	动作名称	动作说明		
		站姿	移动及腿法	上肢动作
预备	并步预备式	并步		
准备	并步抱拳	并步		左掌抱右拳
动作1	三七步手刀外格挡	左三七步	左脚上步	手刀中段格挡
动作2	弓步直拳	右弓步	右脚上步	右手中段直拳
动作3	三七步金刚格挡	左三七步	移动左脚	金刚势格挡
动作4	三七步手刀格挡	左三七步	移动左脚转身	手刀中段格挡
动作5	三七步直拳	左三七步	步法不变	右手中段直拳
动作6	鹤立步手刀刺击	左脚辅助右鹤立步	右脚向前跳起	手刀刺击并配合发声
动作7	半山形格挡侧踢	右单脚独立支撑	左脚侧踢向下落地	右半山形格挡
动作8	三七步双手交叉上格挡	左三七步	左脚落地	双手交叉上格挡
动作9	弓步直拳	右弓步	右脚上步	右手中段直拳
动作10	三七步金刚格挡	左三七步	移动左脚	金刚势格挡
动作11	三七步手刀格挡	左三七步	移动左脚	手刀中段格挡
动作12	三七步直拳	左三七步	步法不变	右手中段直拳
动作13	鹤立步手刀刺击	左脚辅助右鹤立步	右脚向前跳起	手刀刺击并配合发声
动作14	半山形格挡侧踢	有单脚独立支撑	左脚侧踢向下落地	右半山形格挡
动作15	三七步双手交叉上格挡	左三七步	左脚放下	双手交叉上格挡
动作16	弓步直拳	右弓步	右脚上步	中段右手直拳
动作17	三七步金刚格挡	左三七步	移动左脚	金刚势格挡

续表

顺序	动作名称	动作说明		
		站姿	移动及腿法	上肢动作
动作 18	并步双拳置腰	并步	向左转身收左脚	双拳置于腰部两侧
动作 19	前踢腾空侧踢三七步交叉上格挡	左三七步	右脚前踢接上步，左脚腾空侧踢后向前落地	双手交叉上格挡
动作 20	弓步直拳	右弓步	右脚上步	中段右手直拳
动作 21	三七步金刚格挡	左三七步	移动左脚	金刚势格挡
动作 22	并步双拳置腰	并步	向左转身收左脚	双拳置于腰部两侧
动作 23	前踢腾空侧踢三七步交叉上格挡	右三七步	左脚前踢接上步，右脚腾空侧踢后向前落地	双手交叉上格挡
结束	并步抱拳	并步	向右转身收右脚	左手掌包住右拳

三、一如品势动作图解（图 2-11-3~图 2-11-28）

图 2-11-3　并步预备式

图 2-11-4　并步抱拳

动作 1

图 2-11-5　三七步手刀外格挡

动作 2

图 2-11-6　弓步直拳

动作 3

图 2-11-7　三七步金刚格挡

动作 4

图 2-11-8　三七步手刀格挡

动作 5

图 2-11-9　三七步直拳

动作 6

图 2-11-10　鹤立步手刀刺击

动作 7

图 2-11-11　半山形格挡侧踢

动作 8

图 2-11-12　三七步双手交叉上格挡

动作 9

图 2-11-13　弓步直拳

动作 10

图 2-11-14　三七步金刚格挡

动作 11

图 2-11-15　三七步手刀格挡

动作 12

图 2-11-16　三七步直拳

动作 13

图 2-11-17　鹤立步手刀刺击

动作 14
图 2-11-18　半山形格挡侧踢

动作 15
图 2-11-19　三七步双手交叉上格挡

动作 16
图 2-11-20　弓步直拳

动作 17
图 2-11-21　三七步金刚格挡

动作 18
图 2-11-22　并步双拳置腰

动作 19-1

动作 19-2

动作 19-3

图 2-11-23　前踢腾空侧踢三七步交叉上格挡

动作 20

图 2-11-24　弓步直拳

动作 21

图 2-11-25　三七步金刚格挡

动作 22

图 2-11-26　并步双拳置腰

动作 23-1

动作 23-2

动作 23-3

图 2-11-27　前踢腾空侧踢三七步交叉上格挡

图 2-11-28　并步抱拳

1. 简述太极八章的含义。
2. 高丽品势包括多少动作?
3. 太白品势的动作路线怎样运行?
4. 金刚品势包括几种腿法?
5. 太极六章包括几种防守方法?
6. 跆拳道品势比赛的场地规格是多少?
7. 一如品势有几种腿法?

第三章 跆拳道对打、防身术与击破

本章提要

跆拳道的本质属性是格斗，是一种武道。跆拳道对打是约定好的攻防格斗，练习者可以体会跆拳道技术的攻防作用，为真正实战打基础。跆拳道技术具有攻击和防守作用，不仅可以强健体魄，还可以在关键时刻防身自卫，见义勇为。经过系统训练的跆拳道技术具有较大的破坏力和杀伤性，选手们常常使用木板、砖瓦、石头等无生命的物质来练习和表演功力，用击破、击碎、击断被攻击物来测试功力并表现选手的高超技艺。本章简要介绍了跆拳道对打技术、防身术以及跆拳道的击破技术。

重要概念

对打　防身术　击破　女子防身术　跆拳道表演

第一节 跆拳道对打

一、跆拳道对打的概念

跆拳道对打是双人通过使用固定的进攻、防守和反击的技术方法完成的假设性实战演练。对打可以培养练习者的实战距离感，体会跆拳道技术的实战作用。对打是练习实战的过渡阶段，练习时要精力集中、点到为止，预防伤害事故。除此之外，对打还可用于跆拳道表演。

二、跆拳道对打实例

（一）对打前的礼节

每次对打之前，两人相对站立，相互敬礼（图3-1-1①②）。

①甲乙相对站立

②相互敬礼

图3-1-1 对打前的礼节

（二）对打实例

1. 对打一

（1）甲乙相对站立（图3-1-2①）。

（2）甲进攻准备（图3-1-2②）。

（3）甲右手拳进攻，乙右手向内格挡（图3-1-2③）。

(4) 甲上步左拳攻击，乙左手向内格挡（图3-1-2④）。

(5) 甲右手拳攻击，乙右手向内格挡（图3-1-2⑤）。

(6) 乙左手防下段，右手反背拳攻击甲方面部（图3-1-2⑥）。

①甲乙相对站立

②甲进攻准备

③甲右手拳进攻、乙内格挡

④甲上步左拳进攻、乙内格挡

⑤甲右手拳进攻、乙内格挡

⑥乙格挡冲拳

图3-1-2 对打一

2. 对打二

(1) 甲乙相对站立（图3-1-3①）。

(2) 甲进攻准备（图 3-1-3②）。

(3) 甲右手拳进攻，乙撤步左手向内格挡（图 3-1-3③）。

(4) 甲左手拳进攻，乙撤步右手向内格挡（图 3-1-3④）。

(5) 甲右手拳进攻，乙撤步左手向内格挡（图 3-1-3⑤）；

(6) 乙弓步右手攻击甲肋部（图 3-1-3⑥）。

①甲乙相对站立

②甲进攻准备

③甲右手拳进攻、乙撤步左格挡

④甲左手拳进攻、乙撤步右格挡

⑤甲右手拳进攻、乙撤步左格挡

⑥乙右拳进攻

图 3-1-3　对打二

3. 对打三

（1）甲乙相对站立（图 3-1-4①）。

（2）甲进攻准备（图 3-1-4②）。

（3）甲右手拳进攻，乙撤步左手向内格挡（图 3-1-4③）。

（4）甲左弓步左拳攻击，乙撤步三七步右手刀向内格挡（图 3-1-4④）。

（5）甲右弓步右拳继续进攻，乙撤步，左手刀防守，马步右拳攻击甲腋部，左拳攻击甲面部（图 3-1-4⑤~⑦）。

①甲乙相对站立

②甲进攻准备

③甲冲右拳、乙内格挡

④甲冲左拳、乙内格挡

⑤甲冲右拳、乙内格挡

⑥乙撤步冲右拳

⑦乙冲左拳

图 3-1-4 对打三

4. 对打四

(1) 甲乙相对站立（图 3-1-5①）。

(2) 甲进攻准备（图 3-1-5②）。

(3) 甲右手拳进攻，乙撤步成左弓步左手向上格挡（图 3-1-5③）。

(4) 甲左手拳进攻，乙撤步成右弓步右手向上格挡（图 3-1-5④）。

(5) 甲右手拳进攻，乙撤步成左弓步左手向上格挡（图 3-1-5⑤）。

(6) 乙左手握住甲右手腕部，冲右拳攻击甲面部（图 3-1-5⑥）。

①甲乙相对站立

②甲进攻准备

③甲冲右拳、乙上格挡

④甲冲左拳、乙上格挡

⑤甲冲右拳、乙上格挡

⑥乙冲右拳

图 3-1-5　对打四

以上列举了四个对打实例，实践中可以根据跆拳道攻防技术动作编排对打。可以是一个动作的对打，也可以是两个动作的对打，还可以是三个或三个以上动作的对打。

第二节　跆拳道防身术

跆拳道防身术就是利用跆拳道技术防身自卫的方法。由于篇幅限制，在此只介绍比较典型和实用的招法，学者可举一反三，仔细分析和领会，逐渐掌握跆拳道防守技艺。

一、被拿擒时的解脱法示例

1. 破对方抓肩或胸

（1）乙方右手抓甲方肩部或胸部（图3-2-1①）。

（2）甲方右手大拇指迅速点压乙方右手合谷穴，其余四指抠抓其右手掌小鱼际，同时左手抓托乙方右肘关节，右腿向后方挪一小步（图3-2-1②）。

（3）甲方双脚拧转，以腰发力，右手、左手合力拧压乙方右臂，迫使其转身受制（图3-2-1③）。

动作要点：用招时，两手的抓点压转要迅速干脆，与腰腿的用力相协调。

①乙抓肩

②甲点压抓托

③甲拧转

图3-2-1　破对方抓肩或胸

2. 破身后锁颈

（1）乙方由甲方身后用右臂锁住甲方颈部（图3-2-2①）。

(2) 甲方右手抓乙方右肘，左手抓住乙方右手，双手同时用力向前下方拉乙方右臂，身体前俯左转配合（图 3-2-2②）。

(3) 甲方双手紧抓乙方手右肘和右手，左脚沿右脚内侧上步，身体右转（图 3-2-2③）。

(4) 甲方右手向上用力，左手向下用力，使乙方右臂处于反关节状态而被擒（图 3-2-2④）。

动作要点：双手下拉、身体左转是为右转身擒住乙方做的铺垫，所以动作幅度不宜太大。整个动作要连贯快速，充分利用转身的力量和两手的合力。

①乙锁颈　　　　②甲抓拉　　　　③甲转身　　　　④甲推拉

图 3-2-2　破身后锁颈

3. 破乙方抓臂

(1) 乙方右手抓甲方右腕（图 3-2-3①）。

(2) 甲方左手抓乙方右手腕部（图 3-2-3②）。

(3) 甲方右手脱开乙方抓握，握住乙方右腕，左脚迅速向右前方上步，身体右转，双手握住乙方右臂上举（图 3-2-3③）。

(4) 甲方左脚向右前方上步，双手用力下拉乙方右臂，同时右肩顶住乙方右上臂，使乙方右肘关节形成反关节状态（图 3-2-3④）。

动作要点：抓腕、上步、举肩、转身要迅速突然，整个动作要连贯协调。

①乙抓腕　　　　　　②甲抓腕　　　　　　③甲握腕　　　　　　④甲下拉

图 3-2-3　破乙方抓臂

4. 破乙方由前抱腰

（1）乙方由前面双肩和腰全部抱住甲方（图 3-2-4①）。

（2）甲方双肩外撑，身体微后坐，同时其右膝顶击乙方裆部（图 3-2-4②）。

（3）乙方双肩松开，甲方右手虎口掐推乙方颈部，左手抓乙方右后肋部；甲方左手回拉、右手前推，使乙后仰受制（图 3-2-4③④）。

动作要点：右膝的顶击是本招成功的关键，双臂外撑、身体微后坐会加大打击力度，为膝顶创造条件。乙方裆部被击后，双手会因裆部疼痛而松开，这时要抓住时机掐乙方颈部。

①乙抱腰　　　　　　②甲顶击　　　　　　③甲掐　　　　　　　④甲推

图 3-2-4　破乙方由前抱腰

二、自由对抗的技法示例

1. 防旋踢掌刀进攻

（1）甲乙双方闭式站立对峙（图 3-2-5①）。

(2) 乙方用左腿旋踢攻击甲方头部；甲方右脚撤步，俯身下闪躲过（图3-2-5②）。
(3) 乙方旋踢落空后用右手掌刀下劈甲方头部，甲方左手上挡防守（图3-2-5③）。
(4) 甲方迅速用右肘攻击乙方心窝（图3-2-5④）。

动作要点：俯身下闪要及时，左手上挡与右肘击打要快速连接，最好同时完成。甲方右肘进攻时，要充分利用蹬地转腰的力量。

①甲乙闭式站立

②乙旋踢、甲后撤

③乙下劈、甲上挡

④甲肘击

图3-2-5　防旋踢掌刀进攻

2. 连环踢击进攻

(1) 甲乙双方开式站立（图3-2-6①）。
(2) 甲方起左腿侧踢乙方腹部；乙方两臂交叉防守甲方侧踢，身体微后坐（图3-2-6②）。
(3) 甲方左脚落地，右腿下劈乙方头面部；乙方右腿撤步闪（图3-2-6③④）。
(4) 甲方右拳攻击乙面部，乙方左臂侧挡防守（图3-2-6⑤）。
(5) 甲方左腿侧踢乙方腹部（图3-2-6⑥）。

动作要点：这一招是组合进攻法，攻击目标是中段–上段–上段–中段。含有腿法的变化，又结合拳法的进攻，虚中有实，实中有虚。如果直接打击和引诱打击结合使用，会令乙方防不胜防。使用这种招法时，动作要连贯快速，让乙方只有招架之功，无还手之力。

①甲乙开式站立

②甲侧踢、乙后坐

③甲落脚

④甲下劈、乙后撤

⑤甲右拳攻击、乙格挡

⑥甲侧踢

图 3-2-6　连环踢击进攻

3. 反击乙方连续进攻

（1）甲乙双方开式站位（图 3-2-7①）。

（2）甲方换步准备进攻，乙方右脚内摆踢攻击甲方右前臂（图 3-2-7②）。

（3）甲方右脚撤步闪开，乙方右脚落地（图 3-2-7③）。

（4）乙方左腿旋踢攻击甲方头部，甲方俯身低头下闪躲过（图 3-2-7④）。

（5）乙方旋踢落空，顺势右拳横击甲方头部；甲方手侧挡防守，右手正拳攻击乙方下颌（图 3-2-7⑤⑥）。

动作要点：反击要掌握好距离和时机，视线不能离开对方，以便随时观察对方动向。上挡和冲拳要同时进行，而且要充分利用蹬地拧腰的动作增加打击力量。

①甲乙开式站位　　　②甲换步进攻、乙内摆踢击　　　③甲后撤、乙落地

④乙旋踢、甲躲闪　　　⑤乙横击、甲格挡　　　⑥甲正拳

图 3-2-7　反击乙方连续进攻

4. 被摔倒后反击甲方脸部

(1) 甲方抓乙方左臂，转身将乙方背起（图 3-2-8①~③）。

(2) 甲方将乙方背起摔倒在地，用拳击打乙方面部；乙方两臂贴地，两脚屈起准备反击（图 3-2-8④）。

(3) 乙方迅速收腹举腿用右脚前脚掌踢击甲方下颌（图 3-2-8⑤）。

①甲抓腕　　　②甲抓肩　　　③甲转身背

④甲摔　　　　　　　　　　　　⑤乙前踢

图 3-2-8　被摔倒后反击甲方脸部

三、对付武器攻击的技法示例

对付持有武器的乙方要比徒手对抗搏击难度增加几倍，稍有不慎，后果将不堪设想。因此，甲方一定要沉着冷静，抓住时机果断行动，根据乙方所持武器的不同特点使用招法和计谋。

1. 破匕首抵后颈

(1) 乙方用匕首在甲方身后抵住甲方后颈（图 3-2-9①）。

(2) 甲方以两前脚掌为轴向左后转身，左前臂侧向挡开乙方的持匕首（图 3-2-9②）。

(3) 甲方用右拳击打乙方头部，右脚向左前方上步（图 3-2-9③）。

动作要点：转身格挡的同时，上步击喉同时完成。

①乙后抵　　　　　　②甲转身格挡　　　　　　③甲上步击打

图 3-2-9　破匕首抵后颈

2. 破匕首由上向下刺

(1) 乙方右手持匕首与甲方闭式对峙（图3-2-10①）。

(2) 乙方右脚上步，举匕首由上向下刺向甲方；甲方迅速右脚蹬地，左脚向左侧跨一小步，闪开乙方匕首的进攻路线（图3-2-10②）。

(3) 甲方迅速提右腿侧踢乙方右肋部（图3-2-10③）。

动作要点：甲方闪身跨步要看准时机，侧踢要干净利落，给乙方以重击。

①甲乙对峙　　　　　②乙下刺、甲侧闪　　　　　③甲侧踢

图3-2-10　破匕首由上向下刺

3. 破长棍挑阴击头

(1) 乙方持长棍与甲方对峙（图3-2-11①）。

(2) 乙方用棍把一端由下向前向上挑击甲方阴部，甲方迅速右脚后撤避开（图3-2-11②）。

(3) 乙方左脚上步，棍头一端平扫甲方头部；甲方撤左脚，身体前俯闪开乙方的扫击（图3-2-11③）。

(4) 甲方右脚向前上一小步，左脚跟步同时起右脚侧踢乙方左侧腰部（图3-2-11④）。

动作要点：闪躲时判断要准确，步法要轻灵快捷，侧踢要准、要狠。

①甲乙对峙

②乙上挑、甲后撤

③乙平扫、甲俯闪

④甲侧踢

图 3-2-11　破长棍挑阴击头

4. 破长棍刺脸击头

（1）乙方持长棍与甲方对峙（图 3-2-12①）。

（2）乙方左脚上步，双手持棍前刺甲方脸部；甲方身体右转，左手手掌格开长棍进攻（图 3-2-12②）。

（3）乙方上左脚，右手持棍把前扫，左手后拉，棍把横击甲方头部；甲方身体右前倒，双手撑地，同时用左腿侧踢乙方肋骨（图 3-2-12③④）。

动作要点：倒地侧踢时要做到边闪、边倒地、边侧踢，动作不能分解。

①甲乙对峙　　　　　　　　　　　　②乙前刺、甲格挡

③乙前扫横击、甲躲闪　　　　　　　④甲侧踢

图 3-2-12　破长棍刺脸击头

四、女子防身方法

女子防身自卫是当今大多数女性较为关心的热点问题，本节根据女性的身心特点，介绍女子防身动作要点以及跆拳道女子实用防身法。

（一）女子防身动作要点

1. 增强信心，运用智慧

女子力量素质普遍不如男子。女子防身的关键是增强自己的信心，遇到任何情况都要冷静沉着。如果失去自信，遇到威胁就惊慌失措，畏缩恐惧，那将是非常危险的，必须坚决克服。在女子防身自卫中，很多成功的例子就是被害者

问题指南

怎样提高跆拳道练习者的防身能力
◎提高心理素质和胆量。
◎了解跆拳道技术的攻防含义。
◎双人喂招练习。
◎模拟实战练习。

不畏强暴，机智灵活地运用恰当的手段，不但使自己免受伤害，同时还将对方绳之以法。

2. 避免与对方拼力气

有信心但绝对不能蛮干。女子体力一般不如男子，对于那些很少参加身体锻炼的人来说更是这样，所以，女性防身自卫的时候，尽量避免和对方拼力气。在防卫时，一定不要无目的地反抗和进行力量上的拼斗，而要用巧妙的方法攻击对方，争取时间脱身。比如，可以假意给对方拿东西时，抓沙土，趁其不注意时迷其双眼等。

3. 打击对方弱点

女性在进行防卫中，可充分利用自身的头、手指、拳头、肘尖、肩、膝盖、脚、牙齿等部位，对对方的薄弱部位全力攻击。打击得手的话完全可以使对方疼痛难忍、缺氧窒息、昏迷休克等。

针对薄弱部位的打法有：

（1）用脚踢、膝顶、拳击、手抓等攻击对方裆部。

（2）用头撞、指戳、拳打、肘击、掌刀击打对方的头部、双眼、太阳穴、鼻子、嘴、咽喉等部位。

（3）用手掐、砍对方气管，猛扯对方的耳朵和头发。

（4）牙咬对方。

4. 突然袭击、一招制敌

不管对方多么狡猾，戒备多么周密，都无法保证其没有疏忽和漏洞。女性要头脑清醒，充分利用对方的疏漏，突然发起攻击，稳、准、狠地猛击对方弱点，达到一招制敌。

一般可以采取示弱或假装顺从的方法，使对方放松警惕，然后对准对方弱点突然发起攻击。也可以在对方得意忘形时，悄悄地备好刀子、木棍、石块、钢笔、剪刀等，待近身无防备时，突然攻击其要害。

女性平时可以抽出一部分时间，有计划地进行跆拳道的修炼，掌握一定的防身技巧。这样，万一遇到情况，就会信心百倍地利用女性的智慧和勇气，保护自己，维护自己的尊严。

（二）女子防身招法示例

1. 防体前抓肩

（1）乙方在体前抓住甲方肩部（图3-2-13①）。

（2）甲方迅速起腿前踢乙方裆部，这样乙方会因剧痛而松手（图3-2-13②③）。

①乙抓肩　　　　　　　②甲前踢　　　　　　　③乙松手

图 3-2-13　防体前抓肩

2. 防体后抓肩

（1）乙方从身后抓住甲方肩部（图 3-2-14①）。

（2）甲方迅速起腿后踢乙方小腹或心窝部位，也可以撩击乙方裆部（图 3-2-14②）。

①乙抓肩　　　　　　　　　　　　　②甲后踢

图 3-2-14　防体后抓肩

3. 防双手体前抓肩

（1）乙方在身前双手抓甲方肩部（图 3-2-15①）。

（2）甲方迅速用膝部顶击乙方裆部，这样乙方会因剧痛而松手（图 3-2-15②③）。

①乙体前抓肩　　　　　②甲顶击裆部　　　　　　　③乙松手

图 3-2-15　防双手体前抓肩

4. 防抓手腕

(1) 乙方抓甲方手腕部（图 3-2-16①）。

(2) 甲方右腿侧踢乙方的膝盖或小腹，另一手击打乙方面部（图 3-2-16②③）。

①乙抓手腕　　　　　　②甲侧踢　　　　　　　③甲击打面部

图 3-2-16　防抓手腕

5. 防乙方从后面抱住腰部

(1) 乙方从背后抱住甲方腰部（图 3-2-17①）。

(2) 甲方后仰头部，用后脑撞击乙方面部（图 3-2-17②）。

(3) 甲方屈右膝，右脚跟由下向上踢击乙方裆部（图 3-2-17③）。

 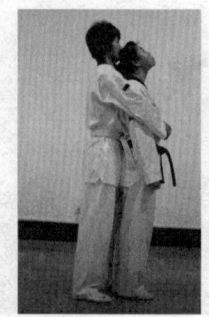 

①乙抱腰　　　　　　　②甲撞击　　　　　　　③甲踢击裆部

图 3-2-17　防乙方从后面抱住腰部

6. 防乙方从侧面搂颈部

（1）乙方从侧面搂住甲方的颈部（图 3-2-18①）。

（2）甲方可迅速用靠近乙方身体的手臂肘关节猛击乙方心窝部（图 3-2-18②）。

①乙侧搂　　　　　　　　　　②甲猛击

图 3-2-18　防乙方从侧面搂颈部

7. 防乙方由前面抱腰

（1）乙方从前面突然抱住甲方腰部（图 3-2-19①）。

（2）甲方左手由后揪住乙方头发后拉，使乙方头部后仰，右手虎口猛卡乙方咽喉（图 3-2-19②）。

第三章 跆拳道对打、防身术与击破

①乙抱腰

②甲后揪

图 3-2-19 防乙方由前面抱腰

上面介绍了女子防身招法，练习者可以举一反三，创造出适合自身特点的很多遇险解脱招法。在应用这些招法时，一定要稳、准、狠，快速用招，如果一招被对方躲过，要继续攻击其所暴露的其他要害部位。女子防卫反击要多采用直接打击薄弱部位的方法，尽量不用拧转、缠绕等动作。如果采用男子使用的解脱法，去缠绕对方所抓拿的手臂，很可能因为力量不足而白费力气，而且还会打草惊蛇。所以，女性应该注意，跆拳道的一部分招法不适合一般女子防身术，练习者应该对所学招法有选择地进行刻苦练习，以便最大限度地保证使用时既高效又安全。

> **问题指南**
>
> **怎样克服实战恐惧心理**
> ◎ 使用保护用具。
> ◎ 陪练适当控制攻击力度。
> ◎ 先降低动作速度进行实战，适应后逐渐加快动作速度，最后使用正常速度。
> ◎ 练习时精力集中。
> ◎ 安排水平相当的同伴实战练习。

第三节 跆拳道击破

一、跆拳道击破常识

跆拳道击破是展示、检验和提高跆拳道练习者技术和功力水平的一种方法。看过跆拳道击破表演的人,会见到训练有素的跆拳道练习者,用身体的某个部位击断几厘米厚的木板,击碎坚硬的砖瓦、石块等。这些常人看起来难以达到的事情,他们做起来却是那么轻松自如,这些无疑增加了跆拳道的神秘色彩和吸引力。

事实证明,经过长期科学的专门训练,人体的手、脚、头、膝等关节部位会练得劲力充沛、坚硬如铁。击破要求练习者精神贯注、体力充沛、技术熟练,这样就可在击破的瞬间爆发出常人不及的速度和力量。

练习击破的年龄应当在16岁以上,训练重点是增强攻击的爆发力,教练员要严格按照正确的击破方法教学。

(一) 循序渐进、持之以恒

击破能力必须经过长时期的正确练习才能实现。一开始可对较软的物体进行击打(如带有软垫的靶子),等到全力击打没有不良感觉时,再撤掉一部分软垫进行练习。逐渐练习就会达到敢于用力击打较硬的物体,如砖、瓦、木板等,这时就可以试着测验自己的击破能力了。当练习者打断一块木板而自身安然无恙时,会感到异常的喜悦和自信。

(二) 身心合一

在做击破练习和表演时,只有全神贯注,使身心合为一体,才能使人体的潜力全部发挥出来。精神力量是内在的,但它确实能起到意想不到的作用。当练习者具备击破两块砖头的实力时,如果精神力量应用不好,不能做到身心合一,试验和表演就很可能失败。所以,精神力量不能忽视。

专家提示

利用内在的精神力量的方法有:一是想像物体(被击物)很容易被击破;二是想像自己的击打无坚不摧;三是想像自己强大的攻击力能快速击穿物体。

身心合一的关键在于排除杂念,使身体和精神全部集中在击破物体的技术动作上。击破表演时要这样做,在平时的练习中也必须一丝不苟,养成集中精力的良好习惯。

(三) 掌握击破窍门

仅仅具有击破的热情是不够的,不懂得击破的窍门,表演和试验会显得很笨拙，而且容易失败。所以，习练者要不断学习研究，多向有经验者请教。当然，这种窍门的使用是有限度的，根本的因素还在于自身的实际功力，否则就会流入"江湖"一路，成为骗人的把戏。

下面介绍一些跆拳道击破需要掌握的窍门以供参考。

1. 容易击破物质的特征

（1）物体的强度和密度相同时，细长者容易击破。

（2）对于木板，最易击破的是顺纹理的方向短、垂直纹理的方向长的长方形木板，木纹杂乱交叉的不易击破。

（3）瓦片要选择质地均匀、表面平整的。

（4）对于石块，色泽较黑、重量大的密度较大，不易击破。长而薄、较轻的石块容易被击破。

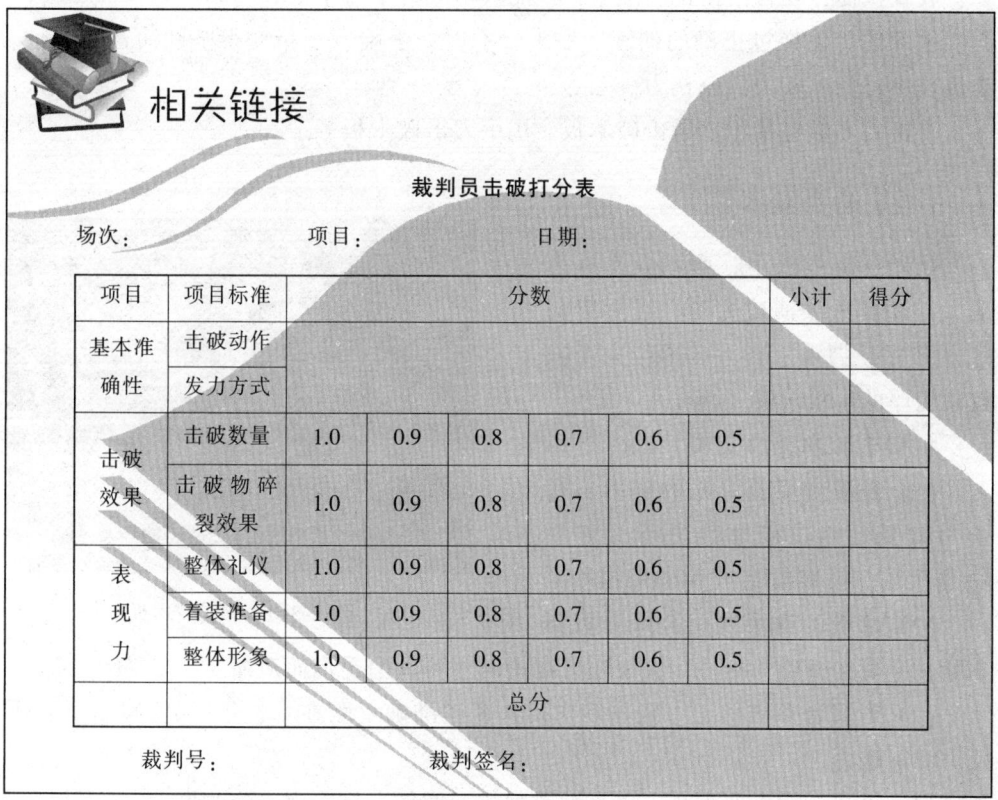

相关链接

裁判员击破打分表

场次：　　　　　项目：　　　　　日期：

项目	项目标准	分数						小计	得分
基本准确性	击破动作								
	发力方式								
击破效果	击破数量	1.0	0.9	0.8	0.7	0.6	0.5		
	击破物碎裂效果	1.0	0.9	0.8	0.7	0.6	0.5		
表现力	整体礼仪	1.0	0.9	0.8	0.7	0.6	0.5		
	着装准备	1.0	0.9	0.8	0.7	0.6	0.5		
	整体形象	1.0	0.9	0.8	0.7	0.6	0.5		
	总分								

裁判号：　　　　　裁判签名：

2. 击打时的发力法

击破成功，依赖于快速有力的击打，这就要发挥出全身所有的速度和力量。以用拳击破为例：

(1) 加大挥臂出拳的距离。

(2) 力量要由腿部传导到腰部、臂部，然后传至拳面或拳轮，不能只用上肢的力量。

(3) 打击力的方向要和击破物相垂直。

(4) 打击的力点要在被击物体的两个支点中间。

二、跆拳道击破技术

（一）手击破木板

传统跆拳道注重腿功训练的同时，也同样重视手的作用与训练。手臂灵活自如，收发快捷，在自由搏击实战中，手的攻击威力不可小视。

手部的骨骼经过正确的训练，拳头、手刀、手腕、手指变得坚硬而富有韧性，在进攻中可产生较大的杀伤力。

手击破木板包括用正拳击破木板、用手刀击破木板等。

（二）脚击破木板

在跆拳道技击中，脚的攻击威力最大。用脚法表演威力时，可用脚前掌、脚背、脚跟、脚刀等部位去击破较硬较厚的木板（图3-3-1）。

图3-3-1 脚击破木板

1. 脚击破木板的要求

(1) 表演者要有真正的实力，踢击力量要足以击破才能进行。如果功力不足，很容易造成脚部的损伤。

(2) 拿板的助手要配合好，板要拿紧，手臂伸直用力抵住，在表演者踢击时不可害怕受伤而退缩。

(3) 表演者要有信心，踢击动作要快速、准确（踢在木板正中），踢击要有爆发力和穿透力。

(4) 表演者发声要洪亮，以声助威助势，增加击打力和表演效果。

(5) 开始训练要循序渐进，击破的木板可随着功力增长而逐渐加厚。

2. 脚击破木板的方法

（1）垫步侧踢击断木板。

（2）横踢击断木板（图3-3-2）。

（3）360°横踢击断木板（图3-3-3）。

（4）翻身前踢击断木板（图3-3-4）。

（5）腾空后旋踢击断木板（图3-3-5）。

图3-3-2 横踢击断木板

图3-3-3 360°横踢击断木板

图3-3-4 翻身前踢击断木板

图3-3-5 腾空后旋踢击断木板

三、跆拳道击破表演的形式

跆拳道的威力表演和特技表演统称功力表演。威力表演主要表现选手的跆拳道

技艺,特技表演则体现选手敏捷的身手、高超的腿功、精确的判断力和准确的攻击力,常采用高难度腿法、连环腿法和腾空腿法。

通过跆拳道功力表演,可以向观众展现跆拳道高深的腰腿功夫,让观众领略跆拳道力与美完美结合的艺术魅力,激发观众对跆拳道的热爱,吸引更多的青少年投身到跆拳道训练中。同时,通过功力表演训练,增加选手训练的难度,进一步提高运动员的弹跳力、爆发力和攻击的准确性,对提高运动员的实战水平也会有一定帮助。

专家提示

跆拳道击破练习中容易损伤的部位有:指骨、腕关节、脚及脚趾、皮肤、肩关节、肘关节、腿部及上肢肌肉、腰部肌肉等。

预防的措施有:

◎练习前要充分热身。

◎练习的难度适中。

◎选择合适的击破物。

◎合理放置击破物或同伴持拿好击破物。

◎击破时精力集中,充满信心。

◎方法正确。

(一) 单个击破

使用单个跆拳道技术进行击破。

(1) 后空翻踢空中落下的苹果(图 3-3-6①)。

(2) 飞越障碍凌空侧踢击破木板(图 3-3-6②)。

(3) 后空翻单腿倒踢击破木板(图 3-3-6③)。

①后空翻踢空中落下的苹果　　②飞越障碍凌空侧踢击破木板

③后空翻单腿倒踢击破木板

图 3-3-6　单个击破

(二) 连续击破

(1) 连续 5~10 次劈腿击断木板。

(2) 连续 10~20 次后旋踢击破木板。

(3) 连续 360°横踢击破木板（图 3-3-7①）。

(4) 空中连环三前踢。

(5) 空中连环三侧踢。

(6) 腾空前踢击破木板或击碎瓦片。

(7) 腾空旋踢击破木板或击碎苹果。

(8) 腾空 360°旋风踢击破木板或击碎苹果。

(9) 腾空劈踢击破木板。

(10) 腾空后旋踢击破木板。

(11) 旋转过程中两次击破木板。

(12) 旋转过程中三次击破木板。

(13) 高空翻身（翻身加旋转）击破木板（图 3-3-7②）。

①连续 360°横踢击破木板

②高空翻身击破木板

图 3-3-7　连续击破

1. 跆拳道对打和实战有什么区别？
2. 简述跆拳道实战的种类。
3. 女子防身和平时的实战有什么不同，原因是什么？
4. 跆拳道击破为什么受到群众的欢迎？
5. 持拿击破的木板应该注意什么？

第四章 跆拳道竞技技术

本章提要

跆拳道竞技技术分为非得分技术和得分技术两类。非得分技术包括实战式、步法、防守技术、假动作等。得分技术包括拳法和腿法。拳法要使用直拳,腿法有前踢、横踢、后踢、后旋踢、勾踢、侧踢、推踢、下劈、360°横踢、双飞踢等。本章详细介绍了各种技术的动作方法、动作要点及作用。

重要概念

非得分技术　得分技术　站位　拳法　腿法　实战式　假动作　步法　防守技术

第一节　跆拳道竞技的非得分技术

非得分技术是指那些在跆拳道实战比赛中不能直接得分的技术，非得分技术可以为得分技术创造使用的条件，也可以限制对方使用得分技术。尽管此类技术不能直接得分，但在跆拳道竞技中，他们的作用和得分技术同样重要。

一、实战式

跆拳道实战式是比赛时的准备姿势，亦称为实战式或预备式（图 4-1-1）。实战式看起来简单，但却非常重要。这个姿势掌握得好与坏，会直接影响到跆拳道技术的使用和战术水平的发挥。实战式的具体做法如下：

（1）面部正对对方，两眼观察，两耳细听，更多地掌握对方、裁判员、教练员等各方面的信息。颈部保持一种自然放松的状态。眼睛注视对方肩部或头部，并用眼睛余光观察对方全身。比赛时不要眨眼和闭眼。

图 4-1-1　实战式

（2）两肩放松，上体正直，脊柱处于一种自然得力的状态。胸部不可前挺，上体侧对或斜对对方。

（3）两手半握拳，肘部弯曲置于体前，或两臂自然伸直置于体侧。两肩、手腕及两肘部肌肉要松紧适度。

（4）两脚前后开立，距离肩宽左右，站在与对方相连的一条假想直线的两侧。前脚内扣 45°左右，后脚外展 45°左右。后脚跟提起，用脚前掌承担体重。身体重心投影点放在两脚连线的中点。两膝微屈，膝盖微内扣，保持弹性。

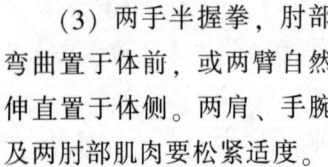

专家提示

实战式可分为高重心、中重心、低重心三种情况。这三种重心高度的调节与变化依赖膝关节的弯曲角度、两脚开立距离的大小以及上体的倾斜程度三个方面。

跆拳道实战式重心的调节主要是通过前两方面的变化来实现。左脚在前的实战式称为左实战式，右脚在前的实战式称为右实战式。

二、实战对峙站位形式

站位是在实战比赛时与对方之间的对峙形式,包括开式站位和闭式站位两种。

1. 开式站位

两名选手一个用左式,一个用右式,所形成的站位形式称为开式站位(图 4-1-2 ①②)。

① ②

图 4-1-2 开式站位

2. 闭式站位

两名选手一个用左式(右式),另一个也用左式(右式),所形成的站位形式称为闭式站位(图 4-1-3①②)。

① ②

图 4-1-3 闭式站位

明确比赛中的站位,深入研究不同站位形式下的技术应用方法和规律,有助于运动员在比赛中的技战术的发挥。

三、跆拳道步法

（一）跆拳道步法的作用

跆拳道步法是比赛中根据对方的位置、运动状态情况，通过两脚及身体的协调配合，有目的地转移身体位置的方法。熟练掌握跆拳道步法是跆拳道运动员比赛取胜的重要基础。

跆拳道步法有以下作用：

(1) 抢占有利位置。

(2) 连接技术。

(3) 维持身体平衡。

(4) 防守。机智灵活的移动能使对方的攻击落空，达到防守的目的。

(5) 干扰对方。进攻和反击往往要与步法配合使用，因此，步法可以作为假动作来使用，使对方难辨真假，从而抓住更多的战机。

（二）跆拳道常用步法

下面介绍的是竞技跆拳道常用步法。在实际练习时，每个步法既要从左实战式开始练习，也要从右实战式开始练习。练习时要仔细体会每个步法的要点，认真练习，逐渐提高动作质量，达到熟练自如。

> **专家提示**
>
> 在实际应用中，有时使用单个步法，有时需要把两个或几个步法联结起来，形成组合步法。良好的组合步法会使运动员更容易控制移动和攻击等战术行动，达到忽左忽右、忽快忽慢、快速灵活、进退自如的效果，使对方难以抓住移动规律和出招节奏，更有效地控制实战距离，给自己创造更多的得分机会。

1. 前进步

(1) 动作方法。以从左实战式开始为例，两眼目视前方，双脚同时蹬地，使身体获得向前移动的动力。双脚随身体一起迅速向前移动一小步，然后继续保持左实战式（图4-1-4①②）。

图4-1-4 前进步

（2）动作要点。双脚同时移动，移动过程中两脚的距离不变，步法完成后成实战式。全身要协调配合，双脚要贴地而动，重心要平稳，减小起伏。

（3）作用。①在与对方距离稍远时，可以用前进步接近对方，寻找机会实施攻击；②用前进步做假动作扰乱对方思路，寻找机会攻击对方。

2. 后退步

（1）动作方法。以从左实战式开始为例，双脚同时蹬地，使身体获得向后移动的动力。双脚随身体一起迅速向后移动一小步（约一脚长距离），然后继续保持左实战式（图4-1-5①②）。

图4-1-5 后退步

（2）动作要点。重心起伏和移动距离不要过大，以免失去平衡和破坏身体姿势。向后移动时,眼睛要始终目视前方,不要低头。全身自然放松,两膝和两脚弓要富有弹性,移动时全身要协调迅速。

(3)作用。①当对方进攻时,可使用后退步向后移动,使对方进攻落空,然后进行快速反击;②判断不清对方的进攻意图时,可用后退步法连续后退,以赢得时间和距离,摸清对方的动向,从而作出准确判断,用恰当的方法进行反击或进攻。

3. 前滑步

(1)动作方法。以从右实战式开始为例,左腿蹬地,右脚掌轻离地面向前滑进约一脚长距离。右脚掌着地后,左腿迅速跟进相同的距离,恢复成右实战式(图4-1-6①~③)。

① ② ③

图 4-1-6 前滑步

(2)动作要点。移动过程中尽量减小身体重心的起伏。两脚的滑进与跟进要贴地而行,后脚跟进距离与前脚前滑的距离相同。两脚移动必须连贯、迅速,前滑距离不宜过大。

(3)作用。向前接近对方,寻机进攻。

4. 后滑步

(1)动作方法。以从右实战式开始为例,右脚蹬地,左脚微离地面向后滑动约一脚长,随即右脚向后跟进约一脚长,成右实战式(图4-1-7①~③)。

① ② ③

图 4-1-7 后滑步

(2) 动作要点。步法移动过程中尽量减小身体重心的起伏。两脚的滑进与跟进要贴地而行。两脚移动必须连贯、迅速，后滑距离不宜过大。

(3) 作用。与对方拉开距离，寻机攻击。

5. 上步

(1) 动作方法。以从左实战式开始为例，以脚前掌为轴，后脚蹬地经前脚内侧向前迈出一步，身体左转，成右实战式（图4-1-8①~③）。

① ② ③

图 4-1-8 上步

(2) 动作要点。上步时身体各部位要协调一致，步子大小适中，动作轻松快速。动作过程中，重心要保持平稳，两眼注视目标，不要因步法的移动和身体的转动而使目光离开对方。

(3) 作用。①根据战术需要向前移动并变换实战式；②可利用上步接近对方，为攻击作准备。

6. 撤步

（1）动作方法。以从左实战式开始为例，以右前脚掌为轴，左脚迅速蹬地经右腿内侧向后撤一步，同时身体向左转动180°成右实战式（图4-1-9①~③）。

① ② ③

图4-1-9 撤步

（2）动作要点。步法移动时重心要平稳，动作要迅速，左脚后撤和身体左转要协调一致。要目视前方。

（3）作用。①根据战术需要变换实战式；②与对方拉开距离；③为反击作准备。

7. 前垫步

（1）动作方法。以从左实战式开始为例，身体重心前移，双脚蹬地，右脚向左脚并拢，右脚落地同时，左脚向前迈出一步，成左实战式（图4-1-10①~④）。

① ② ③ ④

图4-1-10 前垫步

（2）动作要点。后脚前移要迅速。右脚前移同时，左脚要快速向前移动。身体上下协调，重心起伏不要过大，整个动作迅速连贯。

(3) 作用。①快速接近对方；②前脚不落地，可直接用推踢、横击和下劈腿等腿法进攻对方。

8. 后垫步

(1) 动作方法。以从左实战式开始为例，身体重心后移，两脚蹬地，左脚向右脚并拢，左脚将要落地时，右脚向后迈出一步，成左实战式（图 4-1-11①~⑤）。

① ② ③ ④ ⑤

图 4-1-11　后垫步

(2) 动作要点。两脚运动时要轻巧迅速。重心移动，全身上下配合协调。尽量减小重心起伏，移动距离要适当。

(3) 作用。①迅速向后移动；②为反击作准备。

9. 带步

(1) 动作方法。以从左实战式开始为例，身体重心前移，前脚提起，同时右腿蹬地跳起前移，两脚落地成左实战式（图 4-1-12①~③）。

① ② ③

图 4-1-12　带步

(2) 动作要点。前腿提起同时，后脚迅速蹬地向前移动，全身要协调配合。后脚不要跳起过高，整个动作要连贯协调，快速完成。

（3）作用。①调整距离，接近对方；②可以作为假动作使用；③利用跳步结合腿法追击对方。

10. 左侧移步

（1）动作方法。以从左实战式开始为例，左脚向左横移约一脚距离，随即重心左移，右脚向左横移一脚距离，迅速恢复成左实战式（图4-1-13①~③）。

① ② ③

图4-1-13 左侧移步

（2）动作要点。身体重心和身体移动要和步法协调配合。两脚移动要迅速，两脚贴地而行。

（3）作用。①闪开对方正面直线进攻；②改变与对方的对峙角度。

11. 右移步

（1）动作方法。以从左实战式开始为例，身体重心右移，左脚蹬地，同时右脚向右侧横移约一脚，左脚迅速向右侧横移约一脚长，迅速恢复成左实战式（图4-1-14①~③）。

① ② ③

图4-1-14 右移步

（2）动作要点。身体重心的移动和脚的移动必须协调配合。移动时两脚脚前掌要灵活而富有弹性。步法移动时，两眼要始终注视目标，上体放松，精神集中。移动距离要适当，重心起伏不能过大，两脚的移动必须连贯迅速，不能脱节。

（3）作用。①改变与对方的对峙角度；②闪开对方垂直方向的进攻。

12. 冲刺步（快步）

（1）动作方法。以从右实战式开始为例，右脚迅速前移，紧接着左脚经右脚内侧向前迈出一步落地，右脚迅速向前上步，成右实战式（图4-1-15①~③）。

① ② ③

图4-1-15　冲刺步

（2）动作要点。整个动作要快速连贯。起动要快速突然，上体自然协调配合，重心起伏波动不要过大。在身体移动时两眼注视目标，完成时控制好身体前冲的惯性，做到急起急停，轻快灵活。

（3）作用。向前快速接近对方或追击对方。

13. 换步

（1）动作方法。以从右实战式开始为例，两脚蹬地微离地面，同时身体右转约180°，两脚在空中前后交换后落地，成左实战式（图4-1-16①~③）。

（2）动作要点。两脚同时蹬地，迅速形成前后的交换。注意重心起伏不能过大，利用蹬地的力量、转身的惯性加速两腿在空中的交换。换步时两眼目光不能离开对方。

（3）作用。①变换站位形式；②根据对方的习惯和战术需要变换实战式。

① ② ③

图 4-1-16 换步

14. 并步

(1) 动作方法。以从左实战式开始为例，身体重心前移，右脚向前靠近左脚落地（图 4-1-17①②）。或者身体重心后移，前脚收回与后脚靠近落地（图 4-1-17③④）。

① ② ③ ④

图 4-1-17 并步

(2) 动作要点。两脚靠近要迅速，身体重心不要有起伏。

(3) 作用。①闪开对方进攻（前脚向后并步）；②准备攻击对方。

15. 弧形步

(1) 动作方法。以从左实战式开始为例，以左脚脚前掌为轴，右脚向右后弧形移动，同时身体左转 90°，右脚落地成左实战式（图 4-1-18①②）。

(2) 动作要点。左脚移动与身体要协调配合，上体沿纵轴转动。

(3) 作用。①改变与对方的对峙角度；②闪开对方的进攻。

图 4-1-18 弧形步

16. 后转身步

（1）动作方法。以从左实战式开始为例，以左脚脚前掌为轴，身体以头部为先导向后转身180°，右腿迅速后摆，落地后成右实战式（图4-1-19①~③）。

图 4-1-19 后转身步

（2）动作要点。全身协调配合，先转头带动身体沿纵轴转动，右腿迅速后摆落地，落地时两脚的距离要适当。

（3）作用。出其不意地接近对方，为进攻作准备。

17. 前转身步

（1）动作方法。以从右实战式开始为例，以左脚脚前掌为轴，身体以头部为先导向左后转身180°，右腿迅速内扣迈出，落地后成左实战式（图4-1-20①~④）。

（2）动作要点。全身协调配合，先转头带动身体沿纵轴转动，右腿迅速内扣迈出落地。落地时两脚的距离要适当，头部迅速转回注视对方。

（3）作用。闪开对方进攻，为反击作准备。

① ② ③ ④

图 4-1-20 前转身步

四、跆拳道防守技术

在跆拳道比赛中，化解对方的进攻称为防守。进攻和防守是一对矛盾体。一名优秀的跆拳道运动员，不但要精通进攻技术，掌握得分的方法和手段，还要熟练掌握和自如地应用跆拳道的防守技术，建立起坚固的防御体系，在比赛中不失分或少失分。跆拳道竞技的防守技术可分为闪躲防守和格挡防守两种形式。

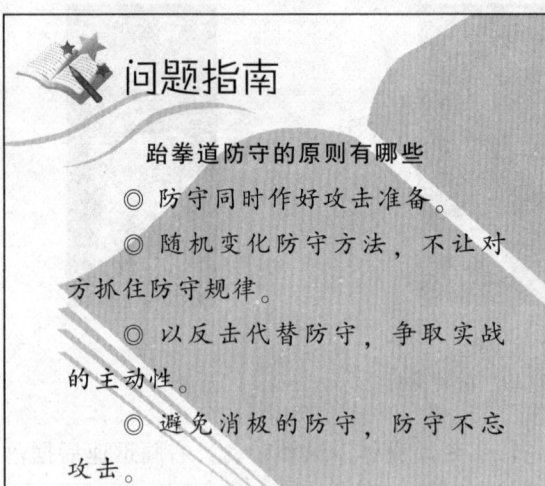

跆拳道防守的原则有哪些

◎ 防守同时作好攻击准备。

◎ 随机变化防守方法，不让对方抓住防守规律。

◎ 以反击代替防守，争取实战的主动性。

◎ 避免消极的防守，防守不忘攻击。

在跆拳道实战中，最高级的防守是以进攻来代替防守（以攻代守）；其次是化解对方进攻的同时，用恰当的方法反击对方（防中有攻，巧妙地实现化被动为主动）；再次是化解对方进攻后，再去攻击对方（先防后攻）；最后是用各种闪躲和格挡的方法来化解对方的进攻（防中无攻）。

（一）闪躲防守

闪躲的防守方法包括以下三种：

1. 调整距离

调整距离防守就是通过调整自身与对方距离的远近来瓦解对方的攻击。它包括两种形式：一种是远离对方，通过步法移动转移到安全区域，使对方的进攻因鞭长莫及而落空；另一种是靠近对方，移动到贴近对方身体的空间，造成对方的攻击锋点因超越得分点而失去作用。例如，对方用横踢进攻时，可以向后移动远离对方而使其横踢落空；对付同样的进攻，靠近对方，缩短与对方的距离，使对方的踝关节超越允许攻击的部位而失效（图4-1-21①②）。通过这两种调整距离的方式都可以有效地破解对方的攻击。

① ②

图4-1-21 调整距离防守

值得注意的是，任何进攻都可用拉开距离的方法进行防守，但缩短距离的防守方法只适合于防守对方用水平弧线性腿法发起的进攻，不适合防守竖直弧线（如下劈进攻）与直线腿法（如后踢或者推踢）进攻。

2. 改变角度

跆拳道比赛中双方之间的距离为双方共同拥有，在有效的距离，谁善于利用角度来防守，谁就会获得更多的利益。角度防守就是通过步法的灵活移动，改变与对方的相峙角度，达到防守的目的。例如，对方用下劈进攻选手头部，选手可以抓住机会向左（或右）移动适当的距离，使对方的下劈落空（图4-1-22①②）。对付直线、垂直以及斜线的攻击都可以用改变角度的方法来进行防守。这种防守方式不但实用，更重要的是容易获得距离和时机，及时实施对对方的反击。

① ②

图 4-1-22 改变角度防守

3. 变化身法

变化身法防守是通过身体躯干及头颈部的位置改变，闪开对方的攻击路线，达到防守的目的（图 4-1-23）。包括身体后仰、身体前倾、向左侧倾斜、向右侧倾斜、转头等。

（二）格挡防守

跆拳道比赛中不允许使用抓、夹、推、抱等方法，但可以利用手臂去格挡和阻挡以达到防守的目的。格挡防守分为向上格挡、向下格挡、中段向内格挡和中段外侧格挡。

图 4-1-23 变化身法防守

1. 向上格挡

从实战式开始，手臂（左、右均可）迅速由体前向上方挡出，手握拳，前臂内旋，用尺骨一侧格开对方的进攻。格挡手臂的腕部到人体中心线，格挡手臂与前额为一拳距离。格挡完成后，格挡的手臂形成 45°（图 4-1-24①②）。

动作要点：腕部肌肉用力，腕部与额部距离约一拳，肘关节约 100°，目视前方。

① ②

图 4-1-24 向上格挡

2. 向下格挡

从实战式开始,用前臂向下侧方挡开对躯干及腹部的攻击。左右格挡的拳与左右大腿部的距离为一立掌距离,辅助拳放在髋关节,手臂向后夹紧(图 4-1-25①②)。

动作要点:腕部肌肉收紧,动作迅速,手臂距离身体远近适中。

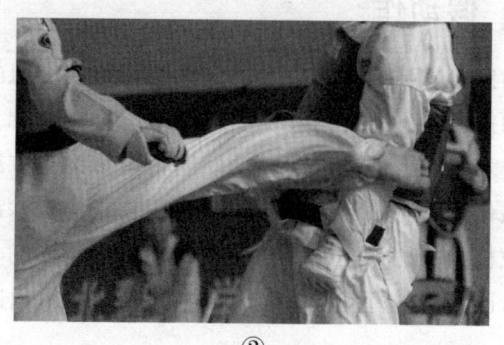

① ②

图 4-1-25 向下格挡

3. 中段向内格挡

右臂中内格挡时,右手臂弯曲,拳心向外腕部伸直,拳与肩部同高。辅助手臂伸直,拳心向下与胸口同高。格挡的拳到身体的中心线,格挡完成后拳的高度与肩部同高,格挡手臂的角度是 90°~120°。辅助拳放在髋关节,手臂向后夹紧(图 4-1-26)。

动作要点:肘部弯曲约 90°,格挡的同时前臂内旋,腕部肌肉用力,动作快速。

4. 中段外侧格挡

右臂中外格挡时，右手臂弯曲放在左髋关节，拳心向上，辅助手臂弯曲放在右肩部，拳心向外。格挡的拳心向外，拳与肩部同高，格挡手臂的角度是 90°~120°。辅助拳放在髋关节，手臂向后夹紧（图 4-1-27）。

动作要点：肘部弯曲约 90°，格挡时旋臂，动作快速有力。

图 4-1-26 中段向内格挡　　　图 4-1-27 中段外侧格挡

五、假动作

假动作是一种和真实技术动作某些环节相类似的技术。假动作大部分是不完全的进攻动作或者不完全的反击动作，不能直接得分，是一种非得分技术。熟练应用假动作技术，对得分技术的成功使用很有帮助。在跆拳道比赛中，有经验的运动员都是在抓住攻防时机的情况下，才使用真正的技术动作去攻击。而假动作正是制造和获得战机的一种行之有效的手段。使用假动作的目的是使对方产生错觉，让对方采取对自己有利的行动，为使用技术和实现战术创造更好的条件。

问题指南

怎样应用假动作

使用某个技术动作的一小部分或一个环节，使对方产生要做这个技术的假象，诱使对方上当，待其作出反应时，抓住其破绽施以有效攻击。如图 4-1-28①~④所示，左侧运动员使用前腿横踢进攻假动作，对方换步应对，左侧运动员迅速恢复实战式，紧接着使用横踢实施攻击，达到后腿攻击目的。

图 4-1-28 假动作的应用

(一) 假动作的内容与分类

常用假动作技术包括以下几类：
(1) 手臂假动作。手臂前后、左右、上下运动。
(2) 身法假动作。身体的前倾、后仰、转动、重心高低变化。
(3) 步法假动作。步法前后移动、左右移动、斜向移动。
(4) 腿法假动作。各种腿法技术动作的开始动作。
(5) 表情假动作。眼神注视不同的部位、面部表情的不同变化等。
(6) 声音假动作。不同的喊声、跺脚声等。
(7) 综合假动作。以上两种或几种假动作的组合运用。

(二) 假动作的作用

1. 试探、侦查对方情况

通过假动作可以了解对方的各种情况。比如要想知道对方的反应习惯，在假进攻时，根据对方是快速后撤、原地不动伺机进攻还是迅速反击就可得知；通过使用假动作，引诱对方作出技术动作，可了解对方的技术水平、身体素质水平、战术水平的高低，判断出对方的实战经验是否丰富，等等，为制定作战方案提供依据。

2. 为主动进攻创造战机

盲目进攻是愚蠢的，特别是对于擅长防守反击的对手，更不应轻率发起进攻。对付这样的对手，利用假动作给对方造成主动出击的假象，引诱对方作出相应的反击动作，然后根据对方作出反击动作寻隙攻击，是一个实用的策略。由于使用假动作可能使对方出现几种不同的反应，所以使用假动作时，头脑中要准备几种应对方案，这样不管对方出现什么反应，都能够及时实施相应的方案。

3. 为反击创造战机

当一个选手严阵以待地随时准备反击对方的进攻时，对方是不会轻易进攻的。在实战中，要想得到反击的战机，可以利用相应的假动作制造假象，给对方造成自己防守不严密、精力不集中等假象，诱使对方发起进攻，然后根据对方的具体进攻方法，实施有效的反击。

4. 扰乱对方的攻防节奏

每个人都有自己的实战节奏，这种节奏是在多年的训练和比赛中逐渐形成的。如果在实战中能找到适合自己的节奏，运动员的技战术就能够顺利地发挥出来；如果这种节奏遭到破坏，运动员的技战术水平将难以完全发挥出来。所以在实战中，扰乱对方的节奏是不可忽视的重要问题。恰当地使用假动作技术，可以达到扰乱对方节奏的目的。例如，当对方将要组织进攻时，用一个主动进攻性假动作，对方的思维将由怎样进攻变成怎样反击，这样就破坏了对方的攻防节奏。对方不进攻时可用假动作引诱其进攻，对方不反击时就用假动作引诱其反击等，对方的攻防节奏就被控制了，就掌握了主动权。

（三）假动作使用要领

1. 目的明确

假动作只是手段，攻击对方才是最终的目的。无目的地使用假动作不仅会白白地消耗体力，还很可能让对方抓住弱点而使自己变得被动，所以，做假动作要有明确的目的。在做假动作欺骗对方的同时，要做好打击对方破绽的准备，一旦对方上当，就要快速、敏捷、准确地给对方恰当的攻击。否则即使出现了预想的情况，也会错失良机。当对方被假象所迷惑时，要根据对方出现的破绽和漏洞，选择恰当的攻击方法打击对方，不应凭自己的主观想像强攻硬打。

2. 动作逼真

如果让对方识破选手的动作是虚的假的，对方就难以作出有利于选手的动作，这样假动作不但会失去作用，而且还有遭到对方攻击的危险。只有动作逼真，令对方感到受到了威胁或者认为有利可图时，他才可能作出相应的攻防动作，选手的意图才有实现的可能。也只有动作形象逼真，才会让对方真假难辨、虚实难测，导致其作出错误判断，步入自己的圈套。

3. 幅度和速度要适当

假动作在跆拳道技术中，属于小动和微动技术范畴。动作幅度过大，不容易控制身体平衡，也难以随机地进行变化；动作幅度太小，又不容易让对方相信，难以牵动对方，所以在使用跆拳道假动作时，动作幅度要适当。既要动作逼真又要使自己容易迅速变化和及时作出相应的反应。在做假动作时，动作的速度要和自己使用真正技术时相接近，这样对方就容易被欺骗和调动。有时可以夸大某些技术环节与要素来形成假动作，因为这类假动作不易控制，实际运用有一定难度。

4. 根据实际情况变化使用

跆拳道假动作的方法多种多样。在比赛实战中，如果频繁地使用同一方法，容易被对方识破而遭到反击，所以需要适时地进行变化，不让对方抓住规律。实际使用时，有时用手臂去做假动作，有时用步法做假动作，有时又用表情和声音去做假动作，有时使用综合假动作。同一个假动作也可以通过不同的幅度、不同的速度、不同的表情神态等的变化去使用。不同选手的应变能力不同、心理特点不同、技战术水平不同，因此，使用假动作还要因人而异，要根据对方的实际情况选择和使用假动作。有必要进行变化时，要及时进行变化，不应该墨守成规、千篇一律。不同的回合，对方的技战术可能要进行调整和变化，选手的假动作也应该根据不同回合对方的技战术调整进行相应的变化。如果实战打得很顺利，对方并没有变化，就应继续按原计划进行；如对方技战术有所变化，自己感到不顺，那就需要进行适当的变化。需要牢记的是：必须根据实际情况决定是否进行变化，不能为了变化而变化，玩"花架子"达不到取胜的目的。

5. 假真结合

实战中，一个动作攻击奏效后，与这个动作类似的假动作，很可能被对方视作真正的攻击。有时是真正的攻击，有时则是欺骗性的攻击。这样虚实结合、真假结合，虚虚实实、真真假假，就可以导致对方判断失误，有效地控制对方，掌握比赛的主动权。因此，可以使用真假结合、欺骗、战术变化等方法来创造时机。但是，在使用假动作或欺骗的同时，应该注意随时做好攻击对方的准备。

六、发声

在跆拳道比赛和训练场上，运动员在完成跆拳道拳脚技术或其他技术时，可以有力地吐气发声，充满自信和斗志地大声呼喊。这与拳击、散打等对抗性格斗项目有所区别，成为跆拳道项目的一大特点。

> **问题指南**
>
> 发声的作用有哪些
>
> ◎ 刺激神经，集中注意力，增加训练气氛。
> ◎ 增强胆量和信心，提高斗志。
> ◎ 干扰对方，给对方造成心理压力。
> ◎ 增大打击力量。
> ◎ 烘托击打效果。

第二节 跆拳道竞技的得分技术

一、拳法

拳法是跆拳道竞技的攻击技法之一，适合近距离使用，用于攻击对方躯干被护具遮盖的部位。

（一）拳法的作用

(1) 近距离攻击对方躯干得分部位。
(2) 控制距离，为腿法攻击创造条件。
(3) 重击对方，给对方造成心理压力。

由于《跆拳道竞赛规则》限制了拳法的打击部位——不允许攻击面部和颈部，只可以攻击人体锁骨以下、髋骨以上身体的前面。所以，在跆拳道比赛中，运动员拳法技术使用较少，拳法在比赛以及平时的训练中往往被忽视。近几年，拳法的作用被教练员和运动员所认识，在国际和国内跆拳道赛场上的使用率有所上升。

（二）拳的握法

将伸开的掌指依次卷曲，大拇指扣在中指和食指的第二指节上。拳面要平，手腕要伸直，拳的正面的使用部位是食指、中指的掌指关节部位（图4-2-1①~④）。

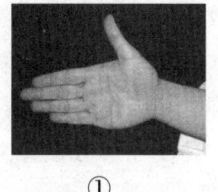 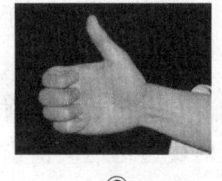 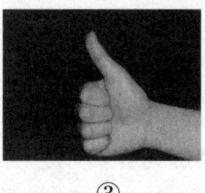 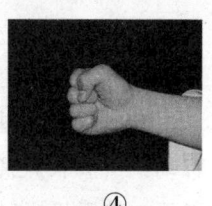

图 4-2-1 拳的握法

(三) 拳法技术

拳法技术包括前手拳和后手拳。

1. 前手拳

(1) 动作方法。以从左实战式开始为例，后腿用力蹬地，重心前移，前脚向前迈出约一脚长距离。左手握拳由胸部高度迅速内旋向前冲击，力达拳面（图 4-2-2 ①~③）。

图 4-2-2 前手拳

(2) 攻防作用。①直接击打对方的躯干得分部位（图 4-2-3）；②格挡防守的同时用拳法反击；③控制距离，为腿法攻击打下基础。

(3) 动作要点。出拳之前全身要充分放松，在动作开始和拳的运行过程中，手臂放松；蓄劲时身体转动不能过大，否则容易被对方识破。当拳面接近目标时，拳握紧，手腕伸直，并借助腰部的迅速转动，快速有力地击出。

(4) 易犯错误。①出拳时身体紧张；②预动

图 4-2-3 跆拳道的攻防作用

过大；③没有充分利用蹬地和转腰的力量；④接触目标时手腕放松。

2. 后手拳

（1）动作方法。以从左实战式开始为例，右手握拳，随着右脚蹬地，左脚向前移动约一脚长距离，腰部向左转动，右臂边内旋边迅速向前击打，高度在对方锁骨以下。接近目标时，将拳握紧，手腕伸直，用拳的正面接触目标（图4-2-4①~③）。

① ② ③

图4-2-4　后手拳

（2）攻防作用。同前手拳攻防作用（图4-2-5）。

（3）动作要点。出拳之前全身放松，在动作开始和拳的运行过程中，手臂和肩带肌肉放松；当拳接近目标时，将拳握紧，手腕伸直，并借助躯干沿纵轴迅速转动，快速有力地将拳击出，高度在对方锁骨以下。

（4）易犯错误。①躯干转动角度小；②参考"前手拳易犯错误"。

二、腿法

图4-2-5　跆拳道的攻防作用

跆拳道竞技腿法，是脱胎于原始的跆拳道品势技术与防卫格斗技术而形成的。在跆拳道众多的腿法技术中，符合《跆拳道竞赛规则》、在比赛中实用性强、得分率高的腿法被保留下来，还有许多腿法失去了在跆拳道赛场生存的意义，逐渐远离赛场而去。在三十多年的现代跆拳道竞技比赛中，通过不断总结、不断改进、不断创新，跆拳道竞技腿法技术逐渐趋于完善，从单纯重视力度、单纯重视速度或者单纯重视技巧的单一模式，发展成为现在的速度与力量相结合、灵巧与准确相结合的风格特点，在世界武技中独树一帜，被称为"踢的艺术"、"腿技之王"。

在跆拳道腿法技术发展的同时，腿法应用理论也不断发展完善，强有力地支撑着腿法技术的不断完善和发展，推动着跆拳道技战术水平的不断提高。

竞技跆拳道腿法包括前踢、横踢、后踢、下劈、推踢、后旋踢、勾踢、侧踢、双飞踢、旋风踢、多飞踢、腾空腿法、组合腿法等。在逐一进行详细解析之前，首先了解一下竞技跆拳道比赛中脚的使用部位（图4-2-6①~⑤）。

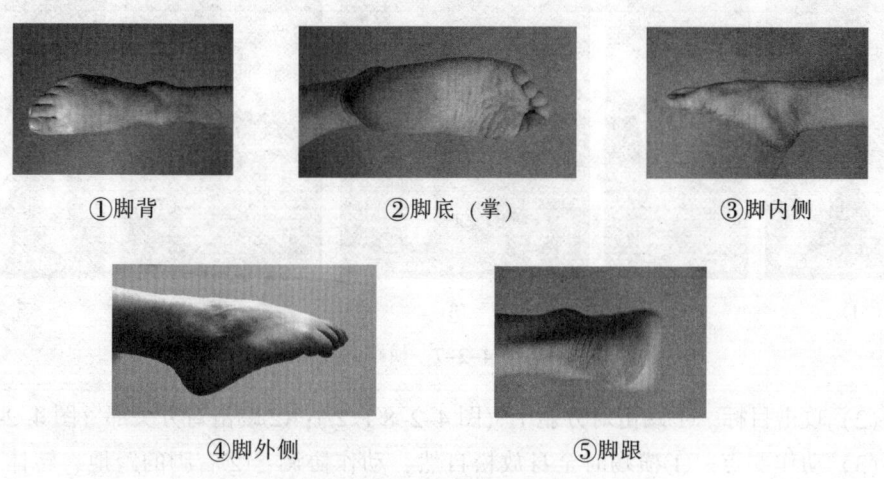

①脚背　　　　　②脚底（掌）　　　　③脚内侧

④脚外侧　　　　⑤脚跟

图 4-2-6　脚的使用部位

（一）单个脚法

1. 前踢

前踢是跆拳道的基础腿法之一，竞技比赛中使用很少，但前踢是练习横踢的基础。在品势练习中，脚趾翘起，用脚前掌向前踢击目标。

（1）动作方法。在标准的准备动作的情况下，后腿的小腿放松夹紧，直线抽出膝关节向正前方。前踢时双拳抬起放在心胸，身体正中，支撑腿伸直。前踢腿法完成后迅速收腿，回到原位。

（2）动作要点。动作腿的膝关节前提，大小腿充分折叠，迅速打开。

2. 横踢

横踢是跆拳道比赛中得分率较高的腿法之一，应用十分广泛。横踢技术主要包括后腿横踢、前腿横踢、连续横踢等，双飞、360°横踢（旋风踢）的核心技术都是横踢。

（1）动作方法。以从左实战式开始为例，右脚蹬地，身体重心前移，以左脚脚前掌为轴，向左转体，使身体侧对攻击目标，同时右腿大小腿折叠屈膝上提，右膝在身体转动过程中始终指向目标。右小腿放松夹紧，直线抽出小腿向正前方形成45°。身体中正肩部向正前方，自然形成30°，脚面绷直踢出。发力同时右臂向右侧伸开配合，两眼注视目标。发力后，借助弹性收回小腿，右腿回落（或先前落地成有实战式）恢复实战式姿势（图4-2-7①~⑤）。

图4-2-7 横踢

（2）攻击目标。①踢击对方躯干（图4-2-8①②）；②踢击对方头部（图4-2-9）。

（3）动作要点。①横踢时全身放松自然，动作协调；②右脚的蹬地、转体、提膝、小腿踢击，整个过程要连贯协调，快速顺畅；③膝部提起的高度要根据目标变化而调整，踢较高目标时膝部提起的高度要相应增加，踢击腹部时膝部提起的高度和腹部高度应相同；④膝部提起时大小腿要折叠；⑤支撑脚转动要与身体的转动协调一致，并且身体要沿纵轴转动足够的角度；⑥动作紧凑，隐蔽性强。

图4-2-8 踢击对方躯干

（4）易犯错误。①右膝没有沿支撑腿内侧前提，在动作过程中远离身体中线；②动作完成时臀部后坐，髋、膝、上体不在一个平面上，发力不充分；③大小腿折叠不充分；④肩部紧张，两臂与全身不协调；⑤支撑脚没有积极转动；⑥发力直腿落地；⑦发力时，脚面没有绷直；⑧不是水平方向发力，而是向斜上方发力；⑨用脚内侧接触目标。

3. 侧踢

侧踢是跆拳道常用的腿法之一，不仅可以直接攻击对方，还可以有效地赌击和迎击对方。

图 4-2-9　踢击对方头部

（1）动作方法。以从左实战式开始和原地后腿侧踢为例，身体重心前移，右腿屈膝上提，勾脚，同时以左脚前掌为轴，身体左转，大小腿折叠，身体侧对目标。紧接着右脚迅速踢向目标，脚尖指向侧方或斜下方，力达右脚刀或整个脚底，右腿发力后迅速屈膝收回，恢复成实战式（图4-2-10①~⑤）。

① ② ③ ④ ⑤

图 4-2-10　侧踢

（2）攻击目标。①踢击对方躯干得分点（图4-2-11①②）；②踢击对方头部得分点。

（3）动作要点。①身体要以支撑脚的脚前掌为轴转动，提膝时，要大小腿折叠；②侧踢是直线踢法之一，在做动作时要把整个右脚放在支撑腿内侧与目标的假想连线之间，以使侧踢是直线踢向目标；③侧踢时髋的转动、右腿的屈伸、身体的适当倾斜要协调配合，充分发挥全身各部位的速度和力量；④在完成动作过程中整个身体要协调自然，提膝和出腿要迅速连贯，使发力顺畅自然、干净、利落、快速地完成动作；⑤发力结束后，借助发力的弹性迅速将腿收回成实战式，以减少自身防守漏洞，不给对方可乘之机；⑥在完成侧踢的瞬间，头、肩、髋、膝、足要在与地面垂直的平面上，更好地达到力合一处、直线出击。

（4）易犯错误。①大小腿折叠不充分，蓄劲不足；②侧踢时形成向上的侧撩腿；③不是直线踢出，力量分散；④支撑脚转动角度不够，上体前俯，造成勾髋、收腹、突臀；⑤动作不连贯，全身不协调；⑥腹部过分前挺；⑦发力后，直腿下落。

① ②

图 4-2-11 踢击对方躯干得分点

4. 原地后踢

（1）动作方法。以从左实战式开始为例，身体重心移至左脚，同时以左脚前掌为轴，身体随头部一起沿纵轴向右后转动。当身体背对目标时，上体制动，两眼沿右肩上方向后注视目标，右脚上提，大小腿尽量折叠，踝关节置于右臀下方。紧接着，右脚沿左腿内侧靠近臀下部，向后直线踢出，脚尖向下45°。发力后，屈膝收回落地成实战式（图4-2-12①~⑤）。

① ② ③ ④ ⑤

图 4-2-12 原地后踢

（2）攻击目标。①攻击对方躯干（图4-2-13）；②攻击对方头部（图4-2-14）。

图4-2-13 攻击对方躯干

图4-2-14 攻击对方头部

（3）动作要点。①后踢是转身直线腿法，由于做后踢时身体转动角度大，转动瞬间目光要离开对方。后踢时，身体要以头部的转动为先导，这样不但缩短了目光离开对方的时间，而且可以反射性地增加身体转动的速度和力量；②发力时，要在整个身体协调配合下，迅速踢直膝关节；③上体转到背向目标时就要及时制动，使转动的能量向右腿后踢动作传递；④右脚贴着支撑腿内侧踢向目标；⑤踢出时右脚尖向侧下方，用整个脚掌或脚跟打击目标；⑥转体、提膝、踢出要同时完成，三个环节迅速地连接起来，不要停顿和分解；⑦大小腿必须经过折叠，然后直线踢出，否则会形成由下向上的后撩腿。

（4）易犯错误。①转身和踢出不连贯，动作分解；②头部转动速度慢，目光离开目标的时间过长；③大小腿折叠不充分；④右脚从右侧向后弧线摆踢；⑤右脚由下向上撩踢攻击目标。

5. 腾空后踢

（1）动作方法。以从左实战式开始为例，双脚迅速蹬地跳起，身体右转背向目标的同时，右腿曲膝，大小腿折叠，紧接着，迅速向后踢出，两眼由右肩上方注视目标。右腿发力后，屈膝收回，双腿落地成右实战式（图4-2-15①~③）。

（2）攻击目标。反击对方进攻躯干或头部。

（3）动作要点。①后踢是跆拳道中难度较大的腿法之一，腾空后踢难度更大。要掌握好腾空后踢，需要首先熟练掌握原地后踢技术；②腾空后踢技术包括跳、转、踢三个环节。"跳"要从实战式直接起动，垂直向上跳起。不要先下蹲然后再跳，否则容易暴露自己的意图。"转"要以头带动身体，沿身体纵轴迅速转动，这时要同时完成三个动作：一是完成转头动作，二是完成两腿的前后互换，三是完成右腿的折叠蓄劲。"踢"要像原地后踢一样，全身协调配合，使出击腿沿直线向后踢出。跳、转、踢要同时完成；③腾空后踢是在身体腾空状态下完成的，为了保持身体平衡，动作发力后要迅速恢复成实战式。

（4）易犯错误。①转体角度不够或者过大，攻击方向偏离目标；②不是垂直起跳；③跳、转、踢三个动作分解；④发力后收腿动作慢，不能迅速恢复实战式。

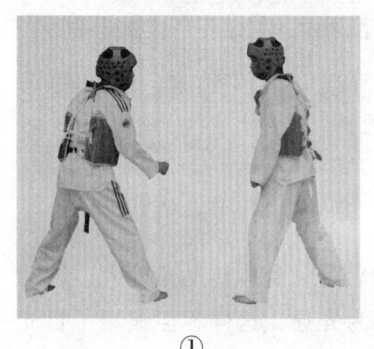  

① ② ③

图 4-2-15 腾空后踢

6. 下劈

下劈技术既可以用于进攻又可以用于迎击和反击，主要用来攻击对方头部。

（1）动作方法。以从左实战式开始为例，身体重心前移，右腿由后经左腿内侧向前上屈膝提起，然后迅速伸直将脚摆至头部高度。右大腿带动小腿，以脚掌为力点，迅速向前劈击目标。完成发力后，右腿自然放松下落成右实战式（图 4-2-16 ①~⑥）。

① ② ③ ④ ⑤ ⑥

图 4-2-16 下劈

（2）攻击目标。主要用于攻击对方头部（图 4-2-17①②）。

①

②

图 4-2-17 攻击对方头部

（3）动作要点。①左腿上摆时要先屈膝然后将腿打开伸直，这样可减小动作幅度，加快动作速度；②支撑脚脚前掌着地，随重心灵活移动；③下劈发力的范围在头的前上方到胸部高度这段距离；④向前劈击力量发出后，攻击腿迅速放松下落，恢复成实战式；⑤全身协调用力，上体在下劈发力时不可过分后仰；⑥在动作过程中，身体重心要上提，不要下沉压在支撑腿上；支撑腿要根据情况灵活移动；⑦距离对方较近时，可以通过身体的两侧将腿摆起，然后攻击对方头部。

（4）易犯错误。①上摆和劈腿时，身体过于紧张，上体后仰；②劈腿时发力范围过大，路线过长；③攻击腿落地时，身体重心完全落在攻击后下落的腿上，不能迅速恢复到实战式，使整个身体瞬间难以灵活变化；④身体重心下沉，发力时只能用一条腿的力量，不能借助身体重心前移的惯性来增加速度、力量和攻击距离。

7. 推踢

推踢属于直线攻击腿法，使用整个脚掌接触目标。

（1）动作方法。以从右实战式开始为例，身体重心前移，左腿屈膝沿右腿内侧上提至体前，然后迅速由屈到伸向前踢出。力点在整个脚掌，发力后自然收回，落地成实战式（图 4-2-18①~④）。

（2）攻击目标。攻击对方躯干（图 4-2-19）或头部。

（3）动作要点。①推踢发力前，大小腿要充分折叠；②推踢时要充分利用整个身体前移的惯性，支撑脚要随身体重心移动跟进，保证整个身体的协调运动；③推踢时髋向前送，加大攻击力度和打击距离；④提膝时稍内扣，接触目标时使脚尖斜向上倾斜 45°；⑤踢出发力后，腿自然落于体前；⑥实战中时常结合垫步和跳步使用。

(4) 易犯错误。①身体过于后仰，身形散乱，用力分解，不能快速恢复实战式；②动作分解不连贯；③推踢发力之前没有做好折叠，蓄劲不充分；④没有充分利用身体移动的惯性，仅仅使用了一条腿的力量。

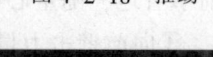

图 4-2-18　推踢

图 4-2-19　攻击对方躯干

8. 后旋踢

后旋踢属于一种转身弧线型攻击腿法，动作难度较大，是重创对方的主要手段之一。后旋踢既可主动打击对方，又可反击对方的攻击。

(1) 动作方法。以从左实战式开始为例，身体重心前移，以脚前掌为轴，左脚内扣，以头部迅速向右后转带动上体向右后转，两眼注视目标。紧接着上体制动，右膝微屈，踢腿时膝关节向下 45°，由下向身体的侧后上方摆动。当右腿摆到接近目标时，右膝迅速伸直，腰部和右腿主动用力，由右向左水平横击，用右脚掌或右脚跟打击目标。发力完成后，右腿收回，左腿以脚前掌为轴转动，右腿落地，恢复成左实战式（图 4-2-20①~⑦）。

图 4-2-20 后旋踢

（2）攻击目标。进攻对方头部（图 4-2-21①②）。

图 4-2-21 攻击对方头部

(3) 动作要点。①后旋踢是转身弧线踢法，身体转动360°左右。动作时，头部要先于身体转动，以便反射性地加大身体转动的速度和力量，同时减少目光离开对方的时间；②上体必须领先右腿转动，待躯干转动超过90°后，右腿迅速向后摆动。这样会拉长即将用力的肌肉，有利于发力，在右腿踢击目标时就会既有速度又有力量，形成鞭打效果；③右腿向后摆的过程中，先膝部微屈，然后迅速将腿完全伸直踢击目标；④右脚接近目标时要水平横向摆击；⑤踢较高的目标时，上体要用适当的倾斜来维持身体平衡；⑥整个动作必须连贯协调，一气呵成。

(4) 易犯错误。①头部转动速度慢，目光离开对方时间长，不利于进攻和反击；②没有先转动躯干蓄劲，而是先摆踢大腿，没有把全身的力量调动出来；③右腿直腿后摆，动作幅度过大，路线过长，隐蔽性差；④肌肉紧张，全身上下动作不协调；⑤不是水平打击目标，而是向斜上方撩踢；⑥腿的发力过早或过晚，力点不准；⑦身体后仰，腹部前挺，身体失去平衡。

9. 双飞踢

双飞踢属于较高难度的踢法，实质是腾空完成两个左右横踢，在跆拳道比赛中应用广泛，是重要的得分技术之一。

(1) 动作方法。以从左实战式开始为例，身体重心前移，右腿向前横踢。右腿发力之后屈膝下落之时，左腿蹬地跳起，在空中向前做左腿横踢，左腿发力后自然收回下落成左实战式（图4-2-22①~⑤）。

① ② ③ ④ ⑤

图4-2-22 双飞踢

(2) 攻击目标。①两腿先后攻击对方躯干（图4-2-23①~④）；②第一腿攻击对方躯干，第二腿击打对方头部（图4-2-24）。

(3) 动作要点。①两个动作要连贯协调，不能停顿，两腿在空中迅速前后交换；②身体跳起不要过高，否则会影响动作速度；③两臂在身体两侧与两个横踢协调配合；④两眼始终注视目标；⑤第一腿发力后迅速收回，另一腿快速踢出；⑥转髋发力，用脚背击打目标；⑦根据对方具体情况，变化攻击部位（头部或躯干）和两腿的击打力度。

（4）易犯错误。①髋部不转动，不是用脚背正面击打目标；②发力前大小腿没有充分折叠，形成直腿的撩踢；③第二腿发力后不能快速收回，恢复实战式；④动作幅度过大，身体重心靠后，身体失去平衡。

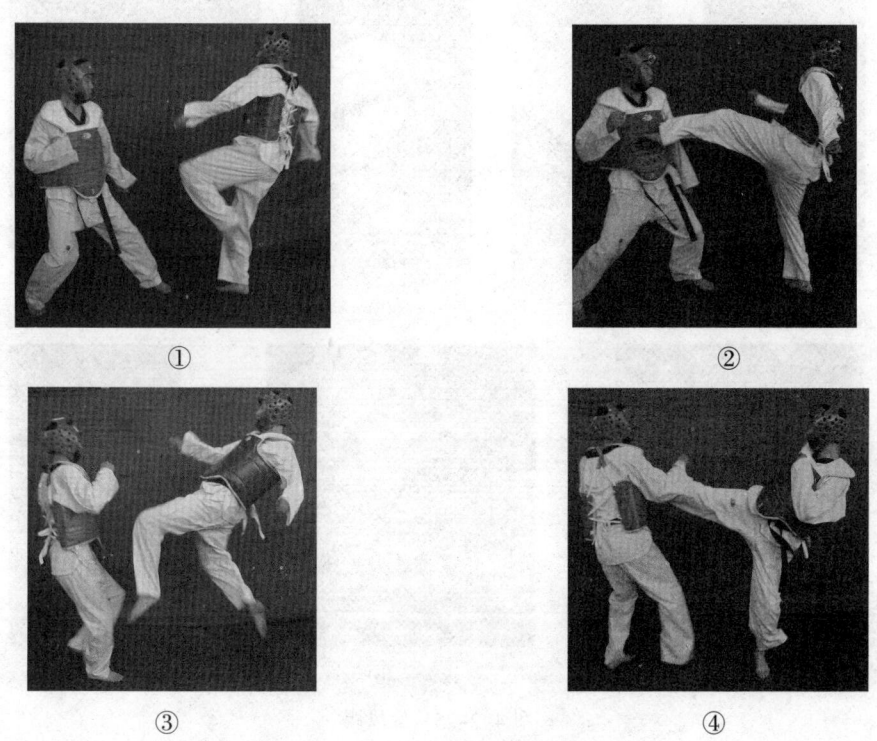

图 4-2-23　两腿先后攻击对方躯干

图 4-2-24　第一腿攻击对方躯干，第二腿攻击对方头部

10. 旋风踢——转身 360°横踢

(1) 动作方法。以从左实战式开始为例，身体重心前移，以右脚脚前掌为轴，头向左后转动，身体左转同时将左腿向身后摆动。当身体转向攻击目标时，左腿下落，同时右腿蹬离地面提膝向目标横踢，左腿落地。发力后右腿自然收回，恢复成实战式（图 4-2-25①~⑦）。

图 4-2-25 旋风踢

(2) 攻击目标。①攻击对方躯干（图 4-2-26①②）；②攻击对方头部。

(3) 动作要点。①旋风踢技术是由"转体"与"换踢"两个环节构成的。两个动作环节要顺畅连贯，中间不能停顿和分解。沿身体纵轴转体，可以保证快速转体和维持平衡。当身体面向目标时，左右腿迅速在空中交换，左腿落地的同时右腿完成横踢；②转动时以前脚掌为轴，摆动腿向身后摆动，不要向侧摆；③身体后转约 360°，转动要快速；④转动时身体重心起伏不能过大；⑤身体要围绕身体纵轴转动，不要前倾和后仰。

(4) 易犯错误。①没有沿身体纵轴转动；②转动时身体向前移动距离过大，使横踢动作变形；③以跳动代替转动，减慢动作速度；④身体转动角度不够，横踢时髋部没有完全送出，不能充分发力；⑤转体和踢腿出现停顿和分解，没有顺畅连接；⑥摆动腿向侧后划弧转动，动作幅度过大。

① ②

图 4-2-26 攻击对方躯干

(二) 组合腿法

两个或两个以上腿法有机连接在一起使用就形成了组合腿法。

跆拳道的基本腿法都可以进行组合，常用的组合腿法如表 4-2-1 所示：

表 4-2-1 常用组合腿法表

序号	组合腿法	序号	组合腿法
1	横踢+后踢	12	推踢+横踢+双飞
2	横踢+下劈	13	横踢+360°横踢+后踢（后旋踢）
3	横踢+横踢	14	双飞+横踢
4	横踢+后旋踢	15	后踢+横踢+下劈
5	横踢+360°横踢	16	侧踢+侧踢
6	横踢+双飞	17	侧踢+后踢+横踢
7	横踢+推踢	18	横踢+腾空侧踢
8	推踢+双飞	19	下劈+后旋踢
9	下劈+双飞	20	侧踢+双飞+后踢
10	双飞+横踢+双飞	21	前踢+侧踢
11	横踢+横踢+双飞	22	前踢+双飞+后旋踢

续表

序号	组合腿法	序号	组合腿法
23	横踢+腾空侧踢	28	360°后踢+后旋踢
24	腾空后踢+下劈	29	推踢+下劈
25	转身后踢+下劈	30	推踢+横踢
26	腾空后旋踢+腾空后旋踢	31	推踢+360°横踢+后旋踢
27	360°横踢+后踢		

1. 跆拳道比赛中如何调节实战式的重心？
2. 跆拳道步法有哪些作用？
3. 列举出10个跆拳道腿法组合。
4. 跆拳道假动作有哪些作用？
5. 跆拳道非得分技术有哪些？
6. 跆拳道每种腿法的动作要点是什么？

第五章 跆拳道技术运用原理与技巧

本章提要

要取得比赛胜利,运动员不仅要熟练掌握跆拳道竞技技术,而且要合理科学地运用技术。本章主要讲述跆拳道比赛中技术应用的原理,包括距离的控制、比赛战机的运用、节奏的把握、空间原理以及如何判断和预测对手的情况等。

重要概念

战机 距离 节奏 空间原理 预测 判断

第一节 距 离

跆拳道实战的距离是指跆拳道实战中,双方之间形成的空间间隔。根据运动状态,跆拳道比赛距离可分为静态距离和动态距离。静态距离是指实战双方原地对峙不动时形成的空间间隔。动态距离是指实战时一方或双方移动的过程中形成的空间间隔。

一、距离的存在形式

距离的具体形态可分为以下四种:

1. 远距离

双方相距在一步半左右,哪一方直接出击都难以攻击到对方(图 5-1-1)。

2. 中距离

双方相距一步左右,哪一方的直接攻击都有可能击打到对方(图 5-1-2)。

图 5-1-1 跆拳道实战的远距离

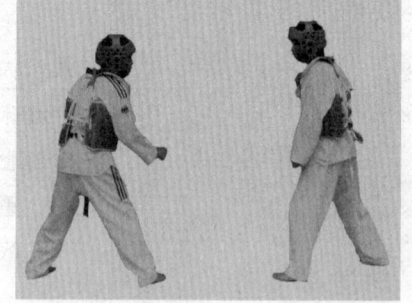

图 5-1-2 跆拳道实战的中距离

3. 近距离

双方距离在一步以内,需要调整距离来使用技术,或者将技术加以变化才能攻击到有效部位(图 5-1-3)。

4. 贴身

双方躯干相靠在一起,这个距离难以使用技术(图 5-1-4)。

图 5-1-3　跆拳道实战的近距离

图 5-1-4　跆拳道实战的贴身

在跆拳道比赛中，必须在恰当的距离使用恰当的技术，否则，展开的进攻或者攻击不是落空，就是超过了攻击目标。比赛场上双方不断地动动停停，大多数攻击和反击都是在移动中完成的。这要求跆拳道选手不但要有良好的距离感，把握距离，控制距离，而且还要具有原地攻击和移动攻击两种攻击能力。

问题指南

怎样形成良好的距离感

恰当的距离是攻击成功的必要条件。只有获得了良好的距离，自如地控制距离，才能在实战中出色地发挥技术。在跆拳道比赛中，由于双方不断地移动，以上四种距离形态不断无序地出现，时而远距离，时而近距离，时而中距离，时而又会贴身靠在一起。因此，距离需要依靠选手的观察来判断，需要根据对方的应答反应和移动习惯来预测，需要通过步法和身法移动来调整和控制（图 5-1-5）。形成良好的距离感需要选手不断提高预测、判断和调整控制的能力。

图 5-1-5　通过移动调整距离

二、不同距离的攻击策略

(一) 远距离攻击策略

1. 进攻策略

双方处在远距离状态时,直接进攻难以击中对方,需要先缩短双方之间的距离,等对方处在自己的攻击范围内时,再进行攻击。一般的策略有两个:①步法移动接近+攻击;②边做假动作边接近+攻击。

2. 反击策略

当对方在远距离发起进攻时,第一个策略可采用直接迎击的方法攻击对方,另一个可以先进行短距离的后移,然后实施反击。远距离攻击常用的技术方法一般包括两类:①双飞+360°横踢;②向前移动的步法+各种腿法技术。

(二) 中距离攻击策略

双方处在中距离时,可以直接发起攻击,也可以微微前后移动并结合假动作迷惑对方,待抓住对方破绽后进行攻击(图5-1-6)。中距离是大多数跆拳道技术能够发挥效用的距离,横踢、双飞、后踢、下劈、后旋踢等腿法都适合在这个距离内使用。必须明确的是,这个距离是进攻的最佳距离,同时也是反击的距离,两者是矛盾统一的。所以,在进攻的同时要严密注意对方的变化,防范对方的反击。在对方主动进攻或连击时,要根据对方的行动,组织有效的第二次、第三次、甚至多次攻击。

图5-1-6 中距离直接攻击策略

(三) 近距离攻击策略

双方处在近距离时,可以实施直接攻击,也可以间接攻击。直接攻击时要选用那些短距离的进攻技术和反击技术。间接攻击时要通过步法或者身法调整好距离后再攻击对方。拳法、后踢、双飞、后旋踢、内摆下劈、外摆下劈等技法都适合在近距离时使用(图5-1-7①②)。

① ②

图 5-1-7 近距离攻击策略

(四) 贴身攻防策略

当双方处在贴身状态时，除了内摆踢、外摆踢这两种腿法能够打到对方的头部，其他技术都派不上用场。在贴身状态时，可以使用摆踢攻击对方头部，还可以通过转移身体位置、调整距离后进行攻击。同时，也要注意防守对方通过这两种方式组织的攻击。

第二节 战 机

战机是实战中技术应用的时间性，是打击对方的最佳时间和机会。准确把握战机是提高跆拳道技艺的重要途径，是跆拳道技术使用的又一关键环节。每一位跆拳道运动员，都必须研究有关战机的知识，并在实践中不断总结，逐渐提高把握战机的能力。

一、战机的本质

战机的本质就是对方失去防守或者防守能力差的瞬间。从生理学角度分析，这样的瞬间有三个：

第一，从人体接受刺激到肌肉开始运动有一段时间间隔。人体的所有运动，必须依靠骨骼肌的收缩和舒张来完成。骨骼肌的收缩和舒张由大脑皮层神经中枢发出的指令控制。人体攻防的动作需要经过一个神经传递过程后才能实现。这个神经传递过程是：感觉器官（眼、耳）—传入神经—神经运动中枢—传出神经—肢体运动。尽管神经传递速度很快，但也需要一定的时间。生理上称之为人体的反应时。

第二，从肌肉开始动作到结束需要一定的时间，生理上称之为运动时，完成每一个攻防技术都需要一定的时间。

第三，动作的转换需要一定的时间间隔。身体姿势变化和连接，都要依赖神经中枢兴奋与抑制的复杂转换来完成。这种转换需要一定时间，我们称之为变换时。

以上三个瞬间是战机赖以存在的理论依据。抓住对方的第一个瞬间进行攻击，会使对方来不及完成应对动作。主动进攻就是利用这个瞬间的存在。攻击对方的第二瞬间可达到避实击虚的效果，闪躲击打、同时击打，等等，都是利用选手"运动时"的存在。攻击对方的第三个瞬间，可以有效地瓦解对方连击。反击战术的时间差打法就是利用这个瞬间（变换时）的例子。跆拳道比赛中如果抓住了这三个瞬间，就可以巧妙地打击对方，使自己"弹无虚发"，招招奏效。

二、常见实战战机

（一）主动进攻的战机

（1）在对方准备发起进攻时抢先进行攻击。对方准备攻击但还没有发起攻击时，他的思想、意识和全身肌肉的运动方向都在为进攻作准备，相对来讲，这时他的防守和应变能力就比较差。如果在这一瞬间抢先攻击对方，会使对方措手不及，达到后发先至的效果。

（2）在对方精力分散时进行攻击。对方精力分散，是指他的思想意识没有全部放在实战上，就是平时说的思想"开了小差"。发呆、愣神、漫不经心等，都是精力分散的具体表现。但这样的时间往往非常短，需要选手细心体察，遇到这样的情况，一定要及时果断地进行攻击。

（3）在对方变换动作时进行攻击。当对方变换动作时，攻防能力一般都比较差，可以充分利用这一瞬间攻击对方。在跆拳道赛场上，双方经常要变换站位和动作，在对方变化动作的过程中，抓住时机突然进行攻击，往往容易奏效。

（4）引诱、欺骗或假动作起作用时进行攻击。战机常常需要去制造，被动地等待战机出现是消极做法。引诱、欺骗、假动作是制造战机、扰乱对方的良好手段，当这些手段起作用时，就应该毫不犹豫地实施攻击。

（二）迎击的战机

（1）在对方动作尚未完成时攻击。

（2）在对方用步法靠近时攻击。

（三）反击的战机

（1）闪开对方攻击的同时进行攻击。也就是说同时进行打击，但必须通过步法和身法的移动闪开对方的进攻，同时使用自己的技术动作攻击，并非乱打硬拼。

（2）防守的同时进行打击。指使用各种格挡防守的同时进行攻击。

（3）在对方攻击落空时进行打击。使用移动技术让对方的攻击落空，抓住这一瞬间，迅速攻击对方。

（四）连击的战机

（1）对方受到打击而失去平衡时。
（2）对方胡乱防守、无章无法时。
（3）对方面对进攻盲目退逃、没有反击能力时。
（4）对方发呆、不知所措时。

第三节 节奏和空间原理

一、节奏

节奏是指在跆拳道实战中，动作与动作之间，组合动作与组合动作之间的时间间隔。

（一）节奏的决定因素

在跆拳道比赛中，运动员在赛场上的行动包括以下几项内容：
（1）站成实战式与对方对峙，运用各种方法寻找战机。
（2）用跆拳道技术攻击（进攻、反击、迎击、连击）对方。
（3）步法移动。
（4）在裁判判罚时等待比赛继续开始。
（5）示意得分。
这些行动时间的长短和内容的多少，决定了运动员的比赛节奏。

(二) 节奏的分类

跆拳道的比赛节奏，可分为动作节奏和攻防节奏两种。

1. 动作节奏

动作节奏是指实战双方在一个时间段内攻防动作的多少，也就是每一次攻防交锋所完成的动作的多少。动作数量多说明节奏快，动作数量少说明节奏慢。

2. 攻防节奏

攻防节奏是指在跆拳道比赛中，双方攻防交锋次数的多少。攻防次数多说明节奏快，攻防次数少说明节奏慢。节奏快的跆拳道比赛激烈刺激、观赏性强；节奏慢的跆拳道比赛，激烈程度不高，观赏性就比较差。

现代的跆拳道比赛，非常提倡积极主动的进攻，对跆拳道的攻防节奏和动作节奏要求很高。对于攻防节奏慢，以消极的比赛态度来进行比赛的运动员，裁判员要给予相应的处罚，引导比赛向精彩激烈、富于竞争性和观赏性的方向发展，使比赛更具文化特点和哲学意义。优秀的运动员必须具有很好的实战节奏控制能力。

(三) 控制节奏的方法

常用的跆拳道实战节奏控制方法有如下几种：

1. 根据比赛回合控制攻防节奏

一般情况下，第一回合时，双方的动作节奏和攻防节奏都相对较慢，这是因为选手先要试探对方，了解对方的特点，掌握对方的出招规律。在没有了解对方之前，双方都不轻易展开激烈的攻势。第二回合时，双方的节奏有可能加快。由于教练的指导和对对方的了解，双方的得分信心大大增强，所以比赛会渐趋激烈。第三回合时，如果双方的分数相差不大，比赛会变得更加激烈；双方平分时，由于双方都非常谨慎，担心失分输掉比赛，节奏反而会慢下来。但在第三回合结束前的40 s左右，比赛将会变得激烈，落后一方的攻击节奏和动作节奏会大大加快，力争利用剩下的宝贵时间赶上和超过对方，争取比赛的胜利。而领先一方，也会因对方的节奏加快，而使自己的攻防节奏和动作节奏相应加快。在实际比赛中，应该根据对方的综合情况，以及自身的特点来决定不同回合的实战节奏，不能墨守成规。

2. 根据动作数量控制攻防节奏

在跆拳道比赛中，有时用单个动作攻击，有时用多个动作攻击，不断地无序变化，这样可使对方难以抓住自己的动作节奏规律。

3. 根据动作之间的时间间隔控制攻防节奏

连续攻击或反击时，变化动作之间的时间间隔，以便更好地利用空间和时间，使攻击奏效。例如，在三个动作的连续攻击中，可以快速做出第一个动作，稍停后再做后两个动作；也可以前两个动作快，稍停后再做第三个动作；还可以不停顿地连续将三个动作做完。

4. 有目的地变化攻防节奏

通过有目的地变化攻防节奏，进而达到控制对方的目的。例如，2 s 发动进攻、间隔 8 s 发动进攻、间隔 10 s 发动进攻等，使每次进攻前的时间间隔有所变化，让对方产生不适应。如果进攻节奏对方很不适应，那么就应该保持下去；如果感觉自己处于被动，就应该调整一下自己的实战节奏。

5. 根据战术要求和对方特点控制攻防节奏

示例一：如果选手体力好，对方体力比较差，在第一回合就应该用最快节奏与对方实战，消耗对方体力，在第二回合和第三回合利用体力优势去赢得比赛。

示例二：当对方以相同的节奏进行攻击时，可以在对方将要攻击的瞬间首先发起攻击。

在训练和比赛的实践中，教练员和运动员要不断地摸索、掌握对方的节奏变化，使用相应的节奏，进而掌握比赛的主动权。

二、空间原理

空间原理是跆拳道运动员技术应用时应该遵守的重要原理，是指在跆拳道攻防实战中，选择好攻击路线、攻击点和攻击面，提高攻击的有效性。遵守空间原理可以更有效地攻击对方，多得分，少受伤，节省体力。

（一）空间原理的应用

（1）选择攻击部位与对方的得分部位之间没有任何阻碍的攻击路线。例如，对方攻击右侧，则从左侧攻击对方（图 5-3-1①②）；对方从左侧攻击，则利用右侧的空间向对方反击；对方直线进攻，则向两侧躲闪，然后进攻对方得分部位。

（2）如果攻击路线受到阻碍，就变化攻击目标的位置。例如，攻击对方腹部得分部位受阻时，可以改变攻击目标，向对方头部进攻（图 5-3-2）。

　　①　　　　　　　　　②
　　图 5-3-1　跆拳道的攻击路线　　　　　图 5-3-2　改变攻击目标

（二）利用空间原理设计组合动作

（1）对方得分部位不变时，在同一路线上连续使用动作。

（2）对方得分部位有变化时，根据对方得分点的变化情况使用不同的技术，或者用相同的技术选择不同的路线。

第四节　判断和预测

　　判断和预测能力是高水平跆拳道运动员必备的重要素质。在跆拳道比赛中，优秀运动员在与对手的实战中，能够在对方行动之前感觉到并判断出对方的行动是什么、什么时候采取行动，并且能够在对方发出动作时不假思索地实施应对措施。

一、判断和预测的应用

　　根据对方的习惯动作、特长技术、战术变化特点、进攻或反击的动作预兆几个方面来预测对方的行动，进攻时往往能够先对方而动，在对方刚要发动进攻时，抢先攻击到对方；反击时则会在恰当的距离、恰当的时机不慌不忙地打击对方。优秀选手总是掌握着比赛的主动权，控制着场上的局面。水平一般的选手在实战中由于判断力差、预测能力不强，大多数情况是被动紧张、让对方牵着鼻子走。

　　分析比赛得知，选手采取战术行动，大致表现出以下几种情况：

　　第一，准确判断与预测对方的下一步行动，根据对方的情况采取行动。

　　第二，发现和观察到对方动作后，根据自己的迅速反应做出应答行动。

第三，对方动作完成后，才开始自己的行动。

第一种情况下，攻防行动成功率高，进攻时对方来不及恰当地防守，反击时能够及时准确地击中。选手的自信心强，情绪稳定，在比赛场上能够轻松自如地对待比赛，往往能够超水平地发挥技战术。第二种情况下，攻防的成功率决定于选手反应相对的快与慢。反应相对快的攻防成功率高，反应相对慢的攻防成功率低。这样的实战缺少章法，如果双方势均力敌，实战就属于一种"猜拳式"实战，胜负将难以预料。第三种情况下，最好的情况也不过是被击中后能够反击出来，攻防成功率较低，基本是靠撞大运取胜，胜利不会掌握在自己手里。初学者往往是第三种情况，有一定经验的选手往往是第二种情况，经验丰富的优秀选手则是第一种情况。

二、提高判断和预测能力的具体措施

（1）掌握跆拳道的攻防规律。

（2）了解不同选手使用技术的习惯。

（3）提高观察能力和判断能力，精细体会"空间感觉"和"时间感觉"，逐渐形成跆拳道特殊的攻防"直觉"。

（4）不断进行实战训练，有意识、有目的地进行判断和预测练习，大胆实践、果断行动，摸索选手攻防规律，逐渐提高判断和预测的成功率。

三、判断和预测的思维方法与内容

知己知彼，百战不殆。只有提高预测能力才能有备而战，进一步提高技战术使用的目的性和主动性。提高选手的预测能力，需要不断进行思维训练和实战训练，有目的地积累实践经验。预测能力是一种综合能力。经常进行思维训练，并养成边实战边思考、用头脑打比赛的习惯，对提高判断和预测能力会很有帮助，再加上不断的实践，运动员的技术应用能力就会不断提高。下面是实战预测应该明确的问题：

（1）对方将使用什么战术？可能出现什么样的战术变化？

（2）对方的特长技术是什么？可能使用哪些技术进行进攻、防守和反击？

（3）对方进攻与反击的征兆是什么？重心怎样移动？表情如何变化？

（4）不同的回合，对方将可能进行哪些变化？

（5）攻击发出后，对方可能采取的应对措施是后退、前进、侧移、反击，还是防守？对方可能处在什么位置？

（6）对方的下一步行动是什么？

1. 怎样把握比赛节奏？
2. 怎样抓住战机？
3. 怎样创造战机？
4. 不同距离的攻防策略各有哪些？
5. 怎样提高跆拳道运动员的预测和判断能力？

第六章 跆拳道竞技战术

本章提要

跆拳道竞技战术是根据选手和对方的具体情况，为取得比赛胜利而采取的计策和行动。使用合理的战术，可以在比赛中发挥选手的特长，限制对方的特长，营造出有利于选手的比赛局面，从而掌握比赛的主动权。本章主要介绍了竞技跆拳道战术的种类与方法、跆拳道各种具体战术的应用以及训练方法。

重要概念

战术　进攻　反击　迎击　心理策略　体力策略　规则策略　克制策略　边角策略

第一节 跆拳道竞技战术训练与应用原则

一、跆拳道竞技战术训练

(一) 战术训练要求

1. 培养和提高运动员的战术意识

战术意识是指运动员在比赛中，为达到战术目的而决定自己战术行为的思维活动过程。战术意识强的运动员，能在复杂多变、紧张激烈的跆拳道比赛中，及时准确地观察对方的情况，预测和判断对方的行动，随机应变、及时迅速地制定和实施自己的行动方案。比赛中每一个战术的正确运用，都是在战术意识支配下完成的，所以，战术意识水平的高低是衡量一个跆拳道运动员成熟与否的重要标志之一。

> **专家提示**
>
> 在平时的技术训练和实战中，必须使运动员明确战术意识的重要性，鼓励和要求他们自觉学习战术理论知识，不断提高思维能力、智力水平和心理素质；在训练中积极应用战术知识，采取正确有效的战术行动，并不断吸取和总结实战经验，逐步提高战术意识。

2. 全面了解，重点掌握，有所创新

跆拳道训练中，要使运动员全面了解跆拳道的各种战术方法，弄清各种战术的不同特点。在此基础上根据自己的身体素质、技术水平、心理素质、智力水平等特点，设计和重点掌握几种适合自己的战术方法，练至精熟，以适应不同情况。并在应用中不断积累经验，有所创新，保持领先的优势。

3. 注重战术训练质量

在训练中，不但要让运动员了解更多的战术知识和战术行动方法，还要提高运动员的战术质量。只满足于泛泛的掌握多种战术方法是不行的，只有精通所掌握的战术，才能在激烈复杂、瞬息万变、困难重重的比赛实战中自如地使用战术。所以，在战术训练时必须注重提高战术质量。只有质量过了关，才能做到无论遇到任何对手、出现任何情况都能使战术充分发挥出来。这样才能真正达到预期的战术训

练目的。

4. 与其他训练内容紧密结合

战术是在运动员的身体、技术、心理、智能等训练基础上建立起来的,没有这些做基础,战术只能是空中楼阁。在平时的训练中,要把战术训练渗透到每一个训练环节当中去。不管对什么训练内容都要强调运动员的战术意识,提出相应的战术要求,加强实战意识的培养,提高运动员战术训练的主动性和自觉性,从整体上提高训练质量。比如在技术训练中,就要有强烈的技术应用意识,将单纯地使用技术变成有目的的战术行动。

5. 充分发挥运动员的思维力和创造力

运动员是训练的主体,在战术训练时,要不断发挥运动员的思维积极性和创造性。教练员要有效地调动他们的主观能动性,挖掘他们的潜力,鼓励和启发他们进行积极的思考和创新,努力培养运动员处理比赛场上各种情况的能力。如果忽视运动员的思维力和创造力,一味地高压灌输,结果往往导致运动员的战术应变能力差,遇到突发情况难以创造性地进行应对,容易陷入被动。教练员可以通过提问、分析、讨论、交流体会等方法和措施,使运动员养成战术思维的习惯,体会战术创新的益处和乐趣。

6. 不断总结胜利经验和失败教训

跆拳道实战比赛是求真的,来不得半点儿马虎。同样是进行实战练习或比赛,不同的运动员收获是不一样的。优秀的运动员善于从失败和胜利中获得经验和教训,每次实战训练或比赛都能获得很多收获,得到许多体会。哪些是促成胜利的因素?哪些是导致失败的原因?运动员只有认真进行思考和总结才能不断取得进步。教练员要不断引导和提高运动员的观察能力、思维能力和分析能力,科学合理地安排实战练习比重。运动员要通过亲身实战和观察他人实战,不断总结经验教训。日积月累,运动员的战术知识、战术方法和实战经验会越来越丰富。

(二) 战术训练方法

技术应用是在战术的指导下进行的,没有正确合理的战术很难赢得比赛的胜利。跆拳道常用的战术训练方法有以下几种:

1. 讲解分析法

对某一战术的具体方法和应用要点进行分析和讲解,还可利用多媒体等教学设备与运动员一起讨论分析,使运动员对这一战术有一个直观的了解,建立起整体清晰的概念。

2. 想像默练法

运动员通过模拟比赛情境，想像对手的打法和策略，然后有针对性地应用所学战术与对手进行假设性实战。

3. 模拟训练

教练员或同伴，根据不同对手的战术使用情况，进行最大限度的模仿；选手则根据所制定的战术与对方进行适应性实战，熟悉对方打法，找到克制对方的方法。

4. 实战练习

进行教学实战和交流比赛，赛前和在比赛中，运动员和教练员共同研究比赛的战术，在实战中努力实施所指定的战术，并根据对方的战术变化情况灵活地变化战术。这种形式主要练习战术的综合应用能力。

二、跆拳道竞技战术应用原则

（一）知己知彼原则

知己知彼、百战不殆。只有充分了解对方的具体情况，才能更好地制定战术方案，使自己的战术行动具有针对性。应该从对方的体力情况、技术特长、擅长的战术打法、心理素质、应变能力等方面入手，寻找对方的弱点，这样就可以做到对对方的情况心中有数，提高自己战胜对方的信心和勇气，增加比赛的胜算。

（二）谋划在先原则

跆拳道比赛的抽签，在比赛前一天进行。比赛开始之前就能够知道自己的对手是谁，是哪个运动队的。要根据对方的特点制定相应的比赛战术。在与对方比赛之前，教练员要和运动员一起针对可能出现的各种情况，制定比赛的战术方案，做到有备而战。

（三）区别对待原则

跆拳道比赛一般使用单淘汰的方式，所以比赛中难免遇到不同的对手。这就要求运动员要根据对方的不同情况，设计和使用不同的战术方案。

（四）随机应变原则

在跆拳道比赛过程中，应该根据预先了解的对手的情况，设定几个不同情况的战术方案。比赛时，先使用首选的战术，如果比赛过程中对方的情况发生变化，战术被对方克制时，就要根据对方的变化，及时调整战术，采取第二套或第三套方案，以变应变。

（五）自信拼搏原则

在跆拳道比赛场上，运动员可能会遇到各种不同情况，有顺境也有逆境。无论遇见任何对手，出现任何不利于自己的情况，都要充满信心，顽强拼搏，以正确的比赛态度，全力以赴地投入到比赛中去，积极主动地使用平时练就的各种战术能力，充分发挥平时的训练水平。

第二节　跆拳道竞技战术的种类与应用

一、技术战术

跆拳道的技术使用策略包括进攻、反击和防守（图6-2-1）。在比赛实战中，有一部分是单一形式的进攻或者反击，有一部分是进攻和反击交替连续进行。双方连续多次交替的进攻与反击是高水平比赛中常见的现象。攻中有反、反中有攻的强烈实战意识与实战能力，是运动员进攻和反击战术熟练应用的结果。

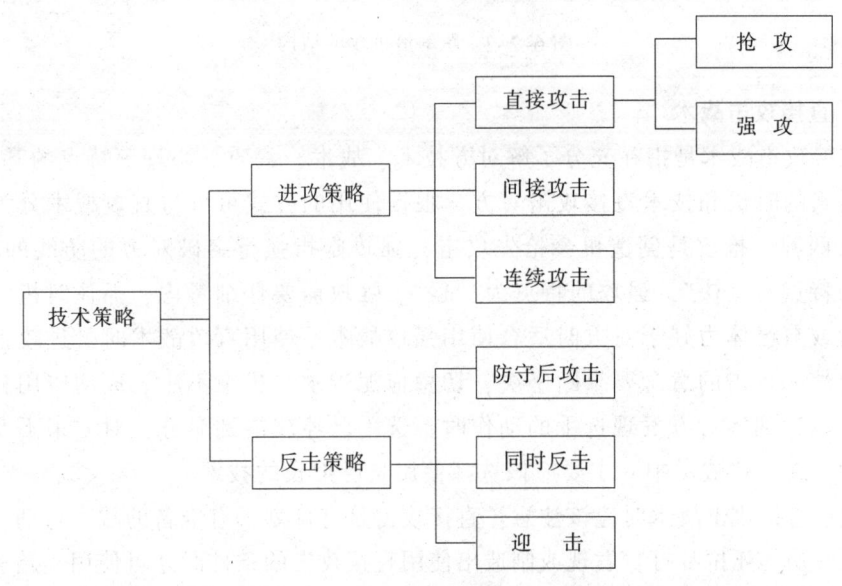

图6-2-1　技术使用策略构成体系

（一）进攻战术

进攻战术是以我为主、先发制人的攻击。积极的进攻会获得更多的得分机会，掌握比赛的主动权。跆拳道的进攻战术包括直接攻击、间接攻击和连续攻击。科学合理地使用攻击战术，会打乱对方的阵脚，破坏对方的预先计划，从而控制比赛节奏（图6-2-2）。常用的进攻战术适合力量大、速度快、体力好、判断准、技术特长突出的选手。

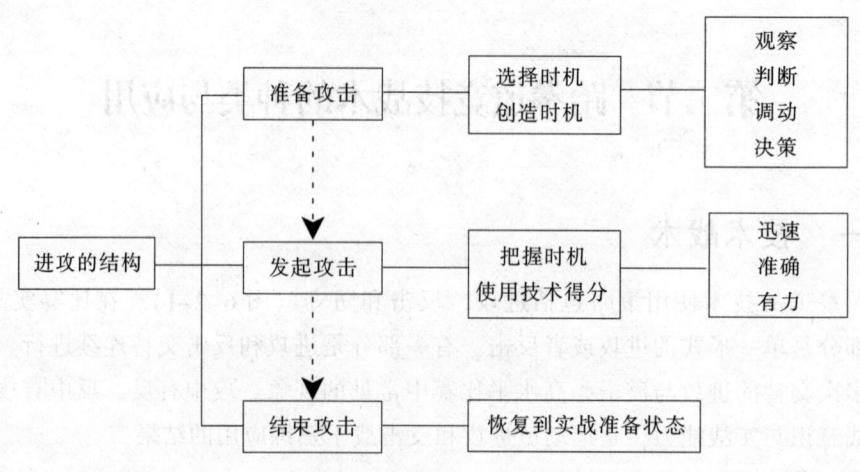

图6-2-2 跆拳道进攻的结构

1. 直接攻击战术

直接攻击战术是指在充分了解对方技术、战术、素质、心理等特点的基础上，选择适当的时机和技术直接攻击对方。根据使用的方式可以将直攻战术分为抢攻和强攻两种，抢攻是创造机会抢先攻击，强攻是指强行突破对方的防线的攻击。抢攻的特点为"快"，强攻的特点为"猛"。强攻需要仔细考虑，抓住时机，当比分落后或自己体力好于对方时适合使用强攻战术。使用直攻战术时，进攻动作要快速突然，攻击的意念要果断坚决，切忌拖泥带水、犹豫不决。成功应用直接进攻，可以达到等对方发现选手的动作时，选手已经攻击到对方，对方来不及反击或移动。在直攻战术中，主要应该选择使用自己擅长的技术。

使用直接攻击战术时应该注意：直接攻击是有计划、有准备的战术行动，并不是不顾一切的死拼乱打，发现或制造出使用直接攻击的条件时才可使用。跆拳道实战比赛中，出现下列情况时可以使用直攻战术，实现抢攻或强攻。

(1) 对方精力分散。
(2) 对方精神过于紧张。
(3) 对方某处失去防守。
(4) 对方防守能力差。
(5) 对方疑虑太多、犹豫不决。
(6) 距离对方较近,能够迅速使用进攻动作。
(7) 对方因疲劳,反应速度和动作速度减慢。
(8) 对方反应速度较慢。
(9) 对方心理素质差。
(10) 选手身体素质好,技术全面,但比赛经验不如对方。
(11) 身体素质好,但技术不如对方。

问题指南

不同站位形式的常用进攻方法有哪些

◎ 开式站位攻击法:后腿横踢、双飞、冲刺步横踢、上步转身后踢、上步转身360°横踢、后腿推踢、后腿下劈、换步横踢。

◎ 闭式站位攻击法:垫步下劈、垫步前腿横踢、转体360°横踢、后腿横踢、后踢、换步横踢(下劈)、双飞或多飞踢、上步横踢、冲刺步横踢、垫步推踢。

2. 间接攻击战术

间接攻击战术是指在跆拳道实战比赛中,运用虚假动作,诱使对方产生错觉,在对方判断不准或犹豫不决时,进行真正的进攻。随着跆拳道运动技术水平的不断提高,特别是当对方反应快、防守能力和反击能力较强时,直接进攻容易遭到对方的反击。这时使用一定的手段和方法,转移、分散对方的注意力,使对方产生错觉,就可以使对方形成有利于自己的姿势、反应和行动,为自己创造更多的进攻条件。

诱使对方上当产生错觉的方法包括假动作、虚晃、欺骗、露出破绽等。引诱的手段和形式要适时进行变化，不让对方抓住规律。动作要逼真。假动作要与真动作结合使用，让对方难以判断真假和虚实。

"引诱"只是手段，"攻击"才是目的。引诱的同时要作好攻击对方破绽的准备，一旦对方上当，就要快速、敏捷、准确地实施攻击。

3. 连续攻击战术

连续攻击战术是指实施连续两次或两次以上攻击的方法。在一次攻击发出后不管击中与否，只要对方来不及防守或防守不当，对方出现破绽，有机会继续攻击，就要连续进攻，不给对方喘息之机，令其只有招架之功没有还手之力，从而获得更多的利益。连续攻击可分为原地连续攻击和移动连续攻击，移动连续攻击又包括向前追击对方的连续攻击和边后退边攻击的连续攻击。

(1) 使用连续攻击战术的基本条件：

① 对于防守能力弱、步法移动不灵活的对手，可以多组织连续的攻击。

② 选手体力充沛，对方体力较差时，可以充分使用连续攻击战术，发挥自己的体力优势。

③ 对方的心理素质较差时，采用快速猛烈的连续攻击，扰乱和破坏对方的心理平衡、战术准备和距离感，令对方丧失斗志和信心。

④ 对方反击能力不强时，可以多使用连续攻击战术。

⑤ 选手身体素质好，技术全面，但比赛经验不如对方。

⑥ 选手身体素质好，但技术不如对方。

⑦ 对方被击后愣神或发呆时，发动连续攻击扩大战果。

(2) 使用连续攻击战术的注意事项：

① 头脑清醒。要根据对方后退的状况，寻找其弱点进行攻击。不能乱打乱踢，只顾猛冲，否则不但容易让对方乘虚而入，而且还会消耗更多的体力，被对方所利用。

② 控制好动作幅度和力量大小。只有动作和力量控制恰到好处，才能维持好自己的身体平衡，才能使连续攻击有章有法，顺利完成。

③ 快速多变。快速是指连续击打的速度要快，连击动作协调连贯。多变是指击打的目标要多变，方法要多变，节奏要多变。例如：有时打头，有时打腹；有时用前腿，有时用后腿；有时抢先半拍攻击，有时错后半拍攻击；有时两次连击，有时是多次连击，等等。

④ 在连续攻击时要有反击意识，做到攻中有防，以变应变。

（二）反击战术

在跆拳道比赛中，进攻和反击是相互克制的。在防守对方进攻的基础上，抓住其暴露的空隙和破绽进行攻击称为防守反击。在对方发动攻击的同时进行反击称为同时反击。在对方发动攻击的开始进行反击称为迎击。不管哪种形式的反击都是后发制人的攻击。反击并不是被动和消极，消极的防守只会被动挨打。防守的同时想到攻击，就有了积极因素。以攻击动作代替防守是更高级的反击。使用一个技术来完成的反击叫单击反击；使用连续的多个技术来完成的反击叫连击反击。反击战术在跆拳道比赛中有着广泛的应用。

1. 反击战术的形式

（1）防守后进行反击。指的是先防守对方的攻击，然后再反击。采用这种反击方法应注意，防守和反击要紧密相连，不等对方恢复或发出第二个攻击动作就要反击到对方。

（2）同时进行反击。就是边防守对方进攻边进行反击，防守和攻击同时完成，是反击的高级形式。只要把握时机，找好反击的点、线、面，对方就被击无疑。

（3）迎击。对方刚要做动作还没发出时，迅速攻击达到反击的目的。如一方面采用后横踢进攻，另一方面原地使用前踢下劈攻击对方头部或原地使用后踢攻击对方腹部。

2. 反击战术的应用方法

（1）对付动作欲动大的选手。

（2）对付动作不连贯的选手。

（3）对付进攻后防守意识差的选手。

（4）对付性情急躁、缺乏比赛经验的选手。

（5）对付不擅长攻防转换的选手。

（6）与主动进攻相结合，掩盖自己的反击意图。

（7）对方进攻速度较慢。

二、心理战术

心理战术是指利用各种方法和手段刺激和影响对手，扰乱对方正常的比赛心理，使对方不能顺利完成预定的战术计划，从而为自己的技战术发挥创造更好的条件。心理战术的主要目的是确立自己的心理优势，鼓舞士气、增强信心、提高斗志，削弱对方心理使其处于劣势，或盲目自信、或丧失信心、或因压力过重而烦躁不安等。常用的心理战术有以下几种：

1. 显示实力

显示或夸大自己的实力，给对方造成心理压力，产生惧怕心理。常用的方法有：

(1) 采取舆论战，显示、夸耀自己的强大和不可战胜。

(2) 利用赛前热身表现自己的激昂斗志和必胜信念。

(3) 利用自己的特长技术，在比赛开始时猛攻猛打，给对方造成强大的心理压力，使其产生恐惧，丧失信心，失去斗志。

2. 以假乱真

赛前发布假情报，制造各种假象，让对方真假难辨，虚实难测，使对方产生错觉，误认为有机可乘，导致其采取错误的战术行动。情报内容包括体力、伤病、训练时间、比赛经验、思想动态等。

3. 赛前隐蔽实力

给对方传递自己实力平平，抱着学习的态度来比赛，无望取胜等信息，使对方放松警惕，产生轻敌心理，削弱其战斗意识。待真正比赛时则判若两人，达到令对方措手不及的效果。

4. 情绪干扰

根据人的性格弱点，采用有效的方法引导其产生不正常状态，使自己有更多的可乘之机。对于有勇无谋、一味死拼的对手，往往经验不足容易上当。可以引其猛攻，耗其体力，同时根据对方的出招规律寻找漏洞给予准确攻击；对于胆小谨慎的对手，就要猛打猛冲，以声音、气势和技术，给对方施加压力，使其产生畏惧心理，不能正常发挥技战术；对于情绪起伏较大的对手，可以有意制造比赛困难，使其畏难而丧失取胜信心；对于急躁易怒、情绪易波动的对手，应有意识地去激怒对方，使他的情绪失控，形成犯规或无章法的乱打；对于个性倔强、主观而固执的对手，与其斗智，让他经常犯同样的错误；对于骄傲自大的对手，则应有意示弱，使其骄上加骄，放松警惕，疏忽大意。

三、体力战术

体力战术是指在跆拳道比赛中，合理地分配和使用自己的体力以获得比赛优胜的方法。跆拳道比赛绝大多数场次都要打满三局，每局 3 min（青年比赛男子和女子都为 2 min，成年女子 2 min），局间休息 1 min。紧张激烈的比赛需要很大的体力消耗，体力分配是否合理成为比赛取胜不可忽视的一个因素。

(一) 体力分配原则

1. 均衡性原则

一般情况下，要把体力平均分配在三个回合当中，避免出现不均衡现象，最大限度地保证技术在三个回合的比赛中均能理想地发挥出来。跆拳道比赛不是三局两胜制，而是根据三个回合的最后得分和优势情况判定胜负，所以要避免比赛前半部分猛打猛冲而后面体力不支的"前紧后松"现象，以及比赛开始时缩手缩脚，生怕体力不够，当意识到应发挥体力时，比赛却要结束了，结果体力没有完全发挥出来的"前松后紧"现象。

2. 区别对待原则

在跆拳道比赛中，要根据对方的不同情况灵活分配体力。这就需要在赛前和比赛中观察对方，获得准确的有关对方的体力信息与技术信息，制定相应的体力使用方法，有的放矢、区别对待。

3. 整体需要原则

跆拳道比赛中应根据自己的体力情况和比赛情况发挥体力，根据整个比赛需要分配每一场比赛的体力，着眼于整体，不能局限于一场比赛。如果一天要参加两场以上的比赛，在面对较弱的对手时，要适当地保存自己的体力，只要确保获胜即可，不必使体力消耗太多，以保证下一场或下几场比赛有充沛的体力。但是在没有领先优势和获胜的把握时，则必须全力以赴，不能保留。

4. 节省原则

体力节省就是用最少的体力消耗来达到最大的实战效果，减少不必要的体力浪费，提高技术的应用效率。节省体力要注意比赛前、比赛期间和比赛回合间的休息。在整个比赛期间，运动员单纯用来打比赛的时间并不是太多，休息和准备的时间占了很大一部分，但运动员往往在赛前和两场比赛之间比较兴奋，精神处于高度紧张的状态中，这样就会消耗许多精力。运动员要调整好心态，采取有效的方法积极休息。在比赛的回合之间，有 1 min 的休息时间，运动员应该尽量放松全身，同时做深呼吸。

比赛时身体要放松。当两人对峙时，身体要放松。在做技术动作时如果协调用力，就不会产生多余的紧张，可以节省一部分能量。在裁判暂停比赛时也要放松身体等待比赛开始。总之，要充分利用一切可以放松调整的机会，养精蓄锐，以利再战。

提高动作使用效率，避免无用动作。在跆拳道比赛时，有的运动员盲目乱打，踢不上也踢，打不上也打，以为这样可以占据主动。实则相反，因为跆拳道比赛是以得分多少判定胜负的，不是看谁踢腿次数多。所以，在比赛中要增强得分意识，提高技术的使用效率，不做无用的动作，让体力发挥更大的作用。

(二) 体力分配方法

在充分了解对方体力情况的基础上，制定体力分配方法。

(1) 对方体力较差时，在第一局和第二局要进行积极的进攻和反击，消耗对方体力，不给对方喘息机会。对方身上会产生体力不支、技术动作走形、反应迟钝、速度降低等现象，这时要继续发挥体力优势，积极使用技术，取得比赛的主动权。

(2) 我方体力较差时，要利用各种方法控制比赛节奏，节省体力，保证技术和战术发挥。要做到有耐心、有章法，攻防有序，不急不躁。当对方与自己拼体力时，可找准机会，应用有效技术重击对方，挫其锐气，或使用贴身、换角度、过渡技术等手段，巧妙化解对方的攻势。

相关链接

配合欺骗战术

配合欺骗战术是教练员与运动员密切配合，运动员使用与教练员指挥不同的技战术进行比赛，以此诱导欺骗对方教练员和运动员，获得利益的一种方法。在跆拳道比赛中，教练员的主要任务是指挥运动员发挥技战术水平。教练员用非正常方式指挥运动员，使对方上当是配合战术的主要特点。例如，教练员说不要进攻时，就是命令运动员进攻；教练员说攻击对方腹部，实际是让运动员攻击对方头部，教练员用下劈手势指挥时，运动员则使用横踢攻击，等等。

使用配合战术时要注意：

◎在规则允许的范围内，教练员的说话声音和手势要让双方都能听见和看见。

◎教练员与运动员要配合默契，避免弄巧成拙，反为其累。

◎教练员和运动员要熟练掌握配合信号。

◎准确把握战术使用时机。

(3) 双方体力相当时，在充分发挥自己体力潜力的基础上，以发挥其他战术为主与对方作战。

(4) 比赛经验较差时，可以通过发挥体力优势，来弥补自己技战术不足的弱点。

四、规则战术

规则战术是指在比赛中充分利用规则允许的手段，获得无形得分，形成比赛优势的策略。规则战术中有以下几种常见的方法：

(1) KO 取胜。用特长技术或不常见招法，重击对方头部或躯干，使对方因重伤退出比赛。KO 战术是在大比分落后时赢得比赛胜利的方法之一，也是提前结束比赛的一个重要途径。

(2) 使用有效手段和方法，迫使或诱使对方多次犯规，造成-4 分而犯规失败。这也是一种在比分落后时赢得比赛胜利的方法。这种方法同样可以提前结束比赛。

(3) 迫使对方被裁判多次警告或扣分，使其产生心理压力而发挥失常。

(4) 了解裁判的特点和水平，在比赛中用相应的技战术获得更多利益，形成优势。比如裁判对击头得分的尺度放宽时，要多创造机会攻击对方头部；裁判强调后踢得分时，就多利用后踢与对方作战；裁判对倒地判罚较严时，就多想办法破坏对手重心使对方失去平衡倒地等。

五、克制战术

克制战术是限制对方的长处，发挥自己的长处，攻击对方弱点的比赛策略。每个运动员都有自己擅长的技术和打法，同时也存在薄弱之处。如有的人擅长横踢，有的擅长后旋踢，有的身高腿长，有的善于防守反击，有的善于猛攻，等等。在比赛时要采用适当的方法，克制对方的特长，攻击对方的弱点。

(一) 对付矮个选手或善于近距离攻击的选手

尽量与对方保持相对较大的距离，防止对方突然靠近，与对方拉开距离作战。在对方向前接近时，迅速直接用横踢、侧踢、下劈等腿法，进行迎击抢攻。有机会就连击，没有机会就迅速撤离到对方攻击范围之外。

(二) 对付身高腿长的选手

身高腿长的选手占有距离的优势，遇到这样的选手时可用下面的方法应对：
(1) 采用灵活步法，在对方进攻（反击）失效或注意力分散时迅速接近并连击对方。攻击结束后，要迅速靠近对方或与对方拉开较大距离。

（2）利用假动作诱使对方上当，然后迅速接近并攻击对方。

（3）如对方反应较快难以接近时，可采取强攻策略，快速接近对方并作好防守准备，不管对方是否攻击，在自己获得距离后，连续猛攻对方。

（4）同一级别中，身高特别突出的选手，一般体力都比较差，再加上动作幅度大，每次动作消耗的能量都较一般人多。所以，比赛开始就要加快动作节奏和攻防节奏，先消耗掉对方体力，然后利用各种战术去战胜对方。

（5）身高腿长的选手大多擅长下劈、推踢和横踢技术，防守时应多采取左右闪躲的方法，尽量避免使用后闪的方法防守，否则易遭对方的连击，陷于被动局面。

（三）对付善于主动进攻的选手

（1）以攻对攻。可用假动作干扰其进攻，或采取抢先进攻的方法抑制对方的进攻，迫使其转攻为守，限制其特长发挥。

（2）防守反击。发动主动进攻需要改变实战姿势，身体的某个部位必定会产生防守漏洞，这时要组织积极恰当的反击，以守为攻，化被动为主动。

（四）对付善于防守反击的选手

善于运用这种战术的选手，一般都反应快、判断准，他们善于观察对手进攻的方法并能迅速找出对方的漏洞。他们的防守能力强，闪躲技巧和还击技术都比较突出。对付这类选手可用以下方法：

（1）进攻时要适时变化攻击策略与方法，隐蔽自己的进攻意图，避免让对方抓住规律。

（2）可用佯攻的方法，诱使其做出习惯的反击动作，抓住机会快速攻击。

（3）使自己的真正攻击和假攻击结合起来，让对方难以判断自己的真假虚实。

（4）抢攻后迅速移开，使其反击落空。

（5）用反击策略获得更多的得分。如1+2战术（甲方攻击得一分，乙方在甲方得分后反击得一分，紧接着甲方继续攻击再得一分，这次攻防乙方得一分，甲方则得两分）等。

（五）对付善于连击的选手

防守时尽量避免向后退，可以选择向前与对方靠近，不给对方距离，破坏对方的连击；或者向两侧移动，使对方连击动作落空，然后寻机攻击对方。

六、场地区域战术

场地区域战术是根据规则的规定,在场地不同位置使用不同的方法获得利益的比赛策略。边角作战就是典型的场地区域战术之一。

(一) 处在内角位置的选手经常使用的战术方法

(1) 把握机会采用长距离进攻。
(2) 把握时机连击。
(3) 压制对方逼迫其出界。
(4) 对方急于向场地内移动时,迎击对方。

(二) 处在外角位置的选手经常使用的战术方法

(1) 抓住时机抢攻。
(2) 对方进攻时迅速前靠,然后转换位置。
(3) 随时准备迎击或反击,同时寻找机会主动进攻。
(4) 对方攻击时侧向移动,寻机攻击或转换到内角位置。

1. 简述跆拳道战术的概念。
2. 为什么跆拳道运动员要掌握跆拳道战术知识?
3. 处在边角位置时,运动员的战术思路是什么?
4. 怎样对付善于反击的选手?
5. 跆拳道比赛中怎样分配体力?
6. 怎样对付小个子对手?
7. 怎样制定战术预案?

第七章 跆拳道运动员的体重控制以及运动损伤的预防和处理

本章提要

跆拳道是手脚并用的对抗性武道体育项目，分性别和体重级别进行比赛，涉及体重控制，同时选手在比赛中容易受伤。本章简述了跆拳道运动员的体重控制、损伤的预防等内容，为科学合理地控制体重，预防和处理常见的损伤提供了简单有效的方法。

重要概念

瘦体重　脂肪体重　冰敷　损伤　减体重　增体重　预防受伤

第一节　跆拳道运动员的体重控制

一、控制体重的有关知识

(一) 人体的体重由两部分组成

人体的体重由两部分组成，一部分是瘦体重，另一部分是脂肪体重。其中，瘦体重包括肌肉、皮肤、骨骼、器官、体液及其他非脂肪组织的重量。

体脂的性别差异大，对于一般正常青年，男子体脂占体重的14%~16%，女子体脂占体重的20%~22%，经过良好身体训练的男运动员体脂占体重的7%~8%，女运动员体脂占体重的17%~18%。

运动员体脂的最低水平为男子5%~7%，女子6%~10%，低于此水平时，不宜再减体重。

(二) 减轻体重容易出现的一些问题

(1) 脱水。减轻体重的速度越快，体内水分的损失量越多。当饮食的控制量不变，摄入水分量减少时，会增加体内水分的丢失，运动员在脱水情况下会表现出口中干裂、眼窝塌陷、皮肤弹性减弱，容易情绪波动等状况。

(2) 心脏血管系统负荷增加。

(3) 肾脏系统负荷加重。

(4) 丢失蛋白质和无机盐。

(5) 体温调节过程受到损害。

(6) 肌肉和肝糖元储备耗损。

(7) 对运动能力的影响。以饥饿以及脱水措施减轻体重超过3%时，就会影响运动能力。

> **专家提示**
>
> 长期控制体重容易造成生长发育延缓、营养不良、月经紊乱、对精神负担及压力敏感、便秘、自我感觉无力，等等。减重过程中，一定要注意运动员的身体状况，预防和避免健康问题出现。

(三) 运动员的适宜体重

运动员的适宜体重较难确立，往往是通过对优胜运动员体重和身体成分的观察得到，也就是从经验中取得。有人提出最佳体重的设想是：
（1）取得最好成绩时的体重。
（2）获得最大力量、速度和耐力时的体重。
（3）获得最佳能力及最小体脂百分比时的体重。

跆拳道比赛根据运动员脂肪体重和瘦体重的比例确定参赛的适宜体重级别。当体重增加是由于肌肉增长所致，则没有必要再去减体重。

二、跆拳道运动员的体重控制

跆拳道比赛是按不同体重级别进行的，比赛中不允许运动员超重和失重，跆拳道运动员只能参加属于自己体重级别的比赛。因此，在比赛之前和比赛期间能否解决好运动员的体重问题，直接关系到参赛资格，关系到比赛中的体力、技术和战术的运用与发挥，关系到比赛成绩的好坏。有研究表明，控制身体脂肪处于较低的水平时可以取得相对较好的成绩。但长期控制体重必须注意采取合适的措施，方法不当会损害健康和降低运动能力。

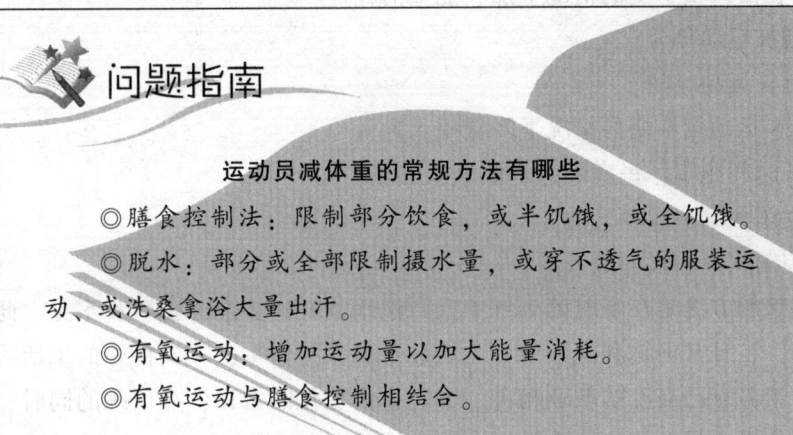

问题指南

运动员减体重的常规方法有哪些

◎膳食控制法：限制部分饮食，或半饥饿，或全饥饿。

◎脱水：部分或全部限制摄水量，或穿不透气的服装运动、或洗桑拿浴大量出汗。

◎有氧运动：增加运动量以加大能量消耗。

◎有氧运动与膳食控制相结合。

人们通常所讲"降体重"的正确概念应该是：在不影响人体生理机能和身体健康的基础上，运用合理的方法和手段，将身体组织内多余的水分和脂肪减去，使身体重量保持在比赛需要的最适合级别上。有的运动员不顾一切地降低自己的体重，去参加与自己应有体重级别低一个级别的比赛，以为这样可以占到身高、力量与速度等优势。而在实践中，运动员的体重是降下去了，但他很难赢得比赛的胜利，因为他的体力已不能支持他的技战术水平的正常发挥。

（一）控制体重的方法

减轻体重要从两方面着手：一是减去身体多余的脂肪，二是减去身体多余的水分（图7-1-1）。

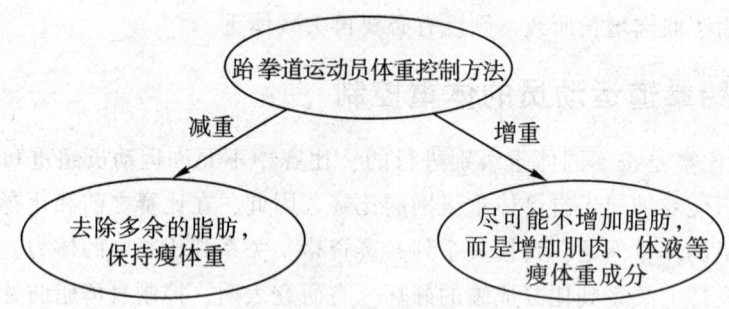

图7-1-1　跆拳道运动员体重控制方法

（1）在摄入量不变的情况下加大能量消耗
① 增加运动负荷。
② 延长运动时间。
（2）在运动量不变的情况下降低摄入量
① 长时间跑步，每次最少不低于40 min。
② 利用桑拿浴或蒸气浴。
③ 控制饮食和水的摄入量。

最理想的方法是在平时的训练中，自然地消耗掉多余的脂肪和水分。此外，更重要的是，在日常训练和生活中自觉地注意和保持体重，养成良好的生活习惯和饮食习惯，培养自己高度的敬业精神。掌握体重变化的常识，在训练的同时，自觉地控制食物的摄入量，防止体重不正常地增长。

（二）保持适宜体脂的步骤

（1）选择一种测量体脂的方法。
（2）根据项目的特点，并考虑运动员的具体情况，制定一个可接受的体脂百分比的浮动值范围。
（3）测出体脂百分数，经计算分析，提出适宜的参赛体重标准。
（4）在营养专家和教练的帮助下制定食谱和训练计划，以达到上述体重标准。

应注意的是，减重是个需要时间的过程，每星期减重最多不要超过 1.5 kg。

(5) 一旦开始减重，就应定期测量体脂，保证运动员减去的是脂肪而不是肌肉。

(三) 控制体重应注意的问题

(1) 根据个人的具体情况，有针对性地确定体重级别。
(2) 在医生的指导下进行饮食控制。
(3) 距离比赛较近时，如果体重超过本级别 5 kg 以上，应考虑改变级别。
(4) 养成良好的饮食习惯和生活习惯，不吸烟、不喝酒。
(5) 控制饮食要注意摄入足够的营养。
(6) 禁止使用违禁药物。

第二节 跆拳道运动损伤的预防和处理

跆拳道运动是一项武道运动，除了自我的身体锻炼外，还有激烈的双人对抗。如果不注意预防，比较容易发生运动损伤。

一、跆拳道运动损伤的预防

(一) 科学安排训练

跆拳道是一项激烈的双人对抗运动，为了取得好的成绩或者晋升更高的段位，需要练习者长期有计划地训练。教练员要根据练习者的具体情况制定合理科学的训练计划。制定计划需要考虑学员的身体健康、运动基础、身体素质发展等情况，循序渐进地增加练习难度，逐渐增加运动负荷。教练员还要时时监控练习者的身体情况和训练情况，预防造成损伤的

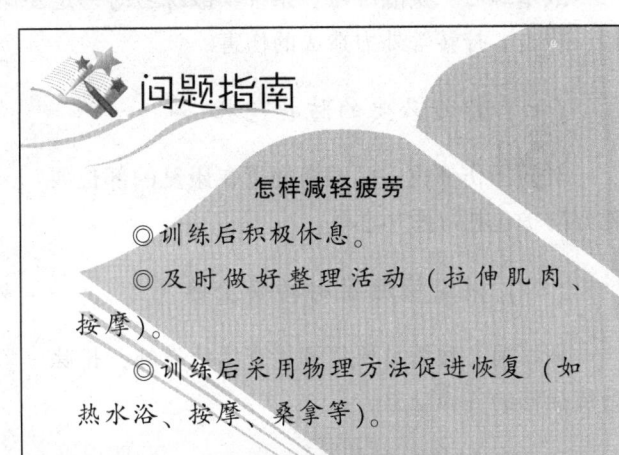

怎样减轻疲劳
◎ 训练后积极休息。
◎ 及时做好整理活动（拉伸肌肉、按摩）。
◎ 训练后采用物理方法促进恢复（如热水浴、按摩、桑拿等）。

苗头出现。

（二）训练时精力集中

注意力集中是必须养成的训练习惯，训练时要避免思想开小差，注意力集中在训练内容上，按照教练的要求认真完成训练任务。

（三）做好准备活动

准备活动的目的是使身体和心理从平静状态过渡到运动状态。人体只有进入运动状态才能适应大强度和大运动量的运动。跆拳道动作幅度大，活动强度高，所以要求运动前进行充分的身体和心理准备。做好准备活动是预防伤病的必然要求。

（四）加强薄弱部位的力量

全身肌肉力量的平衡可以预防肌肉和关节损伤。力量不够是发生损伤的一个重要原因，哪个部位肌肉力量缺乏，哪个部位就容易发生拉伤及扭伤。教练员应该诊断学员的肌肉力量情况，对薄弱部位进行针对性训练，使全身力量均衡发展。

（五）加强柔韧性

跆拳道动作幅度大，对柔韧性要求更高。良好的柔韧性可以增加肌肉的弹性，降低肌肉拉伤的发生几率。

（六）佩戴保护用具

战术练习、实战练习、条件实战练习时一定要佩戴相应的护具，预防和降低磕碰、撞击、拧转等外力造成的伤害。

（七）作好必要的防护包扎

对易损伤部位、已经受伤正在康复的部位要作好防护包扎（图7-2-1）。

（八）排除场地器材的安全隐患

训练前，教练员要仔细检查场地设施，排除造成损伤的各种隐患。

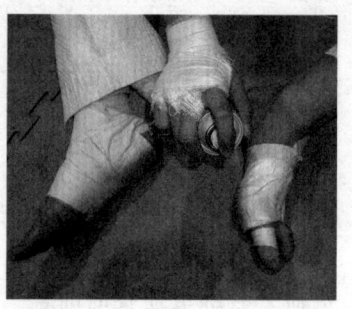

图 7-2-1 跆拳道运动防护包扎

（九）必要的保护和帮助

必要的保护和帮助是必须的。特别是负重练习时，一人练习，要安排两人进行帮助和保护。

（十）保证技术的正确性

违反人体生物力学规律去完成动作，势必容易造成伤害。正确合理的技术是符合人体的生物力学规律的。技术的正确是训练的基础和前提。教练员一定要在运动员掌握正确技术的前提下，逐渐增加运动负荷。

（十一）重视训练后的整理活动

训练后及时拉伸和放松肌肉可以促进疲劳的恢复，保持肌肉的弹性，为下一次的训练作好准备。

（十二）实战对练时不做危险动作及犯规动作

双人对练或实战时，如果一方使用犯规动作非常容易造成对手受伤，无论训练还是比赛，危险动作绝对不能使用。这也是跆拳道礼仪的要求。

二、跆拳道运动损伤的处理

跆拳道是一项紧张、激烈的运动，尤其在比赛时，容易发生挫伤、撞伤、肌肉拉伤、关节扭伤、脱位及骨折等急性闭合性损伤。对于严重的损伤要及时请专业医生处理，对于轻微的损伤可按照正确的方法自行处理。对于急性的撞伤、拉伤、扭伤等，紧急处理步骤及方法如下：

（一）合理的休息

停止受伤部位的运动，适当休息可以促进伤处的较快恢复。

（二）冰敷

冰敷使血管收缩，减少伤处的肿胀、疼痛及痉挛，受伤后冰敷可以减少伤处肿胀，缩短恢复

怎样减少实战中的伤害
◎ 佩戴好保护用具。
◎ 选择好攻击时机（打空当）。
◎ 精力集中。
◎ 双方不做犯规动作。

的时间。

将冰敷袋置于受伤部位，受伤后 48 h 之内，每隔 2~3 h 冰敷 20~30 min。当皮肤由冷变疼再变灼热，直至变成麻木时，就可以移开冰袋，用弹力绷带对受伤部位进行加压包扎并抬高。注意，冰袋最好不要直接接触皮肤，应该在冰袋和皮肤之间垫上毛巾或绷带，以免冻伤。

(三) 压迫

压迫可以使受伤区域的肿胀减小，用弹性绷带包扎于受伤部位，以减少受伤部位内部出血。如果出现疼痛、皮肤变色、麻痹、刺痛等现象，表明包得过紧，应解开弹性绷带重新包扎，包扎应保持 18~24 h。

(四) 抬高

抬高、冰敷、压迫可以减少血液循环到伤处，避免肿胀。伤处应高于心脏部位，且尽可能在伤后 24 h 之内都抬高伤部。怀疑有骨折时，应先固定后再抬高伤肢。

1. 怎样预防跆拳道比赛中的撞伤？
2. 怎样预防跆拳道腿法练习中的肌肉拉伤？
3. 为什么跆拳道运动员要增加瘦体重而降低脂肪体重？
4. 运动员保持适宜体脂的方法有哪些？
5. 预防运动损伤的措施有哪些？
6. 减轻体重容易出现哪些问题？

第八章　跆拳道教学与训练

本章提要

跆拳道教学是学生在教师的指导下，通过掌握跆拳道技术和技能，增进身心健康，提高身体活动能力和环境适应能力，培养良好品格，促进个性发展的教育过程。跆拳道训练是为了提高跆拳道运动员专项运动成绩，培养良好品格和体育精神而组织的教育活动或过程。跆拳道教学过程注重学生对跆拳道技术和技能的学习和掌握，跆拳道训练过程注重跆拳道运动员竞技能力的提高。本章主要介绍跆拳道教学与训练的准备、跆拳道运动教学与训练的组织、跆拳道教学方法、跆拳道训练内容与方法、跆拳道健身计划等。

重要概念

教学　讲解　示范　健身计划　训练　道服　护具

第一节　跆拳道教学与训练的准备

一、服装、场地与训练器材准备

(一) 服装

1. 道服

跆拳道运动要求在道馆中训练或比赛时必须穿着统一规定的服装——道服，每次训练结束，要将道服折叠整齐，便于携带和放置。

道服的折叠方法是什么

把道服正面朝上，平整铺开并将衣袖向内折叠，再将道裤理平对折放在道服上衣对齐领口的正中位置，之后将道服左右两侧多余部位折起，盖住道裤，将上衣中下部道裤边缘处向上折起，然后放在对折的腰带上面，用腰带系结。

2. 腰带

腰带是跆拳道练习者水平高低的标志。跆拳道的腰带一般宽 4 cm，长 250~300 cm。腰带系好后，腰带结在腹部正中部位，系好的腰带两端应该留出一样长的距离。

腰带的系法是什么

先将腰带对折，腰带正中位置正对着腹部正中。腰带绕腰向后交叉绕一圈至腹前，左端在下，右端在上。接着右端腰带由下向内向上贴着道服穿过，腰带右端向下，左端由外向内向上穿插，两手握住两端拉紧。

(二) 场地与训练器材

1. 比赛场地和练习场地

跆拳道比赛区是 8 m×8 m，水平的、无障碍物的正方形场地。为保护运动员安全，需要铺设有弹性的垫子，比赛区四周铺设至少 2 m 的安全区（图 8-1-1）。练习场地的要求是场地面积适中、空间适宜、地面水平防滑、光线适宜、空气流通。

图 8-1-1　跆拳道比赛场地

2. 比赛护具与常用训练器材

（1）比赛护具

参加跆拳道比赛的运动员必须佩戴规定的护具（图 8-1-2①~⑩）。护具包括护头、护身、护裆（女子护阴）、护腿、护臂、手套和护齿。

①护头（头盔）

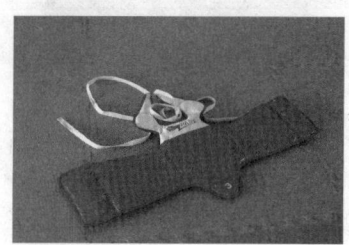

②护身

③护臂

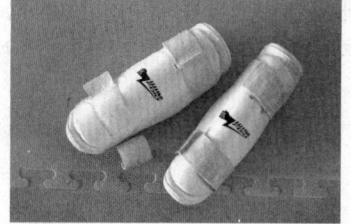

④护小腿

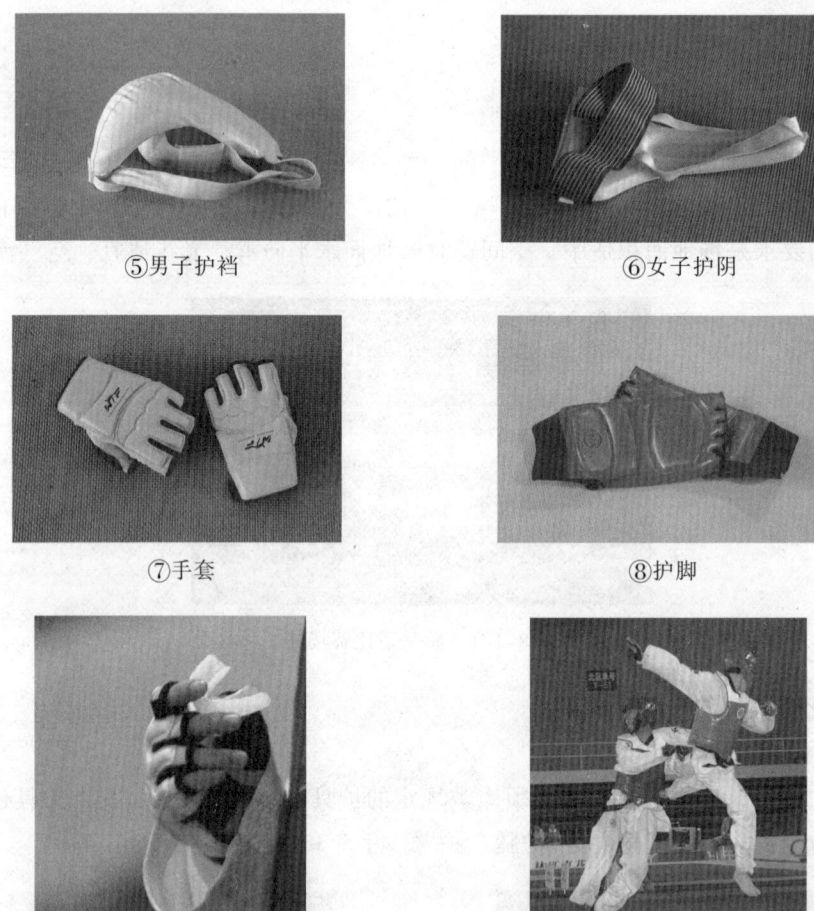

⑤男子护裆　⑥女子护阴　⑦手套　⑧护脚　⑨护齿　⑩穿着护具比赛的选手

图 8-1-2　比赛使用的护具

(2) 常用训练器材

跆拳道常用训练器材包括跆拳道垫子、护具、压腿架、负重练习的杠铃及哑铃、跳绳、皮筋、大脚靶、小脚靶、沙包、锥形标志、跳箱（跳台）、踏板、健身球、平衡球、长凳、台阶、肋木、健身球、摄像机等（图 8-1-3①~⑭）。

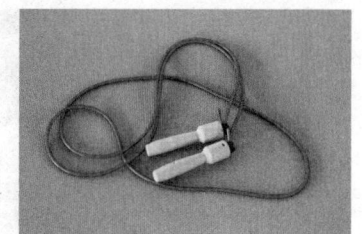

①跳绳

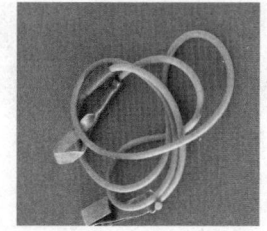

②皮筋

③大脚靶

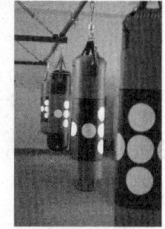

④沙包

⑤锥形障碍物

⑥训练用护脚

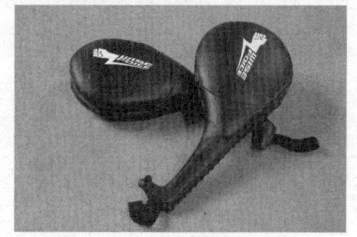

⑦小脚靶

⑧跳台

⑨踏板

⑩摄像机

⑪肋木

⑫健身球

⑬小哑铃　　　　　　　　⑭可调重量哑铃

图 8-1-3　常用训练器材

二、准备活动

跆拳道准备活动也称为热身运动，是练习跆拳道技术前的预备活动，也是跆拳道练习的重要组成部分。准备活动的目的是通过一些练习，使练习者身心逐渐进入到运动状态。通过准备活动可以使人体各个关节及周围的肌肉得到活动，加快人体血液循环，使人体的运动系统和内脏器官做好从事剧烈活动的准备。在每一次练习之前都必须做好准备活动，否则不但会降低练习效果，还容易造成肌肉拉伤、关节扭伤等不必要的伤害。

准备活动的时间一般为 10~30 min，练习环境温度低时要适当延长时间。进行跆拳道准备活动时，要精神集中，逐渐使整个身心全部地投入到练习中去。准备活动一般包括下面四方面的内容：

（一）各种节奏和形式的跑、跳练习

(1) 跑的练习。各种形式的慢跑、后退跑、侧向滑步跑、交叉步跑、加速跑、转身跑、高抬腿跑、变向跑、从各种不同姿势开始，然后迅速进行跑动的练习等。

(2) 跳的练习。有助跑的纵跳、跳起转髋、跳起在空中转体、跳起屈膝触胸、跳起展体、跨步跳、跳绳等。

(3) 游戏练习。如接力比赛、捉人游戏等。

（二）活动关节

常用的活动关节的方法有：颈部屈伸、头部侧转（图 8-1-4）、颈部绕环、扩胸运动、振肩运动、双臂绕环、体侧运动、体转运动、腹背运动、腰部绕环、膝部屈伸、勾脚压膝、膝部绕环（图 8-1-5）等。

图 8-1-4　头部侧转

图 8-1-5　膝部绕环

(三) 肌肉拉伸法

参考本章第三节拉伸动作图例。

(四) 专门性练习（专项准备）

做一些难度较低的专项技术练习，或者做一些专项技术的分解动作练习，如单个或连续提膝、步法、步法+提膝、慢速踢腿、放慢速度的实战等。

第二节　跆拳道教学

跆拳道教学是学生在教师的指导下，通过掌握跆拳道技术和技能，增进身心健康，提高身体活动能力和环境适应能力，培养良好品格，促进个性发展的教育过程。跆拳道教学需要教师和学生的共同参与，学生是教学的主体。

一、动作技能形成的基本规律

学习和掌握跆拳道技术是一个复杂的动作技能形成过程，一般要经过三个相互联系的阶段。了解和掌握跆拳道技能形成的基本规律，在不同的阶段采用相应的教学策略，会起到事半功倍的教学效果。

(一) 初步学习阶段

根据条件反射建立的学说，首先要经历泛化阶段。学习者通过视觉、听觉感知所学动作的结构、方法，并通过模仿和体会练习，使参与动作的肌肉的运动在大脑皮质相应的中枢间建立起初步的联系。表现为动作的错误较多，不精确，这是因为神经中枢相互诱导扩散的结果。在跆拳道教学实践中，这个阶段要求学生了解动作的基本方法，并在条件相对固定、动作速度较慢的情况下进行练习。教师在教学中应以慢速示范和领做为主，主要环节或者难度动作使用分解方法教学。学生要明确动作的姿势、动作的顺序、动作的连接和转换等技术要素，从模仿开始，边想边做，不断修正，逐渐掌握动作的主要环节。

（二）改进提高阶段

随着动作技术练习的不断加深，学习进入分化阶段。参与动作的肌肉在大脑皮质相应的中枢之间建立的联系相对得到固定，神经中枢之间的相互诱导由扩散逐渐集中起来，错误和多余动作减少，对技术动作的掌握更加细致、准确、流畅。在跆拳道教学实践中，此阶段的教学任务主要是改进技术动作，纠正出现的错误，使技术动作逐渐完善，练习以重复法为主。

（三）动力定型阶段

通过反复学习和大量的正确练习，所学的动作得到巩固，技术动作能够轻松自如地完成，技术的学习进入自动化和运用阶段。在跆拳道教学中，由分化向自动化过渡的唯一途径就是大量的强化练习，使正确的技术方法达到熟练应用，在动力定型阶段即使出现干扰和困难的情况下也能得心应手地完成。此阶段练习时多采用完整练习、变换练习、实际运用等方法。为了进一步提高动作技术质量，应该逐渐增大练习负荷，使练习者能够在大负荷下，同样高质量、熟练地完成技术动作。

二、跆拳道教学原则

（一）自觉积极性原则

自觉积极性是学生完成各项学习任务的重要条件。在跆拳道教学的过程中，教师与教练要利用各种手段提高学生对跆拳道的兴趣和热爱程度，进而激发学生的学习动机，提高其学习主动性和自觉性。

提高学生学习积极性有以下几种方法：
（1）根据学生的实际情况安排与学生学习能力相适应的内容。
（2）应用恰当的方法进行激励，比如评比法、比赛法、游戏法、观摩表演，等等。通过变换练习的方式方法，使枯燥无味的学习变得丰富多彩。

（3）教师认真负责地教学。教师的完美示范，精炼鼓励性的语言，能激发学生的学习热情。教师在教学过程中要摆正自己的位置，使自己成为学生认识目标和达到目标这一过程的指导者和引路人。在严格要求的基础上，还要耐心指导，对学生一视同仁，建立良好的师生关系，使学生建立合理的学习动机，调动学习的积极性、自觉性和主动性。教师还应努力认真刻苦钻研业务，使自己成为学生学习的榜样和表率。

（4）创建良好的学习氛围，提高学生的自信心。在教学过程中培养学生尊重他人、谦虚有礼、团结友爱等优良品质，培养学生相互协作、创新等精神，建立良好的学习和训练环境；充分尊重、发挥和完善学生的个性，培养学生的忍耐力、意志力、自信、不怕困难等心理品质。

（二）直观性原则

直观性原则是在跆拳道教学中尽量利用学生的各种感官和已获得的经验，使学生获得所学内容的动作表象和身体感觉，从而掌握自己所学的内容。在教学中最大限度地发挥学生的视觉、听觉来感知动作过程，通过触觉和肌肉的本体感觉来体会动作要领，从而促进动作表象的建立。善于运用直观性原则对提高跆拳道的教学质量十分重要。贯彻直观性教学原则的要求如下：

（1）恰当示范。动作示范是使学生建立动作概念，形成动作表象的重要方法。在跆拳道教学中，恰当示范可以提高学生的学习热情，促进学生对动作的掌握。

（2）使用精炼的语言简练生动地进行讲解。

（3）示范与讲解相结合。可采用先示范后讲解、边示范边讲解、示范之后进行讲解等方法，将示范和讲解密切地结合起来。

（4）利用照片、挂图、幻灯、录像等直观教具和现代化教学手段进行教学。

（三）循序渐进原则

循序渐进原则是指教学的内容、方法和教学难度的安排要由易到难，由简到繁，逐步深化，不断提高。跆拳道技术动作的学习要从简单动作开始，在有一定的基础上逐渐提高教学内容的难度，从而提高整个教学的效率。违背这一原则会给学生的学习带来困难，影响教学效果，甚至损害学生的身体健康。

贯彻循序渐进原则的要求如下：

（1）制定好教学计划。教学计划要按照由易到难、由简到繁的顺序安排，整个教学系统要呈现逐步提高的连贯性。

(2) 有节奏地逐步提高生理负荷。教学课的生理负荷要采取有节奏逐步提高的控制方法，一个阶段的教学和训练负荷也要波浪式有节奏地逐步提高。

循序渐进原则可应用在哪些方面

◎ 品势技术教学。首先学习各种单个技法，然后再学习组合技法，最后学习整个品势的动作。

◎ 腿法技术教学。首先教那些容易掌握的腿法动作，如先教前踢，然后进行横踢的教学。横踢技术熟练掌握后，再进行双飞踢、旋风踢等难度较高的技术的教学。

◎ 单个技术教学。首先初步掌握动作，然后熟练掌握动作，最后达到熟练应用动作。在动作不熟练时，不宜过早教学生应用动作。

（四）因材施教原则

因材施教原则是指体育教学任务、内容、组织教法和运动负荷的安排都要符合学生的年龄、性别、身体素质基础、专项技术基础和身体发展水平。

贯彻因材施教原则的要求：

(1) 掌握学生的具体情况，包括学生的跆拳道基础、理论知识基础、学习兴趣、目的、接受能力、年龄、性别和身体素质基础等情况。

(2) 一般要求与区别对待相结合，做到因材施教。

(3) 对不同年龄、不同性别、不同基础的学生群，采用相应的切合实际的教学手段和教学方法，如男生班、女生班、儿童班、少年班、青年班、成年班、初级班、中级班、高级班、级位班、段位班等不同层次的教学班，要根据不同层次人群的年龄和生理特点选择不同的教学方法和手段进行教学。

（五）巩固提高原则

巩固提高原则是指在教学中，在牢固地掌握已学动作技术的基础上不断提高。巩固是指牢固地掌握已学过的知识和技战术，提高是指在巩固的基础上达到更高层次的要求。要使学生牢固地掌握技术动作，必须及时地对所学动作进行复习，在正确的技术概念和正确的技术动作的基础上，加以一定次数的重复和强化完善，逐步形成正确技术的动作定型。

贯彻巩固提高原则的要求：
（1）建立正确的技术概念。
（2）在动作正确的基础上反复不断地进行练习。
（3）在练习的过程中不断完善技术动作。
（4）在现有基础上提出更高的要求。

三、跆拳道教学方法

教学方法是完成教学任务的途径、手段和方式，它的理论依据是认识论的规律、动作技能形成的规律和人体生理机能活动能力变化的规律。教学方法运用的好坏直接影响教学任务的完成。教学中常用的教学方法有语言法、直观法、完整法、分解法、练习法、游戏和比赛法、预防和纠正错误法。选择教学方法要根据教学任务、学员的实际情况、道馆的教学条件等具体情况来确定。

（一）语言法

语言法是教师通过语言向学生传授知识、沟通反馈、组织教学的教学方法。在跆拳道教学中，语言法包括讲解、口令和指示、答疑、评价等。正确地运用语言法，可以使学生明确学习任务，端正学习态度，启发学生思维，帮助学生形成动作表象，理解动作方法和要点，有效地组织教学。

1. 讲解

讲解要明确目的、通俗易懂、简明扼要、富有启发性，讲解的内容主要有：
（1）讲解动作名称。使学生对学习的内容和概念有一个比较清楚的认识。
（2）讲解动作的规格和标准。使学生明确动作要求，帮助学生提高练习的主动性和目的性。
（3）讲解动作的关键环节。如完成横踢技术时，支撑脚要主动转动；向前提膝时大小腿要充分折叠等。
（4）讲解动作的攻防含义。使学生明确动作用法，帮助学生准确理解和掌握技术要领。
（5）讲解易犯错误及其纠正方法。预防错误出现，提高学生的自我纠错能力。

2. 口令和指示

口令和指示是指挥学生统一行动的一种方法,是教师组织和指挥学生练习的重要手段。对口令的要求包括:

(1) 清晰准确,声音洪亮,以便于提高学生的注意力,培养和引导学生快速完成动作。

(2) 要有节奏感。口令要和动作的节奏相吻合,增强学生完成动作的节奏感。对新学动作的练习,口令的节奏应放慢,使学生有时间对将要做的动作进行思考和准备,教师还可以对要点简单提示。动作复习和巩固时,口令指挥的节奏可以加快,或者进行快慢不同变化,增加学生的练习难度。

3. 口头评定

口头评定是学生及时获得动作信息反馈的重要方法,是促进和完善学生掌握技术动作的重要手段。口头评定的要求:

(1) 要以鼓励性的语言提出改进动作的建议。

(2) 禁止取笑学生,更不能丑化学生的动作。

(二) 直观法

直观法是使学生通过各种感受器官对所学技术动作的表象、要领和动作方法获得鲜明印象和直接感受的教学法。在跆拳道教学中常用的直观方法有示范、观察挂图和图片、观看技术录像。

1. 示范

为了使学生能清楚地观察到教师(或指定的学生)的示范动作,取得更好的效果,应用时要注意以下几点:

(1) 选择学生都能清楚看到的位置进行示范。例如,学生的眼看左方并且下一个动作是向左前进时,教师就应站在学生队伍的左前方进行示范;学生面向前方时,教师就可站在学生队伍的前面进行示范。也可以将学生集中在一起坐好或者站成圈,教师选择好位置进行动作示范。

(2) 选择好示范面。示范面包括正面示范、侧面示范、背面示范和镜面示范。要根据技术动作的不同,选择适当的示范面,使学生对整个动作建立起完整的概念。比较容易看清楚的动作,可以使用一个示范面;比较复杂的动作可以用两个或两个以上的示范面来完成示范。

(3) 分解示范与完整示范相结合。根据动作的不同,选择采用完整示范或者分解示范。先将所教动作进行完整示范,使学生建立起动作的整体印象,然后再进行分解示范使同学看清动作细节。在教授简单动作的时候，一般可以采用完整示范法。在教授连续动作或者复杂动作时可采用分解示范，将每一个动作环节给学生交代清楚。

（4）慢动作示范与正常速度示范相结合。对于新动作的教学可以先采用慢动作示范，让学生看清动作的路线和身体各个环节的动作细节，然后用正常速度示范，使学生感知动作的用力方法和节奏、协调配合等动作要点。

（5）示范与讲解结合使用。示范和讲解往往结合起来运用，有时可先讲解后示范，有时可以先示范后讲解，还可以边讲解边示范。一般来说，对水平较低、基础较差的学生应以示范为主；对水平较高、基础较好的学生应以讲解为主。

（6）善于使用示范进行领做。领做在跆拳道教学中应用广泛，当学生掌握了基本动作后，为了熟练掌握组合动作或者整个品势动作，这个阶段采用领做的方法比较适合。领做时要注意领做的位置，刚开始领做时，要与口令提示配合起来，边领做边提示要领，领做时要使用较慢的速度。等学生技术动作比较熟练时，就少使用口令与提示，速度逐渐接近正常速度。领做的位置要处在学生做动作时能够观察到的位置。

2. 观察挂图和图片

选择较理想的跆拳道技术挂图和图片辅助学生的学习，可以帮助他们较快地建立动作概念。

3. 观看技术录像

观看录像可以加深技术动作的理解，十分有利于分析动作要领，掌握跆拳道技术的用法，分析跆拳道战术，对提高跆拳道的教学效果有着重要的意义。目前，技术录像的载体有硬盘、光盘等，可以用电脑、电视显示屏或者投影来显示。

（三）完整与分解教学法

（1）完整教学法。是从动作开始到结束，完整地进行教学。它便于完整连贯地掌握整个动作，一般用于简单的或者不宜分割的动作的教学。对有一定基础的学生，可以较多地采用完整教学法。

（2）分解教学法。是把整个动作合理地分成几个部分，对每个部分分别进行教学。分解教学法一般适用于结构和方向路线较复杂的动作。在这些动作的教学中可以按动作先后顺序将它们分成几个小节，或者将上肢动作和下肢动作分开进行教学。在学生基础较差，用完整法教学有困难时，可以将动作分解之后分别进行教学，然后再结合在一起进行完整的练习。应该注意的是，要合理分解所教的技术，避免将动作分解得过于零碎。

跆拳道腿法常用分解的方法进行辅助练习（图 8-2-1~图 8-2-4）。

① ②

图 8-2-1 前踢分解练习

① ②

图 8-2-2 后踢分解练习

① ②

图 8-2-3 横踢分解练习

① ②

图 8-2-4 侧踢分解练习

> **专家提示**
>
> 在教授跆拳道的旋风踢时，如采用完整教学法，学生较难掌握，可以将其分解成摆腿转身、换腿横踢两个环节。两个环节基本掌握后，再将两个动作连接起来进行完整教学和练习。

（四）练习法

在跆拳道教学过程中，通过语言直观所感知的动作，必须经过学生亲自实践，进行反复练习，才能消除各种错误与缺点，掌握、提高、巩固所学的动作，达到增强体能、培养技能的目的，培养学生知礼守礼、顽强刻苦、团结友爱、协作互助等精神和优良品质。

1. 练习法分类

（1）重复练习法。在相对固定的条件下，按照跆拳道的动作、规格要求进行反复练习。

（2）变化练习法。在变换练习条件的情况下进行反复练习。

（3）综合练习法。各种方法的综合练习。

（4）循环练习法。根据教学要求选择若干个简单动作，分设若干个工作站，使学生在每个工作站上完成规定的练习动作和数量后，再转到下一个工作站，做完一轮可以进行下一轮的重复。

2. 练习形式

（1）个人练习。学生自我练习，体会动作，校正动作，记忆动作，熟练技术，是跆拳道常用的练习方法。

（2）配对练习。学生两人一组进行练习，如一人做一人观摩，指出优缺点，锻炼学生的观察能力和纠错能力；一人拿靶一人踢靶或打靶；两人一组对练等（图8-2-5）。

（3）分组练习。将学生分为几组，如5人一组，10人一组，由组长组织练习，然后分组比赛表演。

图 8-2-5　配对练习

(4) 集体练习。全班在教练统一指挥下进行练习，一般有领做与跟做、听口令指挥做动作等。

(5) 默想练习。用头脑进行想像练习，心里学成为表象练习，将好的技术在头脑中过电影等。这种方法能够对促进技术的掌握和完善起到一定的辅助作用。

（五）游戏和比赛法

1. 游戏法

跆拳道教学中时常采用游戏的方法，提高学生的学习兴趣，提高学生的兴奋性，提高练习者的灵敏性，集中学生的注意力。准备活动中常用的游戏有：

(1) 贴人游戏。贴人游戏适合不同年龄的学生，在室内外都适合，根据人数对场地大小有一定的要求。贴人游戏有一定的规则要求，可以根据不同情况改变规则要求。

(2) 摸头摸腹游戏。两人一组，可以用手摸对方的头部或者腹部，摸到得分。可以用闪躲、步法移动、手臂格挡等方法防守。

(3) 踩脚游戏。踩脚游戏是两个人按照一定的要求，以下肢活动为主，以踩到脚为准的游戏。有一定的规则要求，根据不同情况可以改变规则要求。

2. 比赛法

比赛法是根据教学的任务、要求，以及学生的实际情况，制定教学比赛的标准和要求，采用个人比赛、分组比赛或者分组推选代表比赛等形式进行教学的方法，内容可以是跆拳道的品势、腿法技术、跆拳道舞、击破、实战等。在教学比赛中，可以由教师进行评分，也可以由学生评议与教师评分相结合来评定成绩。在比赛中，因为气氛比较紧张，学生会集中精力完成动作，从而最大限度地发挥技术水平，有效提高表演和比赛能力。

（六）预防和纠正错误法

预防和纠正错误法是指针对学生产生错误动作的主要原因，采取有效措施来预防和纠正错误的教学方法。

1. 预防错误动作产生的方法

(1) 加强教育，预防和消除因学习目的不明确、怕苦怕累、胆怯等原因产生的错误。

(2) 提高教师讲解、示范的质量，使学生明确动作概念、要求、要领和完成的方法。

（3）发展身体素质，增强身体机能，加强基本技术教学，防止和消除因身体训练水平和技术基础不牢而产生的错误。

（4）加强课前准备，提高训练课的组织和教法水平，预防和消除因教材内容不符合学生实际、场地器材不符合要求、运动负荷过重或组织教法不当所产生的错误。

2. 纠正错误动作的方法

（1）由于接受能力和协调性差而出现错误时，教师可采用分解示范、慢速示范、多次领做等方法纠正。

（2）由于肌肉本体感觉差，不能控制动作而出现错误时，教师可以强调规格和要求，用静力练习，以帮助、限制等方法纠正。

（3）由于身体的某些素质差而做不好动作时，教师应首先提高学生的有关专项素质，使学生逐步地完成动作。如向上踢腿的幅度不够时，学生很难完成下劈腿的动作，此时就要加强学生柔韧性的练习。

（4）由于怕出危险而做不好动作时，教师可采用一定的保护和帮助的方法，逐步加大动作难度，让学生体会动作要领（图8-2-6）。

图8-2-6　用墙限制动作

（5）由于不理解动作的性质而出现错误时，教师可根据动作的攻防作用，用攻防演练的方法来启发和诱导学生，帮助其纠正。比如双飞踢，应该是两个连续横踢，初学者往往作出两个前踢的动作，这时要讲清动作应用的性质，使用脚背水平踢击目标，从而启发学生正确完成双飞踢动作。

纠正学生的错误动作一定要及时，教师要善于抓住学生的共性错误进行集体的讲解和纠正，也要善于发现学生的个别问题进行个别指导。

四、跆拳道教学步骤

（一）跆拳道品势教学的步骤

品势就是跆拳道动作的有序流动，品势教学一般按照下面的步骤进行：

（1）学习跆拳道品势中的典型动作和基本功，如冲拳、各种站立法（步型）、各种腿法技术，等等，为学习组合动作打好基础。

（2）学习品势中出现的组合动作。每个品势由许多动作串联而成，在平时的教学中，先将品势中重点的组合动作和较难的技术抽出来进行教学。

（3）品势的完整教学。首先，了解品势的含义和动作数量等；然后，将品势由开始动作到结束动作串联起来进行教学，使学生掌握技术动作、动作之间的衔接、移动方向和路线、动作发力方式、动作的演练节奏等，先让学生记住动作，逐渐提高品势的演练技巧。

（4）对品势动作的技击含义进行教学，使学生了解动作的使用方法，并逐渐掌握和应对各种不同变化的技巧。

（二）跆拳道竞技技术教学的步骤

在跆拳道双人实战竞技教学中，动作的教学一般按照以下步骤来进行：

（1）掌握技术动作。通过教师的示范和讲解，使学生了解和初步掌握所学动作的运行路线、发力方法、动作节奏等。通过不断练习和纠错，使学生进一步认知和熟练掌握所学的动作并逐渐达到自动化程度。

（2）在一定条件下使用动作。在熟练掌握动作的基础上，设置一定的条件让学生尝试应用动作。例如，设定目标（脚靶、护具、沙包等）让学生进行练习，提高动作的准确性和打击目标的意识，体会发力的方法和打击目标时的身体感觉等。学习腿法时，可以先对固定的目标进行攻击练习，然后对移动目标进行攻击练习，使学生熟练地掌握在一定条件下运用所学技术的技巧。

（3）实战运用。首先在一定条件下使用所学的动作进行攻防练习，然后逐渐过渡到自由实战的练习，不断提高学生对所学技术在实战中的应用能力。

五、跆拳道教学课的类型、结构和准备

一堂完整的跆拳道课包括备课、上课、评价和总结四个环节。上课之前需要根据教学大纲制定教学进度，再根据教学进度实施课堂教学。

（一）课的类型

（1）按课程的内容性质分为理论课和实践课。

（2）按学生的健康状况和体育基础分为大众班和专项班。

（3）按每节课的具体任务分为新授课、复习课、综合课、引导课和考核课。

（二）课的结构

课的结构主要根据人体生理机能变化的规律、一般课程教学活动的特点和学生

心理变化的规律来确定。一般分为准备部分（引入、准备活动）、基本部分（技术教学和身体锻炼）和结束部分。

1. 准备部分

（1）任务。明确目标、激发兴趣、身心作好学习准备。

（2）内容与步骤。一般身体练习、专门性准备练习。

（3）教法。集体进行，组织严谨。

（4）时间。10~20 min。

2. 基本部分

（1）任务。学习掌握技战术、拓展身体素质、培养能力、发展心理素质。

（2）内容与步骤。主要教学内容是素质练习。

（3）教法。合理运用教法，采取恰当的组织形式。

（4）时间。30~60 min。

3. 结束部分

（1）任务。调整身体和心理，逐渐减小负荷，过渡到相对的安静状态。

（2）内容与步骤。放松练习、上课小结。

（3）教法。集体或配对活动。

（4）时间。5~10 min。

 问题指南

怎样指导儿童练习跆拳道

◎ 儿童的特点：好奇心强、喜欢模仿、注意力集中时间短、身体控制能力差、柔韧性好、力量弱。

◎ 指导练习的策略：多运用直观教学；先大略掌握动作，不要过度强调细节，逐渐完善动作；适度的表扬和鼓励；合理控制教学和练习时间，注意教学技巧；循序渐进。

（三）课的准备

课的准备即备课。备课内容主要包括钻研教材、了解学生、熟悉教学大纲和进

度、设计教法、编写教案、准备场地和器材等。

第三节 跆拳道训练

跆拳道训练是指在教练员的指导下，全面发展跆拳道运动员的身体素质，提高专项运动技术水平，培养良好品格和体育精神的教育过程。与跆拳道教学不同的是，跆拳道训练内容与方法的选择都是为了创造优异的运动成绩，运动员要承担不断提高的运动负荷直到最大的运动负荷。为充分发挥每个运动员的潜力和长处，更加突出个别训练。跆拳道训练也是一个对运动员的教育过程，同样要贯彻教育的一般原则和方法。

一、跆拳道基本训练方法

跆拳道运动员训练水平的提高，在一定程度上取决于训练方法运用得是否得当。在跆拳道训练中经常采用的训练方法有持续训练法、重复训练法、变换训练法、间歇训练法、循环训练法、比赛训练法等。

（一）持续训练法

持续训练法是指不间断地连续进行练习的训练方法。练习时，运动员平均心律一般保持在130~170次/min。持续训练主要用于发展一般的身体素质，也用于跆拳道基本技术和基本战术的训练。

持续训练法有利于运动员心血管和呼吸系统机能的稳步发展，对提高一般耐力、有氧供给能力有良好的作用，并且能够调节大脑皮层兴奋和抑制过程的均衡性，对巩固正确的技术动作定型和熟练运用跆拳道技术有积极的作用。

（二）重复训练法

重复训练法是在动作和负荷要求不变的情况下，有一定间歇地反复进行练习，两次或两组练习之间的休息比较充分的训练方法。重复训练法是跆拳道技术、战术和身体训练最常用的一种训练方法。通过不断的重复，有利于运动员掌握和巩固技术动作和战术方法；通过相对稳定的负荷强度的多次刺激，可使机体尽快产生较高的适应性机制，有利于运动员发展和提高身体素质。

应用重复训练法训练，要根据训练任务、对象，确定动作的重复数量和组数。

如在练习掌握技术时，应严格按技术规格重复练习，在数量和强度上不应提出更高要求。而在提高和巩固技术时，除了对技术规格、动作数量严格要求外，对强度的要求也要逐步提高。重复训练法用于身体训练时，对练习数量和负荷强度应该有较高的要求。在确定重复训练法的负荷时，要根据运动员的实际情况进行安排。对训练水平差的跆拳道运动员应降低要求，随着训练水平的不断提高，逐步增加练习的次数和负荷的强度。教练员也应该根据训练的实际情况，对运动员的练习不断提出新的要求，使训练质量不断提高。在每次练习与练习之间、组与组之间应有较充分的休息时间，一般在练习者脉搏恢复到 110 次/min 以下时，再开始下一组练习。应用重复训练法时，教练员要善于调节训练气氛，争取使运动员不感到训练单调乏味。

练习之间的休息方式通常采用散步、慢练技术、放松肌肉等。

（三）变换训练法

变换训练法是指在跆拳道训练中，变换运动负荷、练习内容和形式、练习环境和条件等进行训练的方法。变换训练法是跆拳道训练的常用方法之一，能对有机体产生多种作用，达到多种不同的训练目的。同时，可以增加训练的趣味性，提高运动员训练的积极性和主动性，提高运动员的应变能力和适应能力。

运用变换训练法时，应根据训练的具体任务，有目的地变换练习的数量、强度、时间、形式、内容、环境等，达到各种训练目的的需要。例如：变换训练的环境，到新的训练场地进行训练，提高运动员的适应能力，激发他们的训练情绪，增加训练的热情；适当减慢练习的速度，纠正并完善拳法与腿法技术动作，当错误得到纠正后，及时变换到正常速度进行练习等。

（四）间歇训练法

间歇训练法是指运动员在进行一定的练习之后，严格按照间歇时间进行休息，然后再进行练习的方法。这种训练方法与重复练习法最主要的区别在于，严格控制每次和每组练习之间的间歇时间，使运动员在未完全恢复的情况下进行下一次或者下一组的练习。一般以脉搏的频率计算，不低于 120 次/min。间歇训练法可以根据训练的任务，调整练习的内容和时间、练习重复的次数和组数、每次练习的负荷强度、间歇时间和休息方式五个因素的不同变化，形成多种训练方案。

通过严格的间歇控制过程，可使运动员的心脏功能得到明显的增强；通过调节运动负荷的强度可使机体各种机能产生与跆拳道运动相匹配的适应性变化；变化不

同的训练要素可以提高机体各种能量供应能力；严格控制间歇时间有利于运动员在激烈对抗和复杂困难的比赛环境中，稳定发挥技术动作；通过较高负荷心率刺激，可使机体抗乳酸能力得到提高，确保运动员在保持较高强度的情况下具有持续运动的能力。

间歇训练法主要应用在跆拳道体能训练中，训练的内容可以是一般的身体练习，也可以是跆拳道技术练习。

间歇时通常采用散步、慢跑等进行积极性休息。

（五）循环训练法

循环训练法是根据训练的具体任务，建立若干个练习站，运动员按照既定的顺序、路线，依次完成每个站的练习，周而复始进行训练的方法。循环训练法可有效地激发训练情绪、积累负荷痕迹、交替刺激不同的身体部位，包括每站的练习内容、每站的练习负荷、练习站的安排顺序、练习站之间的间歇、每遍循环之间的间隙、练习的站数与循环练习的组数。

运用循环练习法可以有效地提高不同层次和水平运动员的训练情绪和积极性；可以合理地增大运动训练过程的练习密度；可以随时根据运动员的具体情况因人制宜地加以调整，区别对待；可以防止机体局部负担过重，延缓疲劳的产生，并有利于全面身体训练。

（六）比赛训练法

比赛训练法是指按照一定的规则和要求，以组织有胜负结果的比赛方式进行训练的方法。比赛训练法适用于跆拳道运动员的身体、技术、战术、心理等的训练。

比赛训练法的目的在于提高运动员的身体训练水平，积累比赛经验，增强实战能力，调动运动员的训练兴趣和积极性，培养运动员的进取精神，提高运动员的心理素质，检查教学训练效果。比赛训练是综合训练。这一训练能加强决定训练状态的诸因素之间的结合，加速身体上和心理上的适应过程，促使运动员根据比赛和比赛行为的要求，直接提高自身的身体、心理、技术和战术等方面的能力。特别是在准备期和比赛期内，训练和比赛相结合，能大大提高运动员的竞技水平与能力。

构成跆拳道比赛训练法的主要因素有比赛规则、比赛的负荷量与强度、比赛时间、比赛内容、比赛形式和比赛的对手。比赛训练法的比赛形式主要有四种类型：

（1）一般性比赛。它广泛应用于跆拳道身体训练和技术训练之中。例如，耐力练习时看谁坚持到最后、技术练习时比谁的质量高等，对完成较好的提出表扬，对落后的给予适当的"惩罚"。

（2）规定特殊规则的比赛。专门练习某一技术或战术时使用。例如使用指定技术所得的分数高者获胜，使用其他技术所得的分数不计。

（3）专门的检查性比赛。通过一个阶段的训练后，教练员为检查训练质量与效果而组织的比赛，有目的地提出技战术的各种具体要求，并通过检查结果改进下一阶段的训练工作。

（4）模拟性比赛。赛前训练阶段，为了使运动员适应气候、时间、场地、裁判包括比赛对手在内的各种环境，进行的与正式比赛条件完全相同的模拟比赛，用于了解本队的竞技状态，提高运动员对即将到来的比赛的适应能力。

二、跆拳道训练内容与方法

在跆拳道训练中，为了全面完成训练任务，就要通过对运动员进行身体训练、技术训练、战术训练、心理训练、智力训练等方法来实现。具体训练内容和方法，应根据运动员的发展方向、运动员现状、训练任务、训练时间及场地器材等情况进行科学的选择和确定。

（一）体能训练的内容与方法

跆拳道运动中的体能训练包括一般体能训练和专项体能训练两个方面。一般体能训练的目的是增进运动员的身体健康、改善体能形态、提高各器官系统的机能水平，使机体能够承受更大的运动负荷强度，为专项训练打下素质基础。专项体能训练的目的是提高与专项成绩有直接关系的运动素质，以保证运动员在比赛中有效率地运用专项技术、战术，创造优异的运动成绩。

1. 速度训练

速度素质是指人体快速运动的能力，包括人体快速完成动作的能力、对外界信号刺激快速反应的能力，以及快速位移的能力。人体速度素质的基础是肌肉的收缩性。跆拳道运动速度素质包括反应速度、动作速度和位移速度。跆拳道对运动员的速度素质的要求较高，在跆拳道训练中，速度练习的重点是提高反应速度和动作速度。

（1）反应速度。反应速度是指人体对各种信号刺激快速应答的能力。跆拳道对运动员的反应速度素质要求很高。反应速度是由神经反射通路的传导速度所决定的，很大程度上取决于人体的遗传因素。有效的训练可使运动员反应速度的遗传潜力充分发挥出来，并趋于相对稳定状态。

> **专家提示**
>
> 在练习反应速度时，运动员必须精力集中，使神经系统处于适宜的兴奋状态，肌肉处于适宜的紧张待发状态，这样可以大大提高人体的反应速度。跆拳道反应速度的提高，在很大程度上取决于运动员对对手动作应答反应的熟练程度。应答动作越熟练，当信号出现时，立即作出有效的反应动作的成功率就越高。另外，跆拳道运动员主要通过视觉信号来作出自己的反应，还有一部分是通过听觉信号来作出自己的反应。所以，敏锐的视觉和听觉也是提高运动员反应速度的重要因素。跆拳道的应答反应，属于"多项选择"类型，要求跆拳道运动员还要具有准确的判断能力。

反应速度是与跆拳道实战关系密切的重要素质之一，良好的反应速度不仅有助于使用反击战术，而且可以更多地抓住攻击对手的时机。反应速度和灵活性也有着密切的关系。提高跆拳道的反应速度可以使用以下的训练方法：

① 教练或同伴发出信号，运动员进行快速反应。比如同伴击掌，运动员迅速作出横踢；教练员挥动手臂或者发出口令，运动员迅速作出攻击和反击动作技术等。

② 教练或同伴发出进攻动作，运动员迅速作出反击动作。如对方用横踢进攻，运动员迅速用后踢进行反击等。所用的反击动作可以是固定的，也可以是运动员自己选择的。

③ 运动员使用假动作技术，在对方作出相应反应时，运动员选择有效的技术进行攻击。可以先规定假动作、反应动作和攻击动作，然后逐渐过渡到任意的假动作、反应动作和攻击动作。

④ 教练或同伴在原地或移动中突然亮出高度不同、方位不同的脚靶，运动员快速反应并用恰当的方法进行攻击。教练员或同伴可以在运动员攻击后用脚靶进行反击，让运动员迅速作出防守，并作好再次进攻的准备。

⑤ 通过实战和比赛训练运动员的反应速度。实战和比赛是训练跆拳道运动员复杂反应的最好方法，要经常与不同的对手进行实战，以变化对运动员的刺激，提高运动员随机应变、适应不同对手的能力，提高运动员的反应速度。

（2）动作速度。动作速度是指人体或人体某一部分快速完成某一动作的能力。跆拳道的动作速度是跆拳道技术诸多要素中最重要的一个要素，也是提高爆发力的重要条件之一，包含快速完成单个技术动作的能力和快速完成多个技术的组合动作的能力。动作速度快能提高技术动作的突然性，可以相对延长对手的反应时间，提高攻击的成功率。

动作速度训练应注意的问题：

第一，正确的技术动作是提高动作速度的基础。要高度重视运动员技术的正确性和合理性，完成技术时，全身肌肉要适时地紧张和放松，有机地协调配合。

第二，练习跆拳道技术时，要不断对速度提出严格要求。

第三，反复练习某一技术动作时，应合理地变换练习的速度及方式，避免运动员出现速度障碍。

第四，动作速度的训练要在运动员兴奋性高、精力充沛时进行，练习持续的时间不宜过长，较充分地休息后再进行下一组练习。值得注意的是，休息的间歇时间过长会使运动员的神经兴奋性下降，不利于利用"剩余兴奋"去进行后面的练习，因此，间歇时间也不宜过长。

动作速度训练的常用方法有以下几种：

① 快速完成单个技术动作或组合动作。

② 利用阻力变化而获得的后效作用发展动作速度。增加阻力做动作，然后去掉负重，减去阻力，做原来的技术动作。如腿系小沙袋快速连击，然后解下沙袋，再做同样的练习；利用皮筋增加练习阻力（图8-3-1），然后解下皮筋练习等；上坡跑、下坡跑；牵引跑（助力）等。皮筋拉力的大小可以通过皮筋的粗细、皮筋的长短、皮筋的材质以及使用皮筋的方法来进行调节。皮筋练习不仅可以提高运动员的力量，还可以改变运动员腿法的动作速度（加速或减速）。

图8-3-1 跆拳道皮筋练习

③ 短距离冲刺跑练习。距离一般控制在30 m左右。

④ 定时快速跳绳。包括单摇跳、双摇跳、交换跳等，时间一般在20~30 s之间。

⑤ 快速高抬腿、快速连续提膝、跑台阶等。

⑥ 在规定时间内完成规定的技术动作次数，或者动作次数不变的情况下逐步

缩短完成动作的时间。进行这一形式的练习时，要保证技术动作的质量。

2. 力量训练

力量素质是指人体神经肌肉系统在工作时克服和对抗阻力的能力。

根据力量素质的不同特点，可以将力量素质分为最大力量、速度力量和力量耐力。最大力量是指肌肉通过最大随意收缩克服阻力时所表现出来的最高力量值。速度力量是指除了力量以外，还要求以最快的速度完成动作。也就是在尽可能短的时间过程中，发挥出最大力量的能力。也有人将速度力量称为爆发力。力量耐力是指克服由专项竞技中的力量负荷成分所引起的疲劳的能力。

跆拳道是双人格斗类项目，运动员必须具有较好的力量素质。力量素质是其他运动素质的基础，它的好坏直接影响到其他素质的发展。如力量素质的提高能够促进速度的提高。力量素质也是掌握跆拳道运动技术，提高运动员得分能力的重要基础。

在跆拳道比赛中，双方运动员要通过抢占空间和时间来获得优势，要以最快的速度来完成跆拳道技术动作，在接触对方身体的瞬间发挥出最大的打击力量。所以，跆拳道的力量训练应在发展最大力量的基础上，以快速力量和力量耐力为主要内容。

跆拳道力量训练的常用手段如下：

(1) 克服自身体重的练习

① 俯卧撑：每组 5~30 次，做 2~4 组。

② 立卧撑：每组 5~30 次，做 2~4 组。

③ 立卧撑提膝：每组 6~20 次，做 2~4 组。

④ 立卧撑跳：每组 5~20 次，做 2~4 组。

⑤ 仰卧起坐：每组 10~100 次，做 1~3 组。

⑥ 两头翘：每组 20~80 次，做 2~4 组。

⑦ 背肌练习：每组 20~80 次，做 2~4 组。

⑧ 仰卧举腿：每组 5~30 次，做 1~3 组。

⑨ 悬垂举腿：每组 5~20 次，做 2~4 组。

⑩ 倒挂收腹：每组 10~20 次，做 2~4 组。

⑪ 侧肌练习：每组 10~40 次，做 1~3 组。

⑫ 两头起：每组 10~40 次，做 2~4 组。

⑬ 单腿蹲起：每组 3~20 次，做 2~4 组。

⑭ 双腿蹲起：每组 20~80 次，做 2~4 组。

⑮ 推小车：每组 5~30 m，做 2~4 组。
⑯ 连续提踵：每组 10~60 次，做 2~4 组。
⑰ 跳绳：每组 1~3 min，中间休息 1~3min，练习 4~6 组。
⑱ 利用平衡球、健身球的练习。

相关链接

力量传递的顺序

人体上肢关节的发力顺序是：肩关节→肘关节→腕关节→指关节。肩关节是上肢力量的根源。

人体下肢关节的发力顺序是：髋关节→膝关节→踝关节。髋关节是下肢力量的根源。

人体躯干力量主要是指胸肌、腹肌、腰背肌和体侧肌肉的力量。躯干力量的发挥主要是通过沿着矢状轴运动和沿着额状轴运动实现的。

跆拳道强调整体发力，即充分调动人体全身肌肉的力量发力。例如，跆拳道冲拳技术的正确发力方法是腿部蹬地，靠腰髋的转动、肩的转动，带动上肢运动。力量由下至上传递，发挥出全身力量。

(2) 负重或增加阻力的练习（图 8-3-2）

这类练习是发展力量的最常用练习，也是提高和发展力量素质的最有效手段。负重训练的常用方法如下：

① 卧推杠铃。
② 深蹲杠铃。
③ 半蹲杠铃。
④ 利用专用的训练器械练习。
⑤ 负重左右转体。
⑥ 负重蹬台阶。
⑦ 负重弓步跳。
⑧ 皮筋练习。

图 8-3-2　力量训练

⑨ 负重练习技术。
⑩ 扛人练习。
⑪ 双人力量对抗等。
⑫ 高翻杠铃。
⑬ 哑铃练习。

力量训练负荷指标

发展最大力量时：用75%~90%最大力量的重量，重复2~5次，做3~5组，适度快速的爆发式用力，重复间歇10 s，组间休息3~4 min。

发展快速力量时：用35%~60%最大力量的重量，重复4~8次，做3~5组，最大速度的爆发式用力，重复间歇10 s，组间休息3~4 min。

发展力量耐力时：用30%~70%最大力量的重量，重复20~30次，做4~6组，最大速度的爆发式用力，重复间歇10 s，组间休息40~120 s。

(3) 力量训练应注意的问题

① 力量训练前做好热身运动，练习后做好放松和整理活动。
② 全身肌肉力量均衡发展。
③ 与专项技术相结合。
④ 保证力量训练的正确性和方向。
⑤ 选择正确的练习手段，使训练有的放矢。
⑥ 合理安排训练计划，循序渐进地发展运动员的力量素质，处理好不同水平、不同年龄、不同性别的运动员的力量训练安排。
⑦ 训练时精力集中。
⑧ 练习动作要符合动作要领。
⑨ 注意合理使用保护和帮助。

3. 柔韧性训练

柔韧性是指人体肌肉、韧带的伸展能力。跆拳道中的腿法技术动作幅度比较大，要想轻松完成这些技术动作，需要良好的柔韧素质做基础，特别对腿部和腰髋的柔韧性要求较高。良好的柔韧性对肌肉放松、预防损伤、恢复疲劳都有积极的作用，良好的柔韧性可以增加技术动作难度，从而提高技术动作的观赏性。

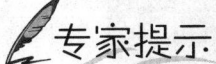

> 影响柔韧素质的主要因素有：关节的骨结构、肌肉和韧带的弹性、中枢神经系统兴奋状态、神经过程转换的灵活性、关节周围组织体积的大小、心理紧张和疲劳程度以及外界的温度等。

提高柔韧性主要通过增加跨过骨关节的韧带和肌肉的伸展性实现。柔韧素质训练的基本方法是肌肉拉伸法，拉伸法有动力拉伸和静力拉伸两种，这两种方法又都可采用主动性和被动性两种拉伸方式进行。

动力拉伸法是指有节奏地通过多次重复同一动作的练习，使相应部位的肌肉、韧带等软组织逐渐地被拉长的练习方法。动力拉伸法练习时，练习的次数和组数要依据运动员的训练水平、训练目的和任务，以及练习的不同身体部位来决定。

静力拉伸法是指先通过动力拉伸缓缓地将相应部位的肌肉、韧带等软组织拉长，当拉长到一定程度时，暂时静止不动一定的时间，使这些软组织被拉长。当肌肉达到绷紧将要疼痛的感觉时，保持不动 10~30 s。

主动柔韧性练习是指在动力拉伸或静力拉伸时，不用外力，运动员靠自己的力量将练习的肌肉及软组织拉长。

被动柔韧性练习是指在动力拉伸或静力拉伸时，在外力帮助下使肌肉及软组织拉长。

(1) 柔韧训练的方法

① 坐姿拉伸法（图 8-3-3①~㉟）

①

②

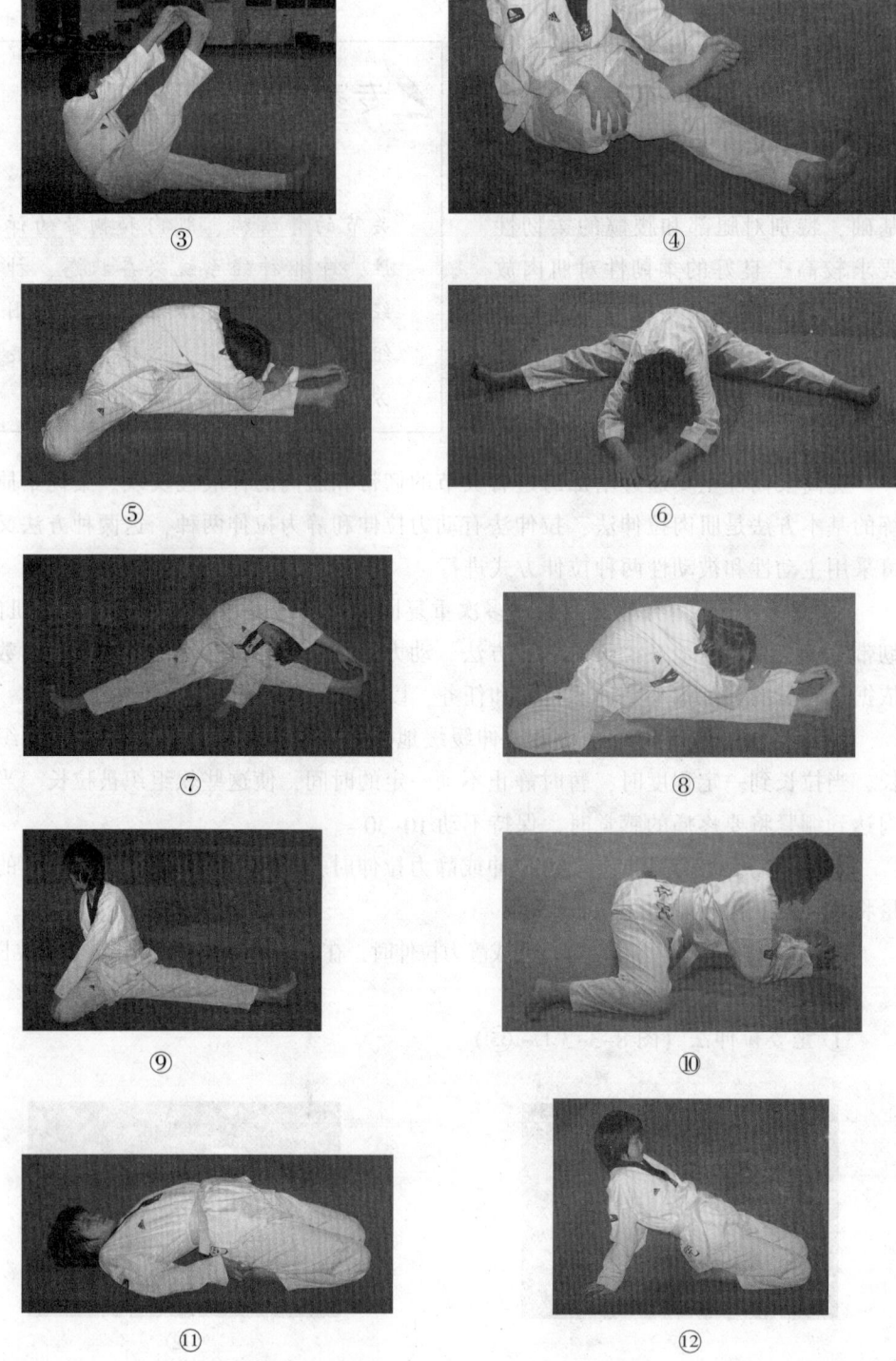

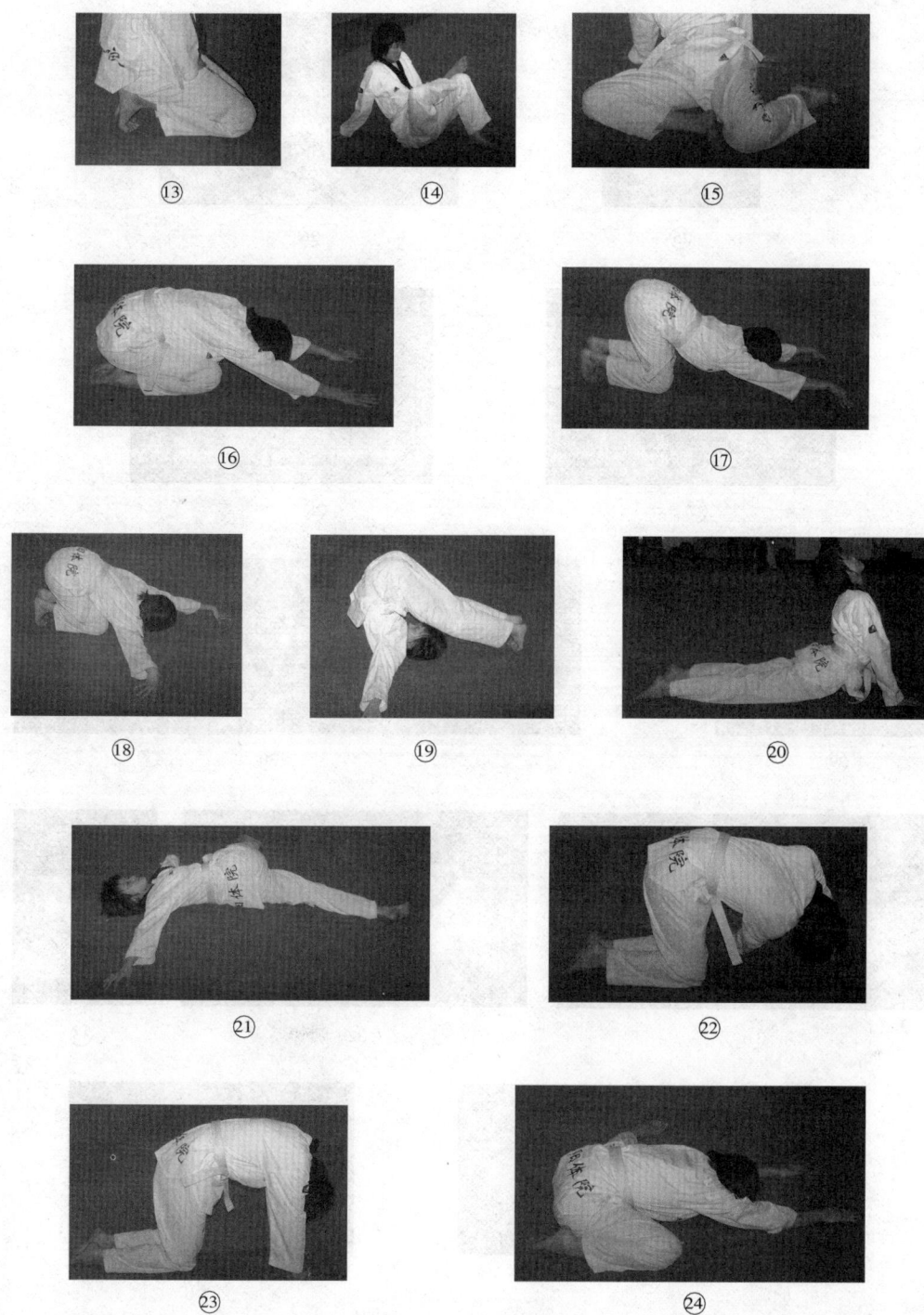

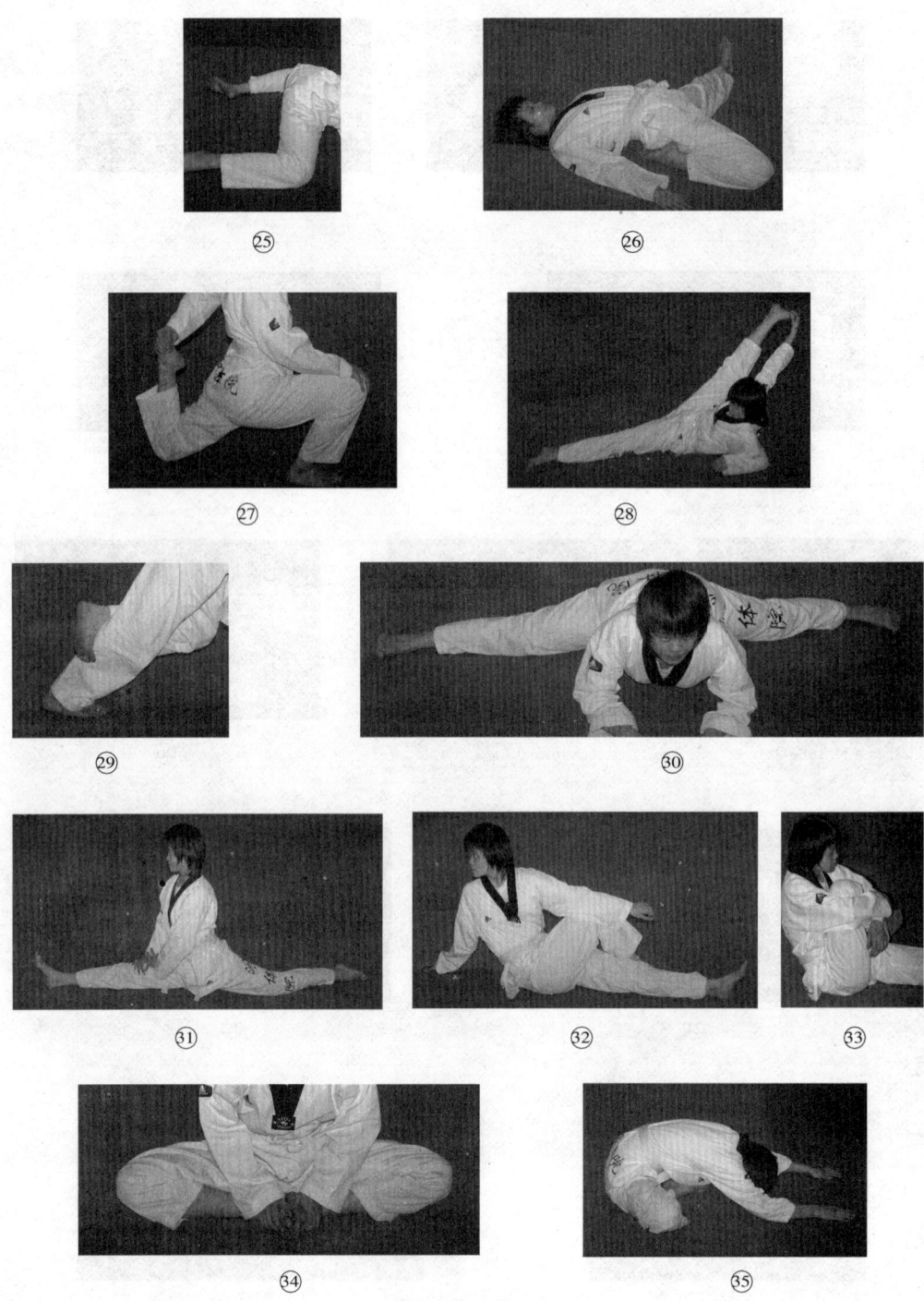

图 8-3-3　坐姿拉伸法

② 站立拉伸法（图 8-3-4①~⑩）

图 8-3-4　站立拉伸法

③ 双人拉伸法是指在跆拳道的柔韧素质练习过程中，双人配合进行练习的方法。这种练习可以通过同伴获得适当助力，加大肌肉拉伸幅度(图 8-3-5①~⑬)。

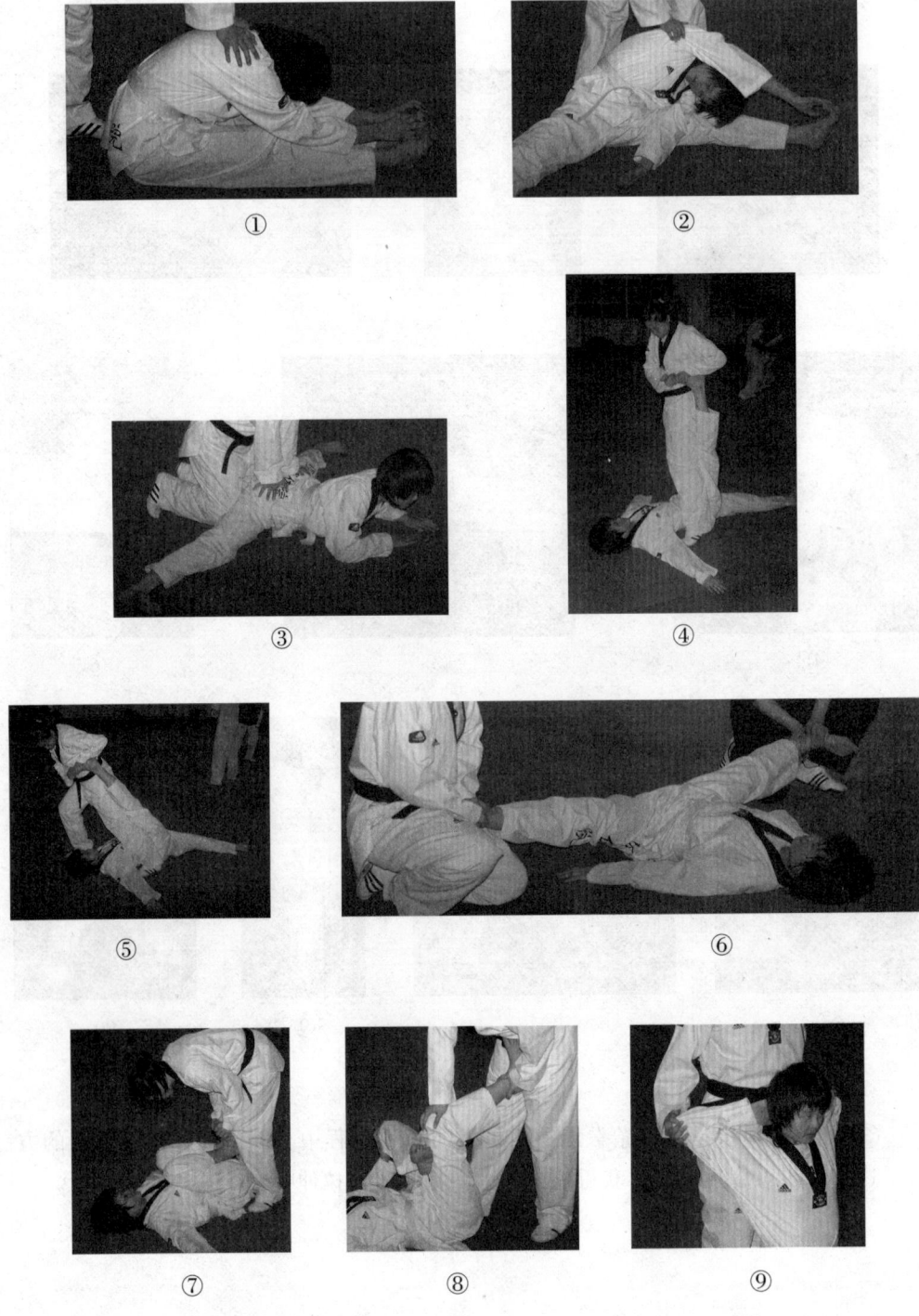

① ② ③ ④ ⑤ ⑥ ⑦ ⑧ ⑨

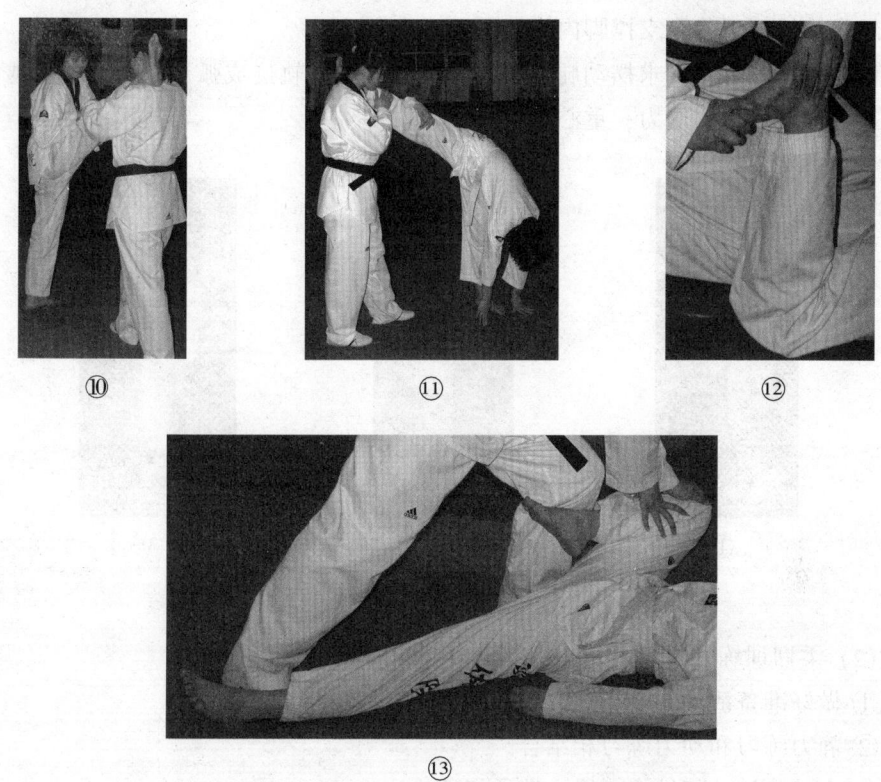

图 8-3-5 双人拉伸法

④ 摆腿法。摆腿是提高跆拳道柔韧性的常用手段,是发展主动柔韧性的主要途径。摆腿可分为扶住一定高度物体的摆腿、行进间摆腿、原地摆腿三种形式。初学者一般先练习扶住固定物（肋木、同伴、横杠、立柱等）的摆腿,这种方法可以帮助练习者在保持好身体姿势的情况下,仔细体会摆腿时肌肉用力的方法和身体感觉,增长摆腿需要的身体各部肌肉的力量。当练习者有了一定体会和一定的身体控制能力后,再进行原地摆腿和行进间摆腿的练习。

摆腿练习方法如下：

◎ 前上摆。一腿支撑,另一腿伸直由下向前上方快速摆动。

◎ 后上摆。双手支撑肋木,一腿支撑,另一腿伸直由下向后上方快速摆动。

◎ 侧上摆。双手支撑肋木,一腿支撑,另一腿于体前由下向侧上方快速摆动。

◎ 内摆。支撑腿伸直,另一腿伸直由下经外侧向头部上方摆动,经身体内侧下落至支撑脚内侧。

◎ 外摆。身体直立,支撑腿伸直,另一腿伸直由下经身体内侧向头部上方摆动,经身体外侧下落至支撑脚内侧(图8-3-6①~③)。

做摆腿练习时,要求摆动腿用力快速摆动,摆动轨迹成弧形,动作幅度越大越好,放松快落,协调用力,重心稳定。

① ② ③

图8-3-6 外摆

(2)柔韧训练的要求

① 做好准备活动。

② 静力练习和动力练习相结合。

③ 主动与被动相结合,以主动柔韧性为主。

④ 练习要循序渐进,持之以恒。

4. 耐力训练

耐力素质是指有机体克服疲劳,坚持长时间运动的能力。良好的耐力素质是跆拳道运动员更好地克服在训练和比赛中出现的疲劳,承受更大的训练负荷,提高训练效果,并在比赛中取得更好成绩的必要条件。《跆拳道竞赛规则》对消极行为有严格限制,运动员一上场就要不停地行动,进攻、防守、反击;另外,对手的积极行动也不允许运动员有丝毫停顿和懈怠,双方体力消耗都非常大。而且每个级别的比赛要在一天内全部结束,所以,要想取得优异的比赛成绩,必须有坚实的耐力素质做基础,保证运动员在比赛时有充足的体力,使速度、力量、反应始终如一。

因此,跆拳道运动的专项耐力是包含无氧耐力和有氧耐力的综合耐力。在进行耐力训练时,要控制好时间、训练强度等因素,保证练习性质的正确性。

(1)长距离跑。包括匀速跑、变速跑、越野跑等,距离控制在3 000~10 000 m,心率控制在150次/min左右。

(2)各种球类练习。如足球、篮球、羽毛球等。

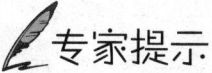
专家提示

跆拳道练习中容易拉伤的肌肉包括大腿后群肌肉、腰部肌肉、小腿肌肉、大腿前群和内侧肌肉。采用以下方法可以有效预防肌肉拉伤：

◎ 练习前充分热身。
◎ 练习内容循序渐进，难度适中。
◎ 练习前要检查场地器材的安全性。
◎ 练习时精力集中。
◎ 动作技术正确。
◎ 练习前做好必要的防护包扎。
◎ 平时要加强薄弱部位的肌肉练习。

(3) 跳绳练习。可以匀速跳、变速跳，可以使用单摇跳，也可使用双摇跳等，时间控制在 10~12 s。

(4) 间歇跑。用本人最高强度的 85% 进行 400~600 m 跑，间歇 45~120 s，练习 2~5 组。

(5) 跆拳道技术空击练习、踢移动靶练习、踢移动护具练习等。第一方案：用本人最高强度的 85% 进行，练习 1~1 min30 s，间歇 45~90 s，练习 2~5 组。第二方案：练习 2~3 min，间歇 1 min，练习 3~6 组。

(6) 踢打击沙袋练习。持续练习 30 min，间歇练习 1~4 min，休息 0.5~2 min，练习 2~8 组。

(7) 持续长时间技战术练习 30~50 min。

(8) 实战练习。

(9) 连续与多人进行实战。

(10) 循环练习。如技术空踢-踢移动靶-跳绳-踢沙包-技术空踢。

5. 灵敏性训练

灵敏素质是指在各种突然变换的条件下，运动员能够迅速、准确、协调地改变身体运动的空间位置和运动方向，以适应外部环境变化的能力。灵敏素质是其他身体素质的综合体现。衡量灵敏素质的标志是运动员在各种复杂变换的条件下能够迅速、准确、协调地作出恰当的应答动作。

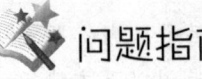

与发展灵敏相关的能力有哪些

◎ 中枢神经系统在必要条件下对技术动作进行识记和再现的能力。对于各种攻防技巧的熟练掌握性储备是提高这种能力的基础。

◎ 肌肉内部和肌肉之间有效的协调能力。这种能力增强，可以保证协同肌与拮抗肌适宜的相互作用，迅速而有效地使肌肉由紧张向放松过渡，从而顺畅、自如地完成各种动作。

◎ 视觉、听觉、本体感觉构成的时间-空间的精细感觉能力。能够区分和预测各种比赛情况中的时空因素，预先判定对手的运动趋势和运动过程，选择动作开始的时机和使用动作的距离，使运动员根据实际需要，及时变换技术动作，准确作出攻防应答。

跆拳道是一对一的对抗项目，运动员需要较高的灵敏性与协调性。较好的灵敏与协调素质，有助于促进跆拳道运动员掌握各种复杂的技术和战术，提高运动员的比赛能力。

灵敏性训练应在运动员体力较好时进行，包括以下六法：

(1) 各种变向跑、变向跳。如折返跑、十字变向跑、综合变向跑、向不同方向的跳跃练习等。

(2) 连续跳跃适当高度的障碍物。如连续跳跃适当高度的栏架、连续跳跃适当高度的板凳等。

(3) 各种改变方向的追逐性游戏。如贴人游戏、捉人游戏等。

(4) 球类练习。如篮球、足球、羽毛球等。

(5) 对称动作的练习、反向动作的练习。

(6) 专门设计的各种复杂多变的动作练习。如立卧撑跳、左转体跳接右转体跳、收腿跳-挺身跳-左右分腿跳-前后分腿跳的循环练习等（图8-3-7①~④）。

① ② ③ ④

图 8-3-7 循环跳练习

（7）两人一组，一人用腿法进攻，另一人利用各种步法闪躲的练习。

（8）双人攻防练习。使用各种跆拳道技术，两人进行轻接触的攻防实战练习。

（9）双人步法练习。两人利用步法控制距离的练习，提高跆拳道运动员快速改变方向、迅速闪躲和突然起动的能力。

6. 击打能力与抗击能力训练

跆拳道是双人对抗项目，双方用自己的拳或脚进攻对方躯干或头部的允许攻击部位，动作存在很大的无序性，在双方格斗的过程中，身体各个部位都可能受到对方的攻击。一方的腿部在打击对方的同时也会与对方肢体发生强烈的碰撞，频繁的强烈的身体接触成为跆拳道竞技的一大特点。所以在跆拳道训练中，加强攻击能力和身体抗击能力的训练成为必修的内容之一。

（1）击打能力训练

① 踢脚靶。

② 踢沙袋（提高腿法的攻击力量）（图 8-3-8）。

③ 踢护具（图 8-3-9）。

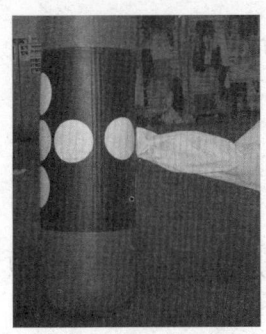 

图 8-3-8 踢沙袋　　　　图 8-3-9 踢护具

④ 对薄弱部位如小腿胫骨、脚背进行自我拍打或由圆形硬物经常进行滚压。

(2) 抗击能力训练

① 穿护具承受同伴击打。

② 不穿护具承受自我击打。

③ 不穿护具承受同伴击打。

④ 用身体各个部位撞击沙包、树干等。

> **专家提示**
>
> 跆拳道击打能力训练的重点是踝关节脚的各个部位，特别是脚背和脚趾，这些部位在比赛中使用最多。抗击能力训练的重点部位是颈部、头部、腹部和两肋。

无论是抗击能力还是击打能力，都必须循序渐进，不能急于求成。力量要由轻到重，身体逐渐适应后，再加大强度练习，直至能承受较大力量的击打，或者敢于用力打击比较坚硬的物体，才具有了一定的抗击能力和击打能力。

训练时精神要高度集中，不能开玩笑或者漫不经心。训练后要进行按摩和放松。

(二) 技术训练的内容与方法

过硬的跆拳道技术是贯彻跆拳道战术，取得比赛胜利的关键。精炼的技术和先进的技术往往是取得比赛主动权的重要手段，因此，技术训练在跆拳道训练中占有十分重要的地位。

1. 实战姿势与步法训练

(1) 掌握标准的跆拳道式姿势。

(2) 提高实战姿势的质量，掌握实战式的不同变化形式及运用要领。

(3) 在实战姿势的基础上，练习各种单个步法。

(4) 在熟练掌握单个步法的基础上，进行固定组合步法的练习。

(5) 在熟练掌握固定组合步法的基础上，进行步法的自由组合练习。

(6) 实际运用。

2. 拳法与腿法技术训练

(1) 掌握正确的跆拳道拳法与腿法技术。

(2) 空击练习。包括技术进行空击、对镜空击、假想目标和对手的模拟实战性空击。

(3) 脚靶练习。包括踢打固定靶、踢打移动靶、踢打组合靶和踢打自由靶。

（4）护具练习。包括踢打固定的护具、踢打设计好的移动护具和踢打自由移动护具。

（5）踢打沙袋练习。包括踢打固定沙袋、踢打摆动沙袋、踢打轻沙袋和踢打重沙袋。

（6）应用拳脚技术条件进行实战练习。

（7）自由实战练习。

3. 防守技术与假动作技术训练

（1）防守技术训练

① 熟练掌握单个防守动作。

② 结合步法练习单个防守动作。

③ 练习组合防守。

④ 结合步法进行组合防守动作的练习。

⑤ 一人用固定的动作进攻，一人练习防守。

⑥ 一人自由进攻，一人进行防守。

（2）假动作技术训练

① 练习掌握单个动作。

② 练习综合假动作。

③ 应用假动作。

问题指南

脚靶训练的作用有哪些

◎ 培养运动员的距离感。

◎ 提高攻击力量。

◎ 体会攻击时接触目标的肌肉感觉。

◎ 巩固完善技术动作。

◎ 培养和提高运动员的专项协调能力。

◎ 提高运动员的专项体能。

◎ 提高运动员的战术能力和实战能力。

4. 脚靶训练

脚靶是跆拳道训练的常用器械之一，使用脚靶训练的形式应用十分广泛。使用脚靶训练无论是基础训练还是更高一级的训练都十分需要，是提高跆拳道运动员技战术水平的主要手段之一。

跆拳道脚靶训练需要注意以下几个问题（图8-3-10①~⑤）：

①脚靶拿法之一

②脚靶拿法之二

③脚靶拿法之三

④踢大脚靶训练

⑤踢小脚靶训练

图8-3-10　跆拳道脚靶训练

（1）注重技术的规范与合理。持靶者在喂靶时要把握好节奏，先慢后快，快慢结合，让运动员充分体会到用力的顺序、动作路线、动作要领以及战术意识，不能单纯追求踢靶效果。一定要在技术和战术正确的情况下，逐渐提高踢靶效果。

（2）持靶者要不断提高自身的技战术水平，这样才能提高脚靶训练质量。

（3）技术性脚靶练习适合基础训练，战术性脚靶练习适合提高训练，实战性脚靶练习适合应用训练。教练员要深入了解训练方法和手段的内容和性质，根据运动员的水平和训练任务合理地安排脚靶训练。

（4）无论踢靶者还是喂靶者，训练时都必须精力集中，全神贯注。

（5）教练员要根据训练的任务目标，合理安排小脚靶和大脚靶、闭合性脚靶练习和开放性脚靶练习，使训练效果不断提高。

(三) 心理训练与智能训练的内容与方法

1. 心理训练

心理训练越来越受到教练员的重视，运动员的心理状态对技战术水平发挥的影响很大。一个心理稳定、意志坚强的运动员，在大多数的比赛中都能正常甚至充分发挥平时的训练水平。跆拳道的心理训练要经常性地进行，让运动员了解心理训练的意义，使运动员能够积极主动地进行心理训练，加强良好心理素质以及个性培养。教练员要注意运动员赛前、赛中、赛后的心理调解，使他们赛前充满自信、赛中稳定发挥、赛后正确对待所取得的成绩，全身心地投入到下一阶段的训练中去。

跆拳道心理训练的常用方法：

（1）放松训练。放松训练是心理训练的常用方法，可以在放松全身肌肉的同时稳定情绪。包括：① 腹式呼吸训练：慢速深呼吸练习；② 自我暗示放松训练；③ 音乐调节放松训练。

（2）模拟练习。模拟各种可能出现的情况，使运动员在各种情况下能够保持稳定的情绪，以适应各种训练和比赛环境。例如，① 模拟各种不同比分情况下进行的实战比赛：平分时、落后时、领先时；② 模拟裁判偏袒对手，培养选手正确对待裁判判罚，不受其影响，更加努力地发挥自己的技战术，争取赢得比赛的胜利。

（3）加难训练。心理训练中，加难训练法主要培养运动员的坚强意志品质、高度自信、正确对待胜负等良好心理品质。包括：

① 增加训练难度。培养运动员集中精力、顽强刻苦的精神。

② 与高水平对手进行比赛。培养运动员敢打敢拼、勇敢顽强、敢于胜利的心理品质。

（4）表象演练

① 选择一个技术动作，并想像自己正在完美地操作这项技术。

② 回忆自己表现极为出色的一场比赛，表象应该包括视觉、声音、触觉和情绪。

（5）集中注意。注意集中状态是运动员大脑彻底消除了私心杂念，并完全专注于练习或比赛的状态。

（6）自信心的培养

① 对各种活动做好认真、充分的准备。

② 积极语言暗示。

③ 注意可控因素。

④ 想像成功情景。

2. 智能训练

智能训练是指在跆拳道训练过程中，有目的、有计划地提高运动员智力水平的训练。现代运动训练越来越多地吸收和应用其他科学技术，这就要求运动员要有较高的智力水平，只有这样，才能学习先进的科学技术去提高训练质量。跆拳道比赛既是运动员比体力比技术的过程，又是运动员斗智比战术的过程。特别是在两名运动员势均力敌的情况下，对运动员的智力要求就更高，这时智力的高低对比赛胜负的影响就起着决定性的作用。运动员在比赛中的分析判断、战术运用、应变能力、时机和距离的把握都是运动员智力应用的过程，因此，智力训练已成为现代跆拳道训练中不可缺少的组成部分，是提高训练质量的重要环节。

跆拳道运动员智力训练内容包括跆拳道理论知识的学习和各种能力的培养。

（1）理论知识的学习。包括体育教学和训练的基本原理、跆拳道的专业理论以及专项基础理论知识。

（2）各种能力的培养。包括观察能力、想像能力、思维能力，以及分析问题与解决问题的能力等。

（3）跆拳道智力训练的方法。包括自学理论知识，讨论技战术，书写训练日记，对比赛进行分析和讨论，启发运动员对事物进行观察，养成分析讨论的习惯，加强运动员科学文化知识的学习等。

三、跆拳道训练计划

跆拳道训练是一个少则一两年多则几年甚至十几年的长期过程。训练计划是跆拳道训练工作的行动纲领，是对跆拳道训练工作预先作出科学设计。制定训练计划是训练工作中不可缺少的重要环节，它可以使训练过程有目的、有组织、有步骤地进行。教练员和运动员都应参照训练计划制定的任务和目标去完成训练，随时监控训练计划实施情况，并根据实际情况对原有的计划进行合理的调整。设计全队的训练计划时要对不同的运动员区别对待，以促进训练水平和运动成绩的不断提高。

（一）多年训练计划

多年训练计划，是根据运动员训练目标、训练对象的不同制定的长远规划。制定多年训练计划时，要求教练员有战略眼光，要在总体上、宏观地规划运动员的多年训练过程。多年训练计划对于年度、大周期等训练计划具有指导意义，但对较长时间的训练活动做的只是粗线条的框架式的规划。它可以避免训练的盲目性，使训练循序渐进，使运动员依照训练规律，逐渐科学地提高跆拳道竞技水平，创造优异的比赛成绩。

> **专家提示**
>
> 一份科学的跆拳道训练计划，既要明确运动员将来取得优异成绩所必须达到的各项指标，又要清楚说明达到这些指标的方法和途径；既要体现出跆拳道运动训练的基本规律，又要表达出实施训练时的具体操作方案。在制定多年运动训练计划时必须考虑以下因素：
> ◎ 训练的指导思想。
> ◎ 运动队（运动员）的现实状态：包括运动队的人数、性别、级别配置情况、身体素质、训练年限、现有成绩等。
> ◎ 不同时期的训练目的、任务、目标，预计的训练年限。
> ◎ 训练时间阶段、参加比赛的次数。
> ◎ 训练内容手段、负荷特点。
> ◎ 训练控制手段与方法。
> ◎ 训练保障措施。

多年训练计划一般分为以下四个阶段：

（1）基础训练阶段。主要任务是对运动员进行身体素质和基本技术训练，强调动作的规范性，打好素质和技术基础，循序渐进地培养运动员对跆拳道的兴趣和爱好，使其全面了解跆拳道，并对运动员进行跆拳道精神培养。训练年限为一般为1~3年。

（2）专项提高阶段。主要任务是在全面基础训练的基础上，发展运动员的专项技术和战术，增强运动员的专项运动素质，培养良好的心理品质，并在平时的训练中学习掌握跆拳道理论知识，承受较大的运动负荷。训练年限一般为2~3年。

（3）最佳竞技阶段。主要任务是创造专项优异成绩。在训练中不断增加训练负荷直至极限负荷，重点进行个别的训练。根据运动员的特点，训练以专项训练为主，增加比赛经验，提高运动员的心理素质和专业知识。训练年限为4~5年。

（4）竞技状态保持阶段。主要任务是努力保持专项竞技水平。训练的重点是提高竞赛心理的稳定性，保持专项运动素质，提高专项技战术水平。负荷特点是运动量减少，保持和增加运动强度，加强文化理论的学习，并找出运动员退役后出路问题的解决方法。年限一般为2~5年，依个人情况不同差别较大。

(二) 年度训练计划

年度训练计划是跆拳道教练员和运动员进行运动训练的重要文件，是对整个年度训练的总体安排。

1. 年度训练中的周期安排

运动员竞技状态的发展、保持和消失三个阶段是一个完整的循环过程，称之为训练的大周期。训练的大周期是以参加重要比赛获得满意成绩为目标，以运动员竞技状态发展过程的阶段性为依据而确定和划分的。平时我们说的准备期、比赛期、恢复期就是依据这种理论设计的。近年来，我国的跆拳道比赛每年进行两次，一次是上半年的全国锦标赛，另一次是下半年的冠军赛。根据全国跆拳道比赛的安排，以参加全国比赛为目的的跆拳道队伍，可以将一年划分为两个周期。

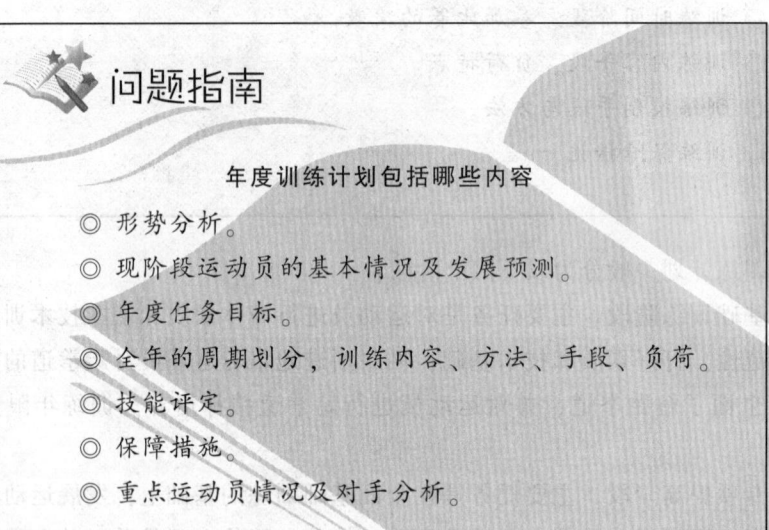

问题指南

年度训练计划包括哪些内容

◎ 形势分析。
◎ 现阶段运动员的基本情况及发展预测。
◎ 年度任务目标。
◎ 全年的周期划分，训练内容、方法、手段、负荷。
◎ 技能评定。
◎ 保障措施。
◎ 重点运动员情况及对手分析。

(1) 第一周期。12月份至第二年的5月份。主要任务是全面提高运动素质、发展专项竞技能力，促进竞技状态的形成。参加上半年的全国锦标赛，争取取得好成绩。

(2) 第二周期。6月份至11月份。总结锦标赛中出现的情况，制定相应对策改进训练方法和训练内容，进一步提高专项竞技能力，针对可能遇到的对手的实际情况进行模拟训练。参加全国跆拳道冠军赛，争取优异成绩。

2. 各周期不同阶段的主要任务

（1）准备期。一般为 3~4 个月，主要任务是发展一般素质和体力，狠抓基本功，为提高专项竞技能力打好基础，培养运动员过硬的训练作风。

（2）竞赛期。一般为 1~3 个月，主要任务是提高跆拳道专项竞技水平，作好赛前各种准备，进行赛前模拟训练，或者参加省、市举办的比赛锻炼队伍，积累实战经验，促进竞技状态的形成。并参加重大比赛，发挥出平时的训练水平，创造好成绩。

（3）休整期。一般为 2~4 个月，主要任务是进行积极性的休息，消除心理、身体的疲劳，恢复机体活力，总结训练和比赛的经验，并调整和改进训练计划。

可参照表 8-3-1 制定年度训练计划。

表 8-3-1　年度训练计划表（双周期）

时　期		第一准备期		第一比赛期		过渡期	第二准备期		第二比赛期		过渡期
阶　段		一般准备	专门准备	赛前	比赛		一般准备	专门准备	赛前	比赛	
主要任务											
比　赛		无	无	无	少	无	无	无	无	少	无
方　法											
手　段	素质										
	技术										
负　荷	量										
	强度										
周											
月											

(三) 阶段训练计划

阶段训练是专指全年训练计划之中特定时间段内的训练，通常为0.5~6个月。从阶段训练和全面训练的关系来看，可将其分为两种不同的类型。一种是作为完整的全年训练过程中的一个有机组成部分，即一个时期和一个特定阶段的训练。另一种则是指短期临时性集训。从训练的角度来看，后者表现出更加突出的阶段性和独立性。特别是在地区性比赛之前，经常组织这种中短期临时性集训。与这两种阶段训练相适应的阶段计划也分为两种不同的类型，一种是全年训练计划和一个大周期的训练计划的有机组成部分，另一种则是独立的中短期集训计划。在跆拳道的全年训练计划中还可以根据运动员的具体情况，利用阶段训练计划调整全年训练计划内容，比如当训练中发现某个素质和技术亟待提高时，就可以拿出一个时间段（两周或一个月）进行板块式训练，重点对这一问题进行解决。

阶段中周期的种类和主要任务：

(1) 引入（诱导）中周期。主要任务是逐步把运动员引向有效地完成专项训练。负荷安排一般为稳定型。

(2) 基础中周期。主要任务是提高运动员机体主要系统的技能水平，发展运动素质，在技术和心理上作好准备。负荷安排一般为波浪型。

(3) 测验—准备中周期。完成"集成化"训练，即针对比赛的特点，把运动员赛前两个中周期中获得的能力综合起来。负荷安排一般为波浪型。

(4) 赛前中周期。克服运动员在训练中暴露的一些小缺点，改善技术能力。

(5) 比赛中周期。包括比赛小周期在内的中周期，任务是作好赛前小周期调控，以最佳竞技状态完成比赛任务。负荷安排一般为跳跃型。

(6) 恢复调整中周期。主要任务是在比赛中周期之后进行恢复和调整，安排在年度训练的最后，用以取代休整期。但有时也安排在两个比赛中周期之间。负荷安排一般为稳定型。

(7) 解决问题中周期。当训练中发现某个素质和技术亟待提高时，安排两周或一个月，进行集中训练，重点解决某个存在的问题。负荷安排一般为稳定型。

制定阶段训练计划主要考虑的问题有：① 任务；② 主要训练内容和重点解决问题；③ 赛前阶段划分和训练内容及要求。

可参照表8-3-2制定阶段训练计划表。

表 8-3-2　阶段训练计划表（中周期）

时 间 段	第1周	第2周	第3周	第4周	第5周	第6周	第7周	第8周
任务目标								
训练内容								
训练手段和要求								
负　　荷								

（四）小周期训练计划

小周期训练计划是指以 3~10 天为单位安排跆拳道训练活动的具体方案，是较为具体的训练计划，一般以 7 天为自然周单位。

1. 周类型及其主要任务

（1）基本训练周。主要任务是通过运动负荷的改变引起新的机体适应现象，提高跆拳道运动员的竞技能力。

（2）赛前训练周。主要是使运动员的机体适应比赛的要求，把各种竞技能力集中到专项竞技中去。

（3）比赛周。主要任务是为培养达到运动员在各方面的理想竞技状态，作直接的准备和最后的调整，并参加比赛，力求实现预期的成绩目标。

（4）恢复周。主要任务是消除运动员生理上和心理上的疲劳，促进超量恢复的出现，准备投入新的训练。

2. 小周期训练计划的负荷安排

周训练计划负荷的安排是根据超量恢复原理。在一次训练课中，运动员身体的恢复不可能达到完全恢复和超量恢复。一个训练小周期则不同，它通过训练周内运动负荷有计划地多次重复，使人体出现一系列形态和技能的暂时性改变，从而降低对负荷的反应，对负荷的安排采用运动训练的超负荷原则。负荷越大，超过原有水平越多，反应越强，运动员运动后超量恢复幅度也越大，这样才能取得显著的训练效果。当然超负荷不是无限，不符合运动员实际情况的负荷可导致过度疲劳，不但不能提高机体的能力，达到预期的目的，反而会影响运动员的健康。

> **专家提示**
>
> 一般有效地运动负荷以加大到次日能够消除疲劳比较适宜。只有通过多次不断的重复,利用后次运动在前次运动基础上的作用和超量恢复的良好影响,才能导致一系列的形态改变和技能能力的提高。每周安排3~5次大负荷量的训练会对机体产生较深刻影响,在周训练计划中有节奏地使运动员的负荷量在大、中、小三个负荷量度之间进行变化,可以达到较好的训练效果。在周训练计划中,可以每天安排2~4次的训练课。负荷量的大小和强度的大小要根据运动员的具体情况进行有节奏的调整和科学的安排。

四、跆拳道训练课的类型与结构

课训练计划是跆拳道训练过程中最基本的组织形式,各种训练计划都是通过一次次的训练课组织实施的。课训练计划是根据周训练计划和阶段、全年计划总体要求的基础上制定的,是提高竞技能力和达到预期训练目标的根本保证。

(一) 训练课的类型

根据跆拳道训练课的任务和内容,可以将训练课分为体能训练课、技战术训练课、测验比赛课、综合训练课和调整训练课。

(1) 体能训练课。发展跆拳道运动员的一般身体素质和专项素质,提高运动员机体机能能力。

(2) 技战术训练课。运动员学习和掌握跆拳道各种攻防技法和战术方法。

(3) 测验比赛课。检查训练效果,为制定和调整下一阶段计划提供依据。

(4) 综合训练课。将各种素质和技战术的训练结合起来,使其同步,促进共同发展。

(5) 调整训练课。对运动员机体的疲劳和心理的疲劳进行恢复和调整。

(二) 训练课的结构

训练课通常分为准备部分、基本部分和结束部分。

(1) 准备部分。通过各种活动使运动员的机体尽快进入工作状态，集中精力，准备承受更大负荷的运动。时间约为 20~30 min。一般由下面四部分组成：① 活动关节；② 各种跑、跳练习、游戏；③ 拉伸肌肉练习；④ 专门练习，包括提膝、摆腿、步法等。在课的开始就要求运动员全身心地投入到训练中去。

(2) 基本部分。是决定训练课质量的关键部分，训练课的主要任务在基本部分完成，内容安排的顺序一般是，先进行技术和战术的学习和训练，然后进行素质练习。

(3) 结束部分。主要任务是放松身体各部肌肉，同时进行小结，使机体和心理尽快恢复到常规状态。常采用调节呼吸和肌肉拉伸的方法。

(三) 课前的准备

训练课前要作好上课的准备。准备的内容主要包括对训练目标认识清楚，对训练内容、训练手段和方法了解掌握，了解运动员情况（身体和心理），书写教案，准备场地和器材等。可参照表 8-3-3 和表 8-3-4 制定训练课的教案。

表 8-3-3 训练课教案（一）

队别：　　　　教练：　　　　时间：

课目标				
结构	时间（分钟）	内容、手段和组织	负荷控制	
			量	强度
准备部分				
基本部分				
结束部分				
场地器材			见习运动员安排	
课后小结				

表 8-3-4 训练课教案（二）

时间：　　年　月　日　　上午　　下午　　　　　　教练：

训练任务			
部分	时间（分钟）	内容	组织与要求
准备活动			

续表

训练任务			
部　　分	时间（分钟）	内　　容	组织与要求
主体训练			
放松整理			
课后小结			

五、跆拳道健身计划

健身计划是为了让学员能够更加合理地进行健身运动，通过学习和锻炼增强体能，培养意志，健全心理，完善人格。跆拳道健身计划要根据练习者的身体基础和跆拳道技术基础制定实施，并在实际使用过程中进行必要的修正和调整。经过专业化设计的跆拳道健身计划可以为学员的跆拳道学习活动增加乐趣、提高学习效率和健身效果。

(一) 制定健身计划的基本原则

(1) 循序渐进原则。是指跆拳道教练员在设计健身计划时，应该考虑跆拳道的特点、学员年龄的特点和身体健康增长规律，循序渐进地使学员增进身心健康，不能急于求成。

(2) 全面性原则。是指要从人体的整体出发，全面锻炼和发展学员的身心素质。

(3) 系统性原则。是指健身计划应当持续、连贯、有系统地进行，处理好跆拳道健身活动的内容、顺序、手段方法和学员身心发展规律之间的复杂关系。

(4) 针对性原则。由于不同人群和个体存在较大差异，跆拳道健身计划必须根据不同水平、不同年龄、不同性别的班级或学员的具体情况来确定。

(二) 健身计划的分类

1. 按健身训练的时间分类

(1) 长期跆拳道健身计划。是根据学员的健身目标而制定的长远规划。制定长期计划时，要求有战略眼光，要在总体上、宏观地规划多年的健身训练过程。一般利用2~10年的时间进行。

(2) 短期跆拳道健身计划。是根据学员的健身目标而制定的短期或近期规划。

短期跆拳道健身一般利用 1~6 个月的时间进行，比如利用寒暑假进行健身锻炼等。

2. 按学员的年龄分类

（1）少年儿童跆拳道健身计划。丰富多彩的活动可以使人身心愉悦，从小积极参加跆拳道锻炼，对孩子骨骼、肌肉、皮肤的健康发育以及健康心理的形成都有好处。经常进行跆拳道锻炼，能够改善人体的血液循环，提高身体对营养物质的吸收，使骨骼生长得更旺盛，利于孩子的成长。

少年儿童跆拳道学习 6~12 岁开始为宜。教学要注重趣味性、直观性，学习任务主要是认识跆拳道，打好跆拳道基础，养成礼仪习惯。

（2）青年跆拳道健身计划。青年时期正是练习跆拳道的好年龄。青年适合练习跆拳道的所有内容，参加比赛、练习品势、进行功力和击破训练、练习防身术等。青年精力充沛、富有朝气，可以从跆拳道学习锻炼中收获更多。

（3）中年跆拳道健身计划。中年跆拳道健身计划要根据练习者的身体状况和跆拳道基础来制定。定期进行身体监测反馈是中年跆拳道健身计划的一项重要内容。中年跆拳道健身计划，要考虑练习者的工作性质和时间，更要注重跆拳道文化方面的内容。

（三）健身计划的主要内容

（1）目标。通过跆拳道练习增强体质、调节心理、强健肌肉、减肥、增加速度、加强柔韧性等。

（2）内容。跆拳道基本技术练习、品势练习、腿法练习、体能练习、实战练习等。

（3）手段与方法。品势分段练习、成套练习与多套练习；腿法的空踢练习、踢脚靶练习、踢护具练习、踢沙包练习；各种形式的体能练习；双人条件实战（慢速实战、轻接触实战、限定技术的实战、喂招练习）。

（4）训练的时间与进度。每次练习 4~90 min，每周 2~5 次。

（5）负荷和运动量的监控。运动量缺乏达不到锻炼目的，运动量过大会对身体产生不利影响。适宜的运动量会产生好的锻炼效果，达到健身目的。开始进行跆拳道锻炼时，一般要经过 2~4 个星期的适应过程，而后，可以逐渐增加运动量和运动强度。锻炼过程中，要经常和教练沟通，采用合适的锻炼量和强度，保持好的健身效果。

（6）效果的评估方法。经过一段时间的跆拳道锻炼后，健身效果如何，需要对锻炼效果进行评估。评估一般采用自我感觉评估法（练习前后的身体感觉及心理感觉）和指标测量对比（训练前后的生理心理指标对比）。

(7) 道馆选择、服装、器材的准备等。

1. 怎样使跆拳道教学具有趣味性？
2. 怎样选择使用示范面？
3. 领作的位置在教学中怎样确定？
4. 发展柔韧性的常用方法有哪些？
5. 跆拳道技术练习需要哪些步骤？
6. 跆拳道脚靶有几种？怎样使用？
7. 举例说明跆拳道教学中怎样使用分解法。
8. 跆拳道运动员智力训练内容有哪些？
9. 跆拳道健身计划包括哪些内容？

第九章 跆拳道竞赛的组织、规则与裁判法

本章提要

跆拳道竞赛可分为锦标赛、冠军赛、段位赛、精英赛、邀请赛等。本章具体介绍了跆拳道品势比赛和竞技比赛的竞赛规则与裁判要点,从中可以了解跆拳道竞赛规程的制定、秩序册的编制、竞赛程序、场地器材、裁判职责、裁判方法、获胜方式、犯规事项、得分标准等知识,为组织比赛参加和指导比赛打下理论基础。

重要概念

跆拳道品势比赛　跆拳道竞技比赛　得分　允许的技术　获胜方式　竞赛程序　技术的正确性　技术的表现力

第一节 跆拳道竞赛的组织

一、制定竞赛规程

(一) 要求

(1) 主办单位必须根据竞赛目的、任务、性质、规模等具体情况制定竞赛规程。竞赛规程是赛会的法规性文件,必须以"竞赛规则"为准则,可依据规则的精神进行适当补充和调整。

(2) 竞赛规程一般应在赛前三个月发出,以确保参赛各队有充分的准备时间。

(二) 竞赛规程的主要内容

(1) 竞赛日期和地点。
(2) 参加单位。
(3) 竞赛项目。
(4) 参加办法。
(5) 竞赛方法。
(6) 录取名次。
(7) 奖励办法。
(8) 报名及报到。
(9) 经费。
(10) 违禁药物规定。
(11) 裁判员。

二、赛程安排

(一) 赛程安排原则

(1) 根据比赛时间规定、项目级别多少和各级别参赛人数,科学合理地安排赛程。

(2) 不论参赛人数多少,同一级别的所有比赛原则上应在一天内结束。

(3) 有利于运动员的体力恢复,有利于竞赛进程和竞赛效果。

(二) 制定竞赛日程

(1) 抽签及称量体重安排。
(2) 适应性训练时间和竞赛时间(每天两节或三节)安排。
(3) 开幕式安排。
(4) 发奖和闭幕式安排。

(三) 编制秩序册

1. 要求

(1) 在报名截止日期后开始编制。
(2) 反复核实,准确无误,印刷美观。
(3) 可根据需要刊印赞助商广告,但不可喧宾夺主。

2. 秩序册的主要内容

(1) 贺词(可不设)。
(2) 竞赛规程。
(3) 组委会及组织机构名单。
(4) 仲裁委员会名单。
(5) 裁判组名单。
(6) 各代表队名单。
(7) 大会活动及竞赛日程。
(8) 其他有关内容。

3. 下发时间

参赛队报到时下发。

(四) 组织领队、教练员、裁判员联席会

(1) 向各参赛队提出大会要求和有关规定。
(2) 最后确认参赛队伍和参赛运动员名单。
(3) 通报有关情况,就各队提出的问题交换意见。

(五) 裁判员、教练员赛前培训

竞赛规则如有变动,一般由主办单位(中国跆协)于赛前三个月举办裁判员、

教练员学习班,举办方法和形式由主办单位视竞赛性质和规模而定。

大会指定裁判员必须按时报到,进行赛前培训及实习等准备工作。

三、裁判组成员的职责及要求

裁判组在技术代表的指导下进行工作,由裁判长、副裁判长、临场裁判员、编排记录长、编排记录员、检录长、检录员、宣告员、电子裁判、计时员、录像员、临场医务人员等人员组成。

(一) 裁判长

(1) 全面负责竞赛中的裁判工作。

(2) 赛前检查并落实比赛场地、器材、护具、用品等事宜。

(3) 组织裁判员学习,制定竞赛程序和工作计划,明确裁判人员的分工。

(4) 主持裁判技术会议,依据规则和规程精神,负责对竞赛中的疑难问题进行解释。

(5) 负责组织抽签、适应场地安排、裁判员实习等事宜。

(6) 竞赛中指挥裁判组及赛场工作,执裁过程中出现争议时负责协调,重大问题上报并听取技术代表意见。

(7) 配合仲裁委员会,协助处理竞赛中有争议的重大问题。

(8) 发现裁判员有违反竞赛规则或严重违纪行为,有权依据国家体育总局的相关政策法规提出处罚意见,并征得技术代表同意后进行处罚。

(9) 审核、签署和宣布比赛成绩。

(10) 做好裁判工作总结。

(二) 副裁判长

(1) 协助裁判长做好各项工作,在裁判长临时缺席时可代理其职责。

(2) 负责处理竞赛过程中有关称重、临场执裁、检录、记录、计时、宣告中出现的问题,并及时报请裁判长。

(三) 裁判员

(1) 经协会登记注册,持有裁判员资格证书及相应段位证书。

(2) 精通《跆拳道竞赛规则》、《跆拳道裁判法》及其他有关规定,认真学习竞赛规程。

（3）尊重并服从裁判长的指挥，有责任将竞赛中出现的问题及时上报，并提出合理建议。

（4）按竞赛规则的要求进行场上执裁。

（5）不得随意向运动员及运动队传递有关裁判内部信息。

（6）裁判员的工作由裁判组统一安排调动，本人不得提出特殊执裁要求。

（7）严格遵守裁判员守则和赛会各项有关规定。

（8）比赛后及时做好总结工作。

（9）完成好裁判组交办的其他任务。

（四）编排记录长

（1）协助总裁判长做好赛前准备工作，负责编排记录组的工作，审查运动员报名表，参与编制秩序册。

（2）处理运动员弃权、变更，组织抽签，编排场地、场次等事宜并向裁判组通报情况。

（3）准备各种竞赛表格并发送有关裁判组。

（4）负责核实、登记并及时公布比赛成绩，将下阶段比赛秩序及时通报有关裁判组。

（5）及时将各级别比赛结果经核实无误后送交裁判长。

（6）整理资料，编写成绩册，协助组委会及时印制竞赛成绩册。

（五）编排记录员

根据编排记录长的安排，完成编排记录组的工作。

（六）检录长

（1）负责检录组的各项工作，保证比赛顺利进行。

（2）根据赛程安排，指挥检录员按时点名，认真检查参赛运动员着装是否符合规定，负责发放、回收护具。

（3）处理运动员弃权问题，并及时通报有关裁判组。

（4）协助大会做好开幕式、发奖、闭幕式等项工作。

（七）检录员

根据检录长的安排，完成检录组的工作。

（八）电子裁判（如无电子计时记分设备可不设）

根据规则和规程要求，操作电子计时记分设备，保证设备运转正常。

（九）宣告员

（1）熟悉跆拳道竞赛规则及跆拳道运动知识，具有一定的语言表达能力。适时介绍跆拳道比赛基本知识及竞赛特点，适当介绍运动员及运动队的基本情况。

（2）介绍赛会概况，宣布竞赛开始、结束、级别场次，介绍临场裁判和双方运动员。

四、竞赛程序

跆拳道竞赛（跆拳道品势比赛与跆拳道竞技比赛）可分为锦标赛、冠军赛、段位赛、精英赛、大奖赛、巡回赛、邀请赛、对抗赛、交流赛等。根据各种情况，竞赛规模可以是国际、全国、省际以及队之间的，但原则上应符合竞赛规则要求。

根据竞赛性质、规模、条件的不同，组织者进行合理、科学、系统的竞赛组织工作，力求做到高效、简练、易于操作。以下给出一基本程序范例：

（1）确定比赛的性质、规模、时间、地点等。

（2）制定竞赛规程。

（3）向参赛队发通知或邀请函。

（4）报名（一式两份，发至主办单位和承办单位）。

（5）安排赛程，编制秩序册。

（6）落实场地、器材等，做好赛前准备工作。

（7）选派裁判员，并安排赛前培训。

（8）参赛队报到。

（9）组织召开联席会议，通知有关事宜。

（10）安排组织抽签。

（11）安排各队赛前训练、裁判实习。

（12）编排比赛场次，安排场地。

（13）必要时，适时举行开幕式、入场式。

（14）按赛程进入比赛阶段：①称量体重；②每场比赛具体程序按规则要求进行；③记录并公布比赛成绩；④产生下一轮比赛秩序。

（15）记分和录取名次。

(16) 闭幕式及颁奖仪式。

(17) 裁判工作总结。

(18) 印制发放竞赛成绩册。

(19) 参赛队及裁判员离会。

五、跆拳道竞赛用表格

(一) 跆拳道竞赛报名表（表9-1-1）

由主办单位发出比赛通知，内容包括比赛名称、时间、地点、所设项目、级别、年龄、段位限制及其他要求。参赛单位接到通知后，在规定时间将报名表一式两份送主办单位和承办单位。

表9-1-1 跆拳道竞赛报名表

单位： 领队： 教练：
联系人： 电话： 传真：
通讯地址： 邮编：

序号	级别	姓名	性别	出生年月	段位	注册单位	注册号	备注

(二) 更换运动员申请表（表9-1-2）

参赛运动员报名后，一般不允许更换或改动，如有特殊情况需在抽签之前填写此申请表并缴纳相应费用，经总裁判长签字认可后生效。

表9-1-2 更换运动员申请表

单位： 领队： 教练：

级别	原报名运动员	更换运动员	更换原因

(三) 运动员抽签登记表 (表9-1-3)

由裁判组监督，抽签结束后，编排记录长将抽签结果进行登记，以便形成对阵表。

表9-1-3 运动员抽签登记表

姓名	单位	签号	备注

(四) 比赛记录表 (表9-1-4)

记录员填写比赛的级别、场次，根据副裁判的记分情况（电子计分或记分表）记录每局的双方得分、扣分、警告和确定获胜方等，主裁判签字认定后交记录组进行成绩统计。

表9-1-4 比赛记录表

体重级别：　　　　　　　　　　　场次：　　　　　　　　　　日期：

青方			局　数	红方		
警告	扣分	得分		得分	扣分	警告
			1			
			2			
			3			
			4			
			总分			
			胜负			
K.O 胜	RSC 胜	判定胜	弃权胜	失格胜	犯规胜	

(五) 副裁判记分表 (表9-1-5)

在不具备电子计分设备时，每个副裁判均用记分表进行记录，比赛结束后将记分表交记录员记录比赛结果。

表 9-1-5　副裁判记分表（手记分使用）

体重级别：　　　　　　　　　场次：　　　　　　　　　日期：

青方				局　数	红方			
警告	扣分	得分				得分	扣分	警告
				1				
				2				
				3				
				4				
				总分				
				胜负				

（六）申诉申请表（表 9-1-6）

如果参赛队伍对比赛判定有异议，需在本场比赛结束后 10 min 内填写申诉表（领队签字），提交仲裁委员会，并按照规定交纳申诉费用。

表 9-1-6　申诉申请表

单位		级别		比赛时间	
		场次			
申诉内容（比赛局、时间、发生情况）：					
				领队签字：	
				日　　期：	

六、竞赛所需器材和物品

（一）必需器材

（1）比赛垫子。12 m×12 m，经中国跆协认可，具有一定的厚度和弹性。

（2）护具（普通护具或电子护具）。分青、红两色的头盔和护身，号码齐全，数量能满足上场及场下检录运动员的需要。

（3）桌椅。供仲裁委员会、裁判长、临场裁判、记录组、检录组、宣告席及医务席使用。

（4）体重秤。标准的相同型号的体重秤四台，男、女称重室内、外各备一台，并作好备用准备。

（5）电子计分系统设备。中国跆协监制的打分设备和显示设备。

（6）复印机或速印机。

（7）计算机和打印机。用于秩序编排和比赛成绩处理，产生对阵表和成绩公告，以及打印各种竞赛表格等。

（8）摄像机。根据场地情况，提供仲裁录像。

（二）其他物品

（1）临场裁判组。文件夹、水性笔、铅笔、橡皮、哨子、秒表、水桶、毛巾等。

（2）编排记录组。文件夹、水性笔、铅笔、橡皮、复印纸、彩笔、双面胶、裁纸刀、公文袋、抽签用具等。

（3）检录组。手提喇叭、文件夹、水性笔、指甲刀、胶布等。

（4）宣告员。麦克风、纸、笔、笔记本等。

第二节　跆拳道竞赛规则要点（品势）

一、比赛场地

（一）比赛场地规格

比赛场地为 12 m×12 m、水平的、正方形无障碍场地。

比赛场地应铺设有弹性的、平整的、经中国跆协监制或指定的专用比赛垫。根据需要可搭建 0.5~0.6 m 高的比赛台，赛台四周与地面倾斜角应小于 30°（图 9-2-1）。

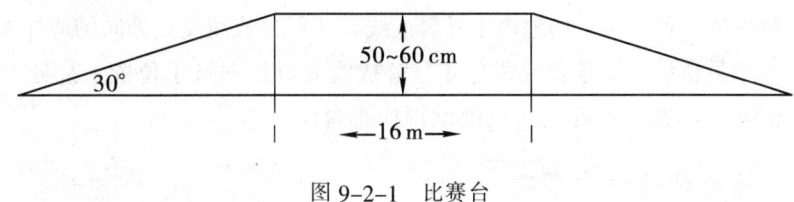

图 9-2-1　比赛台

（二）比赛场地的划分

（1）将 12 m×12 m 的比赛场地设为比赛区。

（2）比赛场地四周的外缘线称为警戒线，可以从边界线向四周铺设 1~2 m 的安全区。

（三）场上人员数量及位置（图 9-2-2）

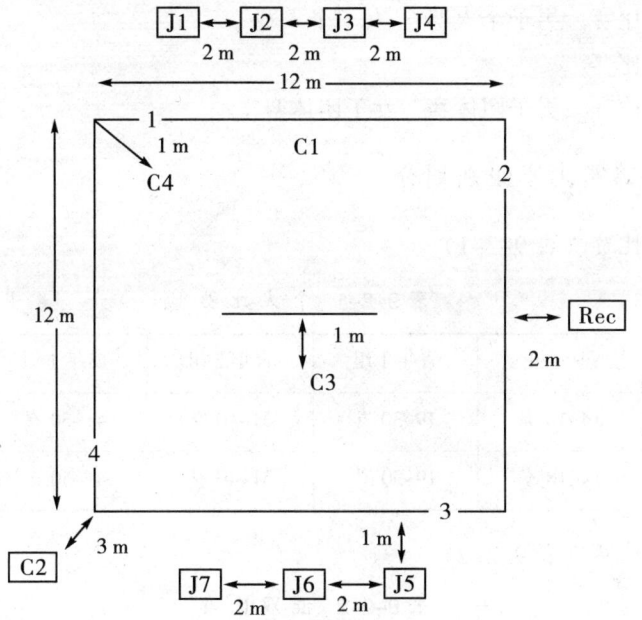

图 9-2-2　比赛区及人员位置

（注：①Rec——记录员；J1、2、3、4、5、6、7——裁判位置；②C1——比赛区；③C2——教练员位置；④C3——运动员位置；⑤C4——执行员位置；⑥1、2、3、4——警戒线）

(1) 裁判员数量。7 名。

(2) 主裁判员位置。1 号裁判席（J1）。

(3) 运动员位置。位于比赛场地中心点向 3 号警戒线方向 1 m 处。

(4) 记录员位置。位于 2 号警戒线中央向外 2 m 处。

(5) 执行员位置。位于场地内 1 号警戒线与 4 号警戒线交点处向场地外 3 m 处。

(6) 教练员位置。3 号警戒线与 4 号警戒线交点处向选手位置 1 m 处。

(7) 检查台位置。在赛场入口处设置检查台。

（四）场地铺设注意事项

不能使用反射严重且对参赛者或观众带来视角疲劳的颜色，参赛者道服、用具、比赛及边界区域的所有颜色应该相互匹配。

二、比赛种类与组别划分

（一）比赛种类

(1) 个人比赛。男子个人赛、女子个人赛。

(2) 混双比赛。

(3) 团体比赛。男子团体赛、女子团体赛。

（二）世锦赛比赛组别划分

(1) 个人比赛（表 9-2-1）

表 9-2-1 个人比赛

组别	少年组	青年 1 组	青年 2 组	成年 1 组	成年 2 组
男子个人	14~18 岁	19~30 岁	31~40 岁	41~50 岁	50 岁以上
女子个人	14~18 岁	19~30 岁	31~40 岁	41~50 岁	50 岁以上

(2) 混双比赛（表 9-2-2）

表 9-2-2 混双比赛

组别	第一组	第二组
	14~35 岁	36 岁以上

(3) 团体比赛（表 9-2-3）

表 9-2-3 团体比赛

组别	第一组	第二组
男子团体	14~35 岁	36 岁以上
女子团体	14~35 岁	36 岁以上

(三) 全国比赛组别划分

(1) 个人比赛（表 9-2-4）

表 9-2-4 个人比赛

组别	儿童组	少儿组	少年组	青年1组	青年2组	成年1组	成年2组
男子个人	8 岁以下	9~12 岁	13~17 岁	18~24 岁	25~30 岁	31~40 岁	41 岁以上
女子个人	8 岁以下	9~12 岁	13~17 岁	18~24 岁	25~30 岁	31~40 岁	41 岁以上

(2) 混双比赛（表 9-2-5）

表 9-2-5 混双比赛

组别	少儿组	少年组	青年组	成年组
	12 岁以下	13~17 岁	18~30 岁	31 岁以上

(3) 团体比赛（表 9-2-6）

表 9-2-6 团体比赛

组别	少儿组	少年组	青年组	成年组
男子	12 岁以下	13~17 岁	18~30 岁	31 岁以上
女子	12 岁以下	13~17 岁	18~30 岁	31 岁以上

三、比赛方式

中国跆协主办的全国性比赛的每个组别至少有 5 组。运动员参赛不足 5 名的可根据情况与临近组别合并。

比赛按下面方式划分：

1. 单败淘汰制

在没有电子打分器的情况下，采用单败淘汰制。

2. Cut off 制

在使用电子打分器的情况下，采用 Cut off 制。

（1）预赛。从各组别第一指定品势中抽选一种进行比赛，根据预赛得分高低，从参赛运动员中选拔出前 50% 人数的运动员进入半决赛。

（2）半决赛。从各组别第二指定品势中抽选一种进行比赛，根据半决赛得分高低，选拔出前 8 名运动员进入决赛。

（3）决赛。从各组别第二指定品势中排除半决赛抽定的品势后，抽选两种品势比赛，取两套品势的平均分，根据决赛得分高低选出前三名。

四、比赛指定品势

（一）世锦赛指定品势（表 9-2-7）

表 9-2-7　世锦赛指定品势

分类	组别	第一指定品势	第二指定品势
个人赛	少年组	太极四、五、六、七章	太极八章、高丽、金刚、太白
	青年 1 组	太极六、七、八章	金刚、太白、平原
	青年 2 组	太极六、七、八章	金刚、太白、平原
	成年 1 组	太极八章、高丽、金刚、太白	平原、十进、地跆、天拳
	成年 2 组	太极八章、高丽、金刚、太白	平原、十进、地跆、汉水
混双	第一组	太极六、七、八章，高丽	金刚、太白、平原、十进
	第二组	太极八章、高丽、金刚、太白	平原、十进、地跆、天拳
团体	第一组	太极六、七、八章，高丽	金刚、太白、平原、十进
	第二组	太极八章、高丽、金刚、太白	平原、十进、地跆、天拳

(二) 全国比赛指定品势（表 9-2-8）

表 9-2-8 全国比赛指定品势

分类	组别	第一指定品势	第二指定品势
个人赛	儿童组（8 岁以下）	太极一、二、三章	太极四、五、六章
	少儿组（9~12 岁）	太极三、四、五章	太极六、七、八章
	少年组（13~17 岁）	太极五、六、七章	太极八章、高丽、金刚
	青年 1 组（18~24 岁）	太极八章、高丽、金刚	太白、平原、十进
	青年 2 组（25~30 岁）	太极八章、高丽、金刚	太白、平原、十进
	成年 1 组（31~40 岁）	太白、平原、十进	地跆、天拳、汉水
	成年 2 组（41 岁以上）	太白、平原、十进	地跆、天拳、汉水
混双	少儿组（12 岁以下）	太极四、五、六章	太极七、八章，高丽
	少年组（13~17 岁）	太极六、七、八章	高丽、金刚、太白
	青年组（18~30 岁）	太极八章、高丽、金刚	太白、平原、十进
	成年组（31 岁以上）	金刚、太白、平原	十进、地跆、天拳
团体	少儿组（12 岁以下）	太极四、五、六章	太极七、八章，高丽
	少年组（13~17 岁）	太极六、七、八章	高丽、金刚、太白
	青年组（18~30 岁）	太极八章、高丽、金刚	太白、平原、十进
	成年组（31 岁以上）	金刚、太白、平原	十进、地跆、天拳

五、比赛时间

每场比赛时间为 1 min 30 s。决赛时，两套比赛品势之间休息 1 min。

六、犯规行为与处罚

（1）犯规行为由场内主裁判员处罚。

（2）处罚分为警告和扣分。

(3) 教练员及运动员有下列行为时，主裁判员将依据其行为对大赛的消极影响程度进行警告或扣分处罚，其行为包括但不限于：

① 运动员或教练员有不良言行。

② 运动员或教练员打断比赛进程或使用过激言语，行为严重违反体育道德。

③ 运动员违背竞赛规则或故意不服从裁判员的判分结果。

④ 为了影响裁判员或执行员的判断而煽动群众。

⑤ 其他影响比赛进行或产生恶劣影响的行为。

(4) 主裁判下达"警告"（Kyong-go）或"扣分"（Gam-jeom）而暂停比赛时，比赛时间根据主裁判员发出"暂停"（Shi-gan）口令的同时而暂停。直到主裁判发出"继续"（Kye-sok）口令时，比赛继续进行。

七、比赛程序

（一）运动员检录

比赛检录员在检录处按出场顺序进行运动员检录，每次10场比赛（比赛开始1 min内未到场的运动员将被取消比赛资格）。

（二）身体及服装检查

检录完毕的运动员到规定的检查员处进行身体及道服检查。运动员不得携带任何可能给对方运动员造成伤害的物品，运动员所着道服不符合中国跆协规定的不得参加比赛。

（三）运动员入场

检查完毕的运动员与一名教练员到等待席准备比赛。

（四）比赛的开始与结束

主执行员下达"开始"（Shi-jak）口令时比赛开始，结束时用"还原"（Ba-lo）口令结束。即使主裁判员没有发出"还原"（Ba-lo）口令，比赛仍将按照比赛规定结束的时间结束。

（五）比赛步骤

(1) 运动员根据执行员的"运动员入场"（shen-su-yip-zhang）口令，从场地第二和第三警戒线交叉点沿着第三警戒线走到第三警戒线中央后，右转身行进到离场地中心点的第三警戒线方向 1 m 处，作好比赛准备。

（2）运动员根据主执行员的"立正"（Cha-re）和"敬礼"（Kyong-le）口令，向前、后方的裁判员行礼。

（3）运动员根据主执行员的"品势准备"（poomsae-zhunbi）口令，做好品势准备姿势后，根据"开始"（Shi-jak）口令，进行赛会抽签决定的比赛内容。

（4）运动员完成指定品势后，在最后一个动作停留，根据主执行员的"还原"（Ba-lo）口令还原到准备姿势。

（5）根据主执行员的"立正"（Cha-re）和"敬礼"（Kyong-le）口令，向前、后方的裁判员行礼后，站在原地等待裁判员判分。

（6）主裁判员在收到裁判员判分结束信号后，发出"公布分数"（zhen-su-pyo-cul）口令，运动员的分数将会在比赛显示屏上显示。

（7）在主执行员发出"运动员退场"（shen-su-tue-zhang）口令后，运动员按照进场时的路线退出赛场。

八、主执行员

（一）资格

必须持有国技院颁发的段位证书及中国跆协颁发的一级以上大众跆拳道裁判员资格证。

（二）任务

（1）负责引导运动员入场及退场。
（2）负责执行比赛中的所有口令及宣布运动员该场得分。
（3）负责其他为了使比赛顺利进行而进行的辅助性工作。

九、判分

参照世界跆拳道联盟品势规则中的有关规定执行，包括以下三项判分标准：
（1）准确度。准确度的判分点包括基本动作和各品势动作的准确度。
（2）熟练度。熟练度的判分点包括动作的幅度、平衡性及动作的速度和力量。
（3）表现力。表现力的判分点包括动作的刚柔、缓急、节奏和运动员表现出的气势。

十、评分方法

（一）总分为 10 分

（二）分数组成

1. 准确度

（1）基本分数 5 分。

（2）扣分点。在完成品势的过程中，出现细小失误时每次扣 0.1 分；出现明显错误时每次扣 0.5 分。

2. 熟练度

（1）基本分数 3 分。

（2）扣分点。动作幅度、平衡性、动作速度及力量在比赛中出现细小失误时每次扣 0.1 分；出现明显错误时每次扣 0.5 分。

（三）表现力

（1）基本分数 2 分。

（2）扣分点。比赛中动作的刚柔、缓急、节奏以及气势不能够明确地表现出来时每次失误扣 0.1 分；出现严重错误时每次扣 0.5 分。

（四）其他扣分事项

（1）完成动作时超出比赛时间时，总分中扣除 0.5 分。

（2）比赛中运动员越过警戒线时，总分中扣除 0.5 分。

（3）上述扣分事项，各裁判员根据该场场上主裁判员的口令进行扣罚。

（五）计分方法

（1）品势比赛按照准确度、熟练度和表现力，结合其他扣分事项合算得分。

（2）在 7 名裁判员的判分中，除去最高分数和最低分数后，取分数的平均值。

十一、优势判定

（1）总分高的运动员为优胜者。

（2）比赛中出现相同分数时，熟练度分数高者胜；熟练度分数相同时，加最高、最低分重新统计得分；统计后比分依然相同时，重新进行比赛。

(3) 重新比赛时，比赛内容为该组别指定品势中未抽中的品势。

(4) 获胜种类

① 优势胜。比赛中分数高的运动员获胜。

② 弃权胜。主裁判员或医生判断运动员无法完成比赛时，或计时 1 min 后运动员无法进行比赛时。

③ 失格胜。参加比赛的运动员在资格审核中不符合比赛要求时。

④ 扣分胜。因违反扣分行为，累计 2 次扣分时。

十二、比赛中断情况处理

(1) 运动员因受伤需要中断比赛时，主裁判员应采取以下处理程序

① 主裁判员根据情况及时发出"暂停"（Shi-gan）和"计时"（Kye-shi）口令。

② 允许运动员在 1 min 内进行治疗。

③ 运动员在 1 min 治疗后仍没有比赛的意向时，裁判员可判其弃权。

(2) 如果发生除以上受伤处理程序以外的、合理的需要中断比赛的情况，主裁判员要及时发出"暂停"（Shi-gan）口令中断比赛。计时 1 min 后，继续比赛则发出"继续"（Kye-sok）；1 min 后运动员没有比赛的意向时，裁判员可判其弃权。

十三、裁判员

（一）资格

(1) 经中国跆协登记注册，持有中国跆协大众跆拳道裁判员资格证书。

(2) 大众跆拳道裁判员等级的评定及管理办法由中国跆协另行规定。

（二）场上裁判员的分类及任务

1. 主裁判员

(1) 参与场上运动员的判分。

(2) 出现其他扣分事项时，由主裁判员负责宣布，其他裁判员根据主裁判员的宣布内容进行扣罚。

(3) 运动员进场、退场时，执行员根据主裁判员的示意执行相应口令。

2. 裁判员

（1）及时对场上的比赛进行判分。

（2）根据主裁判员的口令，对扣分事项及相应内容进行判罚。

（3）在主裁判员寻求意见时要如实回答自己的看法。

（三）判定的责任

裁判员的裁决不容更改并对仲裁委员会负责。比赛中，裁判员出现明显的错误，如偏裁、无法接受的失误等行为时，竞赛监督员可及时向技术代表或竞赛管理委员会提出更换裁判员的要求。

（四）裁判员的服装

（1）裁判员应穿着本协会指定的裁判员服。

（2）裁判员不得佩戴或携带任何影响比赛的物品。

（五）裁判员的组成

（1）7裁制。主裁判员1名，裁判员6名。

（2）5裁制。主裁判员1名，裁判员4名。

（六）裁判员的分配

（1）场上裁判员的数量根据比赛具体情况，由组委会技术委员会在赛前决定。

（2）场上裁判员及主裁判员由裁判长确定。

（3）裁判长应当按照回避制度的要求安排上场裁判员。

（4）裁判员应该主动执行回避制度。

第三节　跆拳道竞赛规则要点（竞技）

一、比赛场地

（一）比赛场地规格

比赛场地为8 m×8 m、水平的、正方形无障碍场地，或由中国跆协批准使用的其他规格的比赛场地。

比赛场地应铺设有弹性的、平整的、经中国跆协监制或指定的专用比赛垫。比赛场地可根据实际需要置于一定高度的平台上。为保证运动员的安全，比赛场地边界线外应有与地面夹角小于30°的斜坡。

（二）比赛场地的划分

（1）8 m×8 m 的区域称为比赛场地。

（2）比赛场地的外缘线称为边界线。

（3）比赛记录台和临场医生台面对比赛场地第一边界线，顺时针旋转依次为第二、第三、第四边界线。

（4）边界线以外需铺设软垫，保护运动员的安全。尺寸大小可根据比赛地点的实际情况确定，宽度不能小于 2 m。

（三）场上人员位置

（1）主裁判员位置。距离比赛区中心点向第三边界线方向 1.5 m 处。

（2）边裁判员位置。第一边裁判员在第一、二边界线夹角，面向比赛区中心点向后 0.5 m 处；第二边裁判员在第二、三边界线夹角，面向比赛场地中心点向外 0.5 m 处；第三边裁判员在第三、四边界线夹角，面向比赛场地中心点向外 0.5 m 处；第四边裁判员在第四、一边界线夹角，面向比赛场地中心点向外 0.5 m 处。

（3）记录员位置。置于第一边界线向后至少 2 m 处，面向比赛场地。

（4）临场医生位置。置于第一边界线右侧向外至少 3 m 处（记录员位置水平向右 6 m 处）。

（5）运动员位置。比赛区中心点相反方向各 1 m，距离第一边界线 4 m 处（青方距离第二边界线 3 m，红方距离第四边界线 3 m）。

（6）教练员位置。位于本方运动员一侧的边界线中心点向后 1 m 处。

（7）检查（检录）台位置。检查（检录）台应位于比赛场地入口处附近，检查运动员的比赛护具。

二、运动员

（一）资格

（1）属于在中国跆协注册的某个团体会员。

(2) 当年度在中国跆协登记注册。

(3) 根据比赛要求，持有中国跆协颁发的相应段位、级位证书。参加全国青年锦标赛比赛当年的年龄为 14~17 岁。

（二）比赛服装和护具

(1) 需穿着中国跆协认可的道服和护具。

(2) 佩戴好护身、头盔、护裆、护臂、护腿、护齿、护手后进入比赛区，其中护裆、护臂、护腿应戴在道服内；运动员可携带经中国跆协认可的护具以备自用；除了头盔，头部不得佩戴其他物品。

（三）药物控制

(1) 禁止使用国际奥委会禁用的药品。

(2) 中国跆协认为需要时可进行药检，以确认运动员是否违反规定。任何拒绝药检或经药检证明触犯有关规定者，将取消其比赛成绩，并将比赛成绩按顺序递补给其后的运动员。

(3) 组委会有义务保障药检工作。

三、体重级别

（一）体重分为男、女级别

（二）体重分级

(1) 成年组级别（表 9-3-1）

表 9-3-1 成年组级别

级别（国际标准名称）	男子	女子
Fin（鳍量级）	54 kg 以下	46 kg 以下
Fly（蝇量级）	54~58 kg	46~49 kg
Bantam（雏量级）	58~63 kg	49~53 kg
Feather（羽量级）	63~68 kg	53~57 kg
Light（轻量级）	68~74 kg	57~62 kg

续表

级别（国际标准名称）	男子	女子
Welter（次中量级）	74~80 kg	62~67 kg
Middle（中量级）	80~87 kg	67~73 kg
Heavy（重量级）	87 kg 以上	73 kg 以上

（2）奥运会、全运会级别（表 9-3-2）

表 9-3-2　奥运会、全运会级别

男子	女子
58 kg 以下	49 kg 以下
58~68 kg	49~57 kg
68~80 kg	57~67 kg
80 kg 以上	67 kg 以上

（3）青年奥运会级别（表 9-3-3）

表 9-3-3　青年奥运会级别

男子	女子
48 kg 以下	44 kg 以下
48~55 kg	44~49 kg
55~63 kg	49~55 kg
63~73 kg	55~63 kg
73 kg 以上	63 kg 以上

（4）世界青年锦标赛、全国青年锦标赛级别（表 9-3-4）

表 9-3-4　世界青年锦标赛、全国青年锦标赛级别

级别（国际标准名称）	男子	女子
Fin（鳍量级）	45 kg 以下	42 kg 以下
Fly（蝇量级）	45~48 kg	42~44 kg

续表

级别（国际标准名称）	男子	女子
Bantam（雏量级）	48~51 kg	44~46 kg
Feather（羽量级）	51~55 kg	46~49 kg
Light（轻量级）	55~59 kg	49~52 kg
Welter（次中量级）	59~63 kg	52~55 kg
Light Middle（轻中量级）	63~68 kg	55~59 kg
Middle（中量级）	68~73 kg	59~63 kg
Light Heavy（轻重量级）	73~78 kg	63~68 kg
Heavy（重量级）	78 kg 以上	68 kg 以上

（三）青少年比赛的级别设置

在保证安全的基础上，由组委会根据实际情况确定。

四、比赛种类和方式

（一）比赛种类

（1）个人赛。个人赛一般在同级别体重的运动员之间进行，必要时，可把相邻两个级别合并产生一个新的级别。运动员在一次赛事中只允许参加1个级别的比赛。

（2）团体赛

① 按体重级别进行 5 人制团体赛（表 9-3-5）。

表 9-3-5　5 人制团体赛

男子	女子
54 kg 以下	47 kg 以下
54~63 kg	47~54 kg
63~72 kg	54~61 kg
72~82 kg	61~68 kg
82 kg 以上	68 kg 以上

② 按体重级别进行 8 人制团体赛。
③ 按体重级别进行 4 人制团体赛（将 8 个体重级别中相邻两个级别合并成为 4 个级别）。

（二）比赛方式

（1）单败淘汰赛。
（2）复活赛。
（3）循环赛或其他赛制。

五、比赛时间

每场比赛为 3 局，每局比赛 2 min，局间休息 1 min；青少年比赛时间可根据情况适当调整。

六、称量体重

（1）称重方式由组委会决定，包括比赛前一天全部级别一次性称重完毕和各级别在比赛当日的前一天称重两种方式。
（2）称重时，男运动员着内裤，女运动员着内裤、胸罩。如运动员要求，也允许裸称体重。
（3）称重一次完成，第一次称重不合格时，在规定时间内有一次补称机会。
（4）为了避免称重不合格，组委会应提供一个与正式体重秤相同的体重秤（误差不得超过 0.1 kg），放在运动员驻地或比赛馆供试称。

七、比赛程序

（一）点名

该场比赛开始前 3 min 点名三次。比赛开始后 1 min 仍未到场者，按自动弃权处理。

（二）身体与服装检查

点名后，运动员必须接受身体、服装和护具检查。运动员不得携带任何可能给对方运动员造成伤害的物品，不得有任何不服从裁判员检查的表示。

（三）入场

检查合格后，运动员和一名教练员进入比赛场地指定位置。

（四）开始和结束

每局比赛由主裁判员发出"开始"（Shi-jak）口令即开始，主裁判员发出"停"（Keu-man）口令时结束。即使主裁判员没有发出"停"（Keu-man）口令，比赛仍将按照比赛规定结束的时间结束。

（五）比赛开始前及结束后的程序

（1）双方相向站立，听到主裁判员发出"立正"（Cha-ryeot）和"敬礼"（Kyeong-rye）的口令时互相敬礼（图 9-3-1①②、图 9-3-2）。要求自然立正，双手握拳置于身体两侧，腰部前屈不小于 30°，头部前屈不小于 45°。

① ② ① ②

图 9-3-1 入场　　　　　　　　　图 9-3-2 敬礼

（2）主裁判员发出"准备"（Joon-bi）、"开始"（Shi-jak）口令时开始比赛（裁判手势如图 9-3-3①②、图 9-3-4①②）。

① ② ① ②

图 9-3-3 准备　　　　　　　　　图 9-3-4 开始

(3) 最后一局结束后（图 9-3-5），运动员相向站在各自指定位置，主裁判员发出"立正（Cha-ryeot）"、"敬礼（Kyeong-rye）"口令时相互敬礼，之后等待主裁判员宣布判定。

(4) 主裁判员举起自己的一侧手臂，宣布同侧方运动员获胜。青方获胜手势（图 9-3-6①②），红方获胜手势与青方获胜手势相反。

(5) 运动员退场。

图 9-3-5 每局结束

图 9-3-6 青方获胜

（六）团体赛程序

(1) 两个参赛队的所有运动员在运动员位置相向站立，按边界线方向顺序排列。
(2) 比赛开始前和结束后的程序按相关规定进行。
(3) 双方运动员需到比赛场外指定位置等待每场比赛。
(4) 比赛全部结束后，双方队员进场相向列队站立。
(5) 主裁判员举起自己的一侧手臂，宣布同侧方参赛队获胜。

八、允许的技术和攻击的部位

（一）允许的技术

(1) 拳的技术。使用直拳技术攻击。
(2) 脚的技术。使用踝骨以下脚的部位攻击。

（二）允许攻击的部位

(1) 躯干。允许使用拳和脚的技术攻击躯干被护具包裹的部分，但禁止攻击后背脊柱。

(2) 头部。锁骨以上的部位，只允许使用脚的技术攻击。

九、有效得分

(1) 有效得分部位

① 躯干中部：被护具包裹的躯干部位。

② 头部：锁骨以上的头颈部位（包括颈部、双耳和后脑在内的整个头部）。

(2) 得分是指使用允许的技术，准确、有力地击中有效得分部位。

(3) 分值

① 击中躯干计 1 分。

② 旋转踢技术击中躯干计 2 分。

③ 击中头部计 3 分，对手被主裁判员读秒的情况下不追加分。

(4) 一方运动员被判 2 次"警告"或 1 次"扣分"，另一方运动员得 1 分。

(5) 比分为三局比赛得分的总和。

(6) 得分无效：使用禁止的动作攻击或在攻击前有犯规行为，得分无效。

十、计分和公布

(1) 有效得分。立即计分并显示。

(2) 未使用电子感应护具时。由边裁判员用电子计分器或计分表记录得分。

(3) 使用电子感应护具时

① 躯干部位的有效得分，由电子护具中的感应器自动计分。

② 头部有效得分，由边裁判员用电子计分器或计分表记录得分。

(4) 用电子计分器或计分表记分时。必须有 2 名或 2 名以上的边裁判员记分方为有效。

十一、犯规行为及其处罚

(1) 任何犯规行为由主裁判员判罚。

(2) 处罚分为"警告"（Kyong-go）（图 9-3-7①~③）和"扣分"（Gam-jeom）（图 9-3-8①~③）。

(3) 两次警告给对方运动员加 1 分。警告次数为奇数时，最后一次不计。

(4) 一次"扣分"给对方运动员加 1 分。

(5) 犯规行为

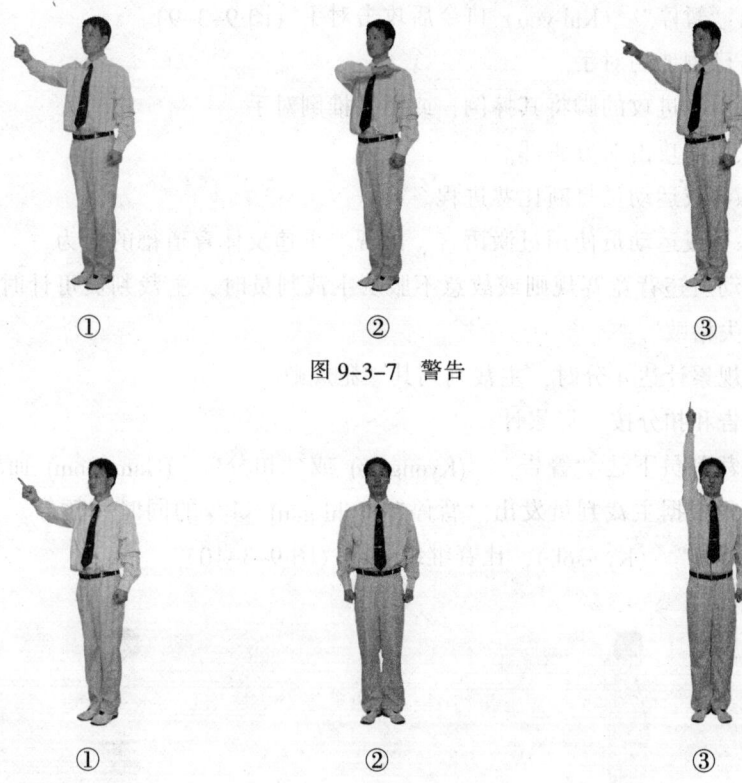

①　②　③

图 9-3-7　警告

①　②　③

图 9-3-8　扣分

① 判罚“警告”的犯规行为

◎ 越出边界线。

◎ 转身背向对手逃避进攻等回避进攻。

◎ 倒地。

◎ 故意回避比赛，或处于消极状态。

◎ 抓、搂抱或推对手。

◎ 攻击对方运动员腰以下部位。

◎ 伪装受伤。

◎ 用膝部顶撞对方运动员。

◎ 用拳攻击对手头部。

◎ 教练员或运动员有任何不良言行。

◎ 提膝阻碍或逃避对方运动员的攻击时。

② 判罚“扣分”的犯规行为

◎ 发出"暂停"（Kal-yeo）口令后攻击对手（图9-3-9）。

◎ 攻击已倒地的对手。

◎ 抓住对手进攻的脚将其摔倒，或用手推倒对手。

◎ 故意用拳攻击对方头部。

◎ 教练员或运动员打断比赛进程。

◎ 教练员或运动员使用过激语言、出现严重违反体育道德的行为。

（6）运动员违背竞赛规则或故意不服从主裁判员时，主裁判员可计时1 min后直接判其"失格败"。

（7）犯规累计达4分时，主裁判判其"犯规败"。

（8）警告和扣分按三局累计。

（9）主裁判员下达"警告"（Kyong-go）或"扣分"（Gam-jeom）而暂停比赛时，比赛时间根据主裁判员发出"暂停"（Shi-gan）口令的同时而暂停。直到主裁判员发出"继续"（Kye-sok），比赛继续进行（图9-3-10）。

图9-3-9 暂停

图9-3-10 继续

十二、加时赛和优势判定

三局比赛结束，如比分相等，加赛一局，时间为2 min，由"突然死亡"或"优势判定"确定胜负。

（一）"突然死亡"

（1）任何一方运动员先得分，则比赛结束，先得分者获胜。

（2）由于一方运动员犯规造成另一方运动员得1分，则比赛结束，得分者获胜。

(二)"优势判定"

(1) 加赛局双方均未得分,则进行"优势判定"。
(2) 当场比赛裁判员填写"优势判定"卡,按少数服从多数的原则进行判定。
(3) "优势判定"的依据是加赛局中运动员表现出的主动性。

十三、获胜方式

(1) 击倒胜(KO 胜)。
(2) 主裁判员终止比赛胜(RSC 胜)。
(3) 比分或优势胜。
(4) 弃权胜。
(5) 失去资格胜。
(6) 判罚犯规胜。

十四、击倒

运动员在比赛中受到合法攻击后,出现以下三种情况之一,将被判"击倒":
(1) 除双脚以外的身体任何部位着地。
(2) 身体摇晃,丧失继续比赛的意识和能力。
(3) 主裁判员判定运动员受到强烈击打而不能继续比赛。

十五、击倒后的处理程序

(一)运动员受到合法攻击被击倒

(1) 主裁判员发出"Kal-yeo"(暂停)口令暂停比赛,并将进攻者置于远处。
(2) 主裁判员大声向被击倒的运动员从"1"到"10"读秒,每间隔 1 s 读一次,并用手势表示时间(图 9-3-11①②、图 9-3-12)。
(3) 即使运动员在读秒过程中表示再战,主裁判员也必须读到"8",使运动员获得休息,并确认运动员是否恢复。如已恢复就发出"Kye-sok"口令继续比赛。
(4) 主裁判员读到"8"时,被击倒的运动员仍无法表示继续比赛,则读秒至"10"后宣布另一方"击倒胜"。
(5) 即使一局或整场比赛时间结束,主裁判员也要继续读秒。
(6) 如果双方运动员同时被击倒,如有任何一方尚未恢复,主裁判员将继续

图 9-3-11 站姿读秒　　　　　　　　　图 9-3-12 蹲姿读秒

读秒。

(7) 读秒到"10"后双方都不能恢复，应按击倒前的比分判定胜负。

(8) 主裁判员判断一方运动员不能继续比赛，可以不读秒或在读秒过程中判另一方获胜。

(二) 比赛结束后的处理

因头部受到击打而被击倒判负的运动员在 30 天内参加比赛，需由代表单位指定的医生证明，并由代表单位有资格的领队或者教练担保。

十六、比赛中断的处理程序

一方或双方运动员因受伤而中断比赛，主裁判员应采取以下处理程序。

(1) 主裁判员发出"Kal-yeo"（分开）口令暂停比赛并发出"Kye-shi"（计时）口令（图 9-3-13），计时员暂停比赛时间。

(2) 允许运动员在 1 min 内进行治疗。

(3) 运动员即使只受轻伤，1 min 后仍不示意再战，主裁判员判其负。

图 9-3-13 计时

(4) 由扣分犯规行为造成另一方受伤，1 min 后不能恢复比赛，判犯规者负。

(5) 双方同时受伤，1 min 后都不能继续进行比赛时，按受伤前双方得分判定胜负。

(6) 主裁判员判定一方运动员生命危险，明显神志不清并处于危险状态时，应立即中断比赛，安排急救。如果伤害事故是由扣分犯规行为造成的，判犯规者负；

如果攻击动作不是扣分犯规行为，则按比赛中断之前的得分判定胜负。

如果发生除上述程序以外的、合理并需要中断比赛的情形，主裁判员发出"暂停"（Shi-gan）口令中断比赛，继续比赛则发出"继续"（Kye-sok）口令。

十七、裁判员

（一）资格

经中国跆协登记注册，持有裁判员资格证书和中国跆协段位证书者。

（二）场上裁判员的分类及内务

1. 主裁判员

（1）掌握和控制整场比赛。

（2）在比赛中根据场上情况即时宣布"开始"（Shi-jak）、"结束"（Keu-man）、"暂停"（Kal-yeo）、"继续"（Kye-sok）、"计时"（Kye-shi）、"扣分"（Gam-jeom）、"警告"（Kyong-go），胜负判定和进退场等。

（3）根据竞赛规则独立行使判决权利。

（4）主裁判员不记录得分。

（5）前三局双方比分相同、加赛局双方均未得分时，当场比赛所有裁判员根据加赛局的优势情况判定胜负。

2. 边裁判

（1）及时记录有效得分情况。

（2）如实回答主裁判员的问询。

（3）及时提醒主裁判员比赛中出现的明显计分错误进行合议。

（三）判定的责任

裁判员的裁决不容更改并对仲裁委员会负责。

（四）裁判员的服装

（1）裁判员应穿着协会统一定制的服装。

（2）裁判员不得携带任何妨碍比赛的物品。

(五) 裁判员的组成

(1) 使用普通护具时，设一名主裁判员和四名边裁判。

(2) 使用电子护具时，设一名主裁判员和三名边裁判。

十八、即时录像审议

(1) 比赛中，如果教练员对裁判员的判罚或计分有异议，可向主裁判员申请进行"录像审议"。

(2) 教练员提出申请时，主裁判员应询问其申请理由。

(3) 主裁判应要求审议委员对申请内容进行"录像审议"，同时仲裁委员会选派一名仲裁委员参与审议。审议实行回避原则。

(4) "录像审议"完毕后，审议委员应告知主裁判判决结果。如果审议委员和仲裁委员意见不一致，将有技术代表作出最终判决。

(5) 接受"录像审议"申请后，审议组应在 2 min 审议时间内作出判决。

(6) 每一场比赛中，教练员可以提一次"录像审议"申请。如果该次申请成功且相关判罚或计分被更正，可继续提出申请。

(7) 审议组的判决是最终判决，比赛中和比赛后不接受更进一步的申诉。

1. 跆拳道比赛的体重级别有哪些？
2. 跆拳道竞技比赛的犯规事项有哪些？
3. 跆拳道竞技比赛时如何才是得分？
4. 竞技比赛和品势比赛的时间有何不同？
5. 简述跆拳道比赛的场地规格。
6. 如何组织跆拳道比赛？
7. 叙述跆拳道品势比赛中指定品势的具体内容。
8. 简述品势比赛中裁判判分的内容与方法。
9. 优势判定的方法有哪些？

第十章 跆拳道俱乐部的经营与管理

本章提要

俱乐部的成功经营与可持续发展，离不开良好的组织管理。咨询、服务、培训、制度等是管理的主要内容。本章简要介绍了跆拳道俱乐部经营与管理的有关常识。

重要概念

经营　管理　服务　接待　培训　组织　激励　职业素质　交流　安全检查

第一节　跆拳道俱乐部的经营

跆拳道运动是随着社会化和市场化的发展而迅速兴起的武道体育项目,它以独特的魅力吸引着越来越多的人。中国大众跆拳道的开展从1994年开始,呈逐年增长趋势,主要以跆拳道馆、跆拳道俱乐部的形式存在。跆拳道俱乐部的布局一般包括接待休息区域、训练区域、更衣区域和办公区域,经营主要包括招生、接待、授课、服务以及各种活动,管理主要包括人员管理、课程管理、场地器材管理和财务管理。俱乐部从业人员中,跆拳道指导员(教练员)必须持有社会体育指导员资格证书。

俱乐部经营的好坏受诸多因素的影响,其中招生、接待、授课质量、服务质量等是主要影响因素。生源的争取和维系是俱乐部生存的重要条件。

一、礼仪接待

礼仪接待是俱乐部和道馆为学员服务的开始,接待工作的专业、规范与学员满意程度,对塑造俱乐部和道馆形象非常重要。礼仪接待可分为来访者接待和电话咨询接待。

1. 来访者接待

前台接待人员在岗位上一般是坐着的。但有访客到来时,应立即起身,面朝来访者点头、微笑致意,使用规范用语询问客人所需的服务项目。同时递上登记卡,介绍服务内容,请客人签名,让客人对服务项目及课程设置进行了解。接待过程中,要尊重来访者,为其提供必要的信息。接待要耐心细致,热情周到。要恰当使用"对不起"、"请您"、"谢谢"、"欢迎您"、"请稍等"、"可以吗"等文明用语。

2. 电话咨询接待

电话接待是一种常用的接待方式。接电话时,先问好,紧接着自报家门。对打进来的电话,必须尽快接听。电话交谈时,应该问有所答,说普通话,主体突出,并且使用文明语言,简洁清晰、热情、语气平缓。要耐心解答和听取对方讲话,直到对方结束咨询。对方讲话时要仔细倾听,用简短的语言回应。交谈完毕后,应该让对方自己结束通话,然后轻轻把话筒放好,切不可立即搁下话筒。

二、交流与沟通

(一) 与学员之间的交流与沟通

1. 掌握基本交流技巧

跆拳道教练与学员交流时，常用以下方法：① 教师提问学员回答；② 学员提问教师倾听与指导；③ 肢体语言；④ 观察与语言或示范指导。

2. 精确使用语言

语言要准确、精练、富有逻辑性，从而更好地与学员沟通，增强对学员的吸引力和感染力，提高指导效果。

3. 合理运用身体语言

作为一名跆拳道教练，最理想的沟通莫过于身体力行，即会讲、会教、会做，一举一动都具有吸引力，完美的示范、指导的认真态度等都是一种无形的感召力。

4. 收集学员反馈

定期对学员进行调查，了解学员对课程和教练教学的意见和建议（也可以通过网站或意见箱来收集）。教练和管理者应耐心地倾听，针对学员的意见和建议给出及时的反馈。

(二) 与学员家长之间的交流与沟通

1. 建立有效的联系方法

建立一个能使家长很容易和俱乐部联系的方法，包括 E-mail、电话（电话留言）、手机等，畅通渠道，方便学员家长能够随时与俱乐部沟通。

2. 建立信任

出示营业执照、教练资格证书、获奖证书以及学员练习的照片等，让家长了解俱乐部的安全措施、跆拳道教学组的构成和资质，消除家长的顾虑。

3. 设置展示栏和时事宣传栏

在俱乐部合适位置设置展示栏，把教练、管理人员、开设的课程、收费标准等展示出来，让家长更好地了解。设立宣传栏，用于陈列跆拳道发展的相关信息和资料、推出的新课程、俱乐部提供的其他服务的信息以及各种通知等。

4. 建立网站

建立网站，及时发布消息，为学员和家长提供更多的服务。

三、纠纷的处理

引起纠纷的因素是多方面的。应根据不同情况妥善处理，维护俱乐部人员和学员双方的合法权益，维护俱乐部的声誉。解决纠纷时应注意以下几点：

（一）高度重视、做好预案

纠纷的调节和处理将直接或间接影响俱乐部或教练员和学员之间的权益，俱乐部人员应该高度重视。工作人员和教练员是学员最直接的接触者，在日常工作中要努力完善自己的服务，尽力消除发生纠纷的潜在因素。俱乐部要对常见的纠纷做好预防和处理预案。一旦纠纷发生，首先检查自己的服务，疏导学员的不满情绪，积极化解矛盾。如果调解不了要找相关法律部门解决。

（二）耐心倾听、化解矛盾

投诉者投诉时一般都带有情绪，难以心平气和。俱乐部工作人员应体谅投诉者的心情，耐心倾听，并用身体语言作出适当的呼应，表示在认真地听。等对方讲完后，工作人员再以诚恳亲切的语调有理有据地解释，化解矛盾。

（三）及时处理、有效预防

俱乐部内出现纠纷应及时制止，相关人员要按照预案及时到位处理。要调查、核实，并做分析，找到纠纷发生的原因及时处理。

四、俱乐部经营要点

（一）根据学员需要和跆拳道运动的特点设置课程

课程就是俱乐部营销的产品，有好的产品，消费者才能进行消费。因此，设置课程是营销的重要环节。目前国内跆拳道俱乐部常设的课程有：品势课、竞技课。常设的班级有：常年班、寒暑假班、少儿班、青少年班等。

（二）建立有特色的跆拳道俱乐部文化

俱乐部文化是发展跆拳道俱乐部不容忽视的内容之一，包括跆拳道俱乐部场地设置的文化品位、俱乐部人员的服务特色等。

（三）采用合适的招生渠道

跆拳道招生主要采取广告和实地招生两种形式。广告招生主要通过发放广告宣传单、报纸广告、电视广告等，还可以采取到小区、学校进行跆拳道表演实地招生的形式。

（四）合理的收费及促销手段

收费要合理。根据学员练习时间的长短（如年卡、半年卡、月卡）等采取不同的优惠策略，可以鼓励学员长期消费和吸引更多学员。

（五）高质量的授课和服务

授课和服务质量是营销的关键环节。目前从事跆拳道俱乐部和道馆经营的越来越多，竞争越来越激烈，服务质量将成为俱乐部生存发展的关键。教练员素质的高低是制约俱乐部发展的主要因素。提高教练职业素质和指教能力是俱乐部长期的任务。

（六）良好的训练环境

跆拳道俱乐部的硬件和训练环境也是竞争的重要条件，良好的训练环境和硬件条件可以更好地发挥俱乐部人员的能力和人力资源优势。随着训练环境的改善，学员会更加热爱俱乐部，俱乐部的人气指数会增加。

（七）收集与保管俱乐部运营资料

所有工作人员都要有详细的工作记录，应填写相应的表格存档。如人员的档案管理，学员的档案管理，教练员的档案管理与计划、教案管理，财务账目档案管理等。

第二节 跆拳道俱乐部的管理

在竞争日渐激烈的情况下，管理问题成为俱乐部生存发展的根本问题。

一、跆拳道教练员的职业素质

跆拳道教练员是在跆拳道俱乐部从事跆拳道指导、知识技能传授等活动，并且

对学员直接负责的人员。为适应现代跆拳道行业发展的需求，提高俱乐部的服务水平，教练员需要具备以下职业素质：

(一) 职业道德素质

职业道德素质是跆拳道教练员在其职业活动中应该遵循的行为准则。随着现代社会专业化程度的加强，市场竞争日趋激烈，整个社会对从业人员的职业观念、职业态度、职业责任等要求越来越高，教练员职业道德的好坏将直接影响俱乐部的服务质量。教练员首先要热爱自己的职业，树立高度的责任感，加强服务意识；其次要以学员为主体，一切从学员角度出发，围绕学员的成长设计自己的教学和管理；再次要诚实、守信、忠诚，遵守跆拳道礼仪。

(二) 职业知识素质

职业知识素质是指跆拳道教练员在专业指导中所应具备的科学文化知识、跆拳道专业知识、教学指导知识的深度和广度。跆拳道教练员应该集多种技能及知识于一身，既是运动教学训练专家，又是心理专家，同时还具有良好的沟通能力。

(三) 职业能力素质

跆拳道教练员的职业能力素质主要表现在教学能力和自我学习能力等方面。

1. 教学能力

跆拳道教练员的能力是建立在以专业知识为先导，以跆拳道教学指导实践为依托的基础之上的。跆拳道教练员的能力主要反映在对指导内容的组织与实施上，它不仅是业务水平的具体体现，也是综合能力的直接反映。从某种意义上来说，跆拳道教练员对指导内容的组织与实施能力，是对其所教授的知识与技能进行加工处理的再创造性劳动，是其个人对所教内容的理解和体验。例如，在跆拳道教学和指导中要做到因材施教，要有较高的教学效率，能够熟练恰当地使用各种教学技巧。

2. 自学能力

扎实的专业知识是跆拳道教练员从业的基础，跆拳道教练员除了要掌握全面系统的专业知识外，还可以通过培训进修或自学来提高自己。培训或进修的机会一般不会很多，自学就显得尤为重要。目前，跆拳道图书资料、影像资料、网站等都比较容易获得，能够独立通过这些方法获得知识并培养能力非常重要，因此，每一个跆拳道教练员都应该具备较强的自学能力，不断完善自我，提高教学指导能力。

3. 职业形象素质

职业形象素质包括外在形象和内在气质两个方面。

（1）外在形象包括言谈、举止、外表等，通过外在形象，学员可以初步推断教练员的资历、水平以及职业态度等。作为指导员要完善自我形象，给学员更好的服务。

（2）内在气质包括一个人的性格、修养等。作为跆拳道教练员，要自信、积极、健康向上，彰显出独特的个人魅力和足够的亲和力，这样有助于跆拳道教练员威信的树立，为实施成功教学和指导打下良好的基础。

二、人员管理

（一）人员招聘

教练员对学员影响较大，要尽量避免频繁地更换教练。对此，管理者应加以充分重视。教练员和其他人员的招聘包括以下步骤：根据俱乐部情况设定教练员岗位；根据岗位职责确定招聘的条件；根据招聘条件发布广告招聘或者确定范围寻找合适人选；根据应招人员考核确定录用者；通知录取者上岗工作。

（二）人员考核

1. 考核内容

考核要恰如其分地反映出员工的真实水平及其工作情况，做到公正、公开。一般采取领导评价、专家评价、同行评价、学员评价和自我评价相结合的方法进行综合评定。考核内容包括：

（1）业绩考核。

（2）全面考核。

2. 考核方法

（1）直观评判法。根据员工平时的思想品格、业务水平、工作成就、工作态度等方面的表现，全面综合地分析和评价。

（2）定量分析法。对已经完成或将要完成的业绩进行鉴定分析。

（3）情境模拟法。将员工置于一个模拟的工作情境中，运用多种评价技术考察其能力。

（4）述职报告法。员工自己讲述，自我鉴定。

（5）测评计分法。根据员工的基本情况制定《教练员及员工考核评分表》，由相关人员或学员打分评定，最后进行综合评定。

3. 人员管理

（1）建立评估体系。建立健全各个岗位人员的管理制度，对各个部门员工的工作量、工作效率、工作质量、协作精神进行量化的评估，如建立考勤制度表格，工作任务书与完成情况评估表等。

（2）建立激励机制。激励的目的是提高员工的工作热情和工作效率。激励机制包括：根据工作表现调整职位与待遇、定期或不定期进行精神或物质奖励、派出学习等。

（3）预防人员流失。增强团队意识，提高俱乐部的凝聚力和吸引力，采取适当措施，预防优秀的员工流失。

（三）人员培训

1. 培训的作用

俱乐部培养人才的主要途径是培训。通过培训提高服务人员的水平，提高教练员的专业技能和执教能力，规范员工行为，提高员工素质，改善服务质量，从而增强俱乐部的整体水平，提高竞争力和生存力。

2. 培训的内容

俱乐部人员参加工作前，必须参加岗前培训，了解工作流程和具体要求。培训应该包括以下几个方面：

（1）职业道德。

（2）专业知识。

（3）实际操作能力。

（4）团队精神与协作意识。

（5）把握经营理念。

3. 培训的基本方法

（1）个别培训。为了节省时间，满足受训员工的特定需要，可以采用个别培训的方法。个别培训一般包括自学、个别指导和函授学习。

（2）集体培训。集体培训是对较多员工同时进行的培训。集体培训一般采用课堂讲授、课堂训练、实践指导、观摩教学、案例分析、职业角色演练、集体讨论等方法。

4. 培训的计划

培训前要拟定好培训计划。培训计划一般包括以下内容：

(1) 培训目的。
(2) 培训目标。
(3) 培训时间、内容与方法。
(4) 培训场地、教室、教学器材设备、教学资料。
(5) 培训教师的聘请。
(6) 培训经费。
(7) 培训总结。

三、课程管理

(一) 课程设计要求

课程设计要根据俱乐部的条件（师资、场地、器材）和经营理念，满足市场及学员的需求。

(二) 课程类型

可根据学员的学习进度分班，如分为初级班、中级班、高级班。也可以按学员的年龄、水平分班，如分为儿童班、少年班、成年班。还可以按学习时间长短分班，如分为短期班、长期班；寒暑假班等。

(三) 课程实施

1. 场地的利用节奏

上课前教师要检查场地器材，课后教练员和学员需要时间收拾私人物品和相互交流，也需要清洁场地和整理场地器材，因此，应该在课与课之间至少安排 10 min 左右的间隔时间。

2. 教练员工作量要适宜

跆拳道教学是一种高度交流型的活动，教练员比较辛苦。因此，教练员的课程不应该安排太多，否则不但教学质量会受到影响，还会对教练员身体健康不利。

3. 实验与调整

在设计好课程体系并调整完课程表后，最好先试用，发现问题及时调整。

怎样对学员进行管理

◎ 记录出勤。

◎ 记录和反馈课堂表现。

◎ 严格要求纪律和礼仪。

◎ 对训练进行考核。

◎ 及时缴纳学费。

◎ 表扬鼓励与批评教育相结合。

◎ 为学员提供展示自我的机会，参加各种有益的活动。

四、环境管理

在跆拳道练习中，学员的健康和安全是首要问题。尽管跆拳道练习容易发生损伤，但是如果采取有效的预防措施，绝大多数损伤和安全问题都是可以避免的。

（一）创造安全的环境

1. 设施的安全

（1）应该考虑基础设施的安全问题，包括跆拳道训练器材的质量和摆放、学员物品的安全（防盗）、防火设施等。

（2）运用安全标志，如滑湿的地面上放置防滑标志，设置安全出口等。

2. 员工安全培训

通过培训，加强员工对潜在危险的警惕意识，熟练掌握安全预案。

3. 应对突发事件的培训

通过模拟练习，提高应对突发事件的信心、熟练应对程序。

（二）学员安全检查

（1）身体健康检查（损伤、疾病等）。

（2）服装检查。

（3）身体检查（配饰、指甲等）。

（三）紧急事件应对程序

（1）应对程序要张贴在合适位置。

（2）相关人员必须熟练掌握处理程序。

五、财务管理

要设有资格的专人从事财务工作。财务工作要符合国家的各项财务规定，建立好财务档案，接受工商、税务等监管部门的监督和检查。

1. 俱乐部安全包括哪些内容？
2. 怎样制定培训计划？
3. 怎样防止俱乐部教练员流失？
4. 俱乐部文化包括哪些主要内容？

附录

跆拳道社会体育指导员培训考评内容分配表

级别 \ 内容	理 论 内 容	技 术 内 容
初级指导员	1. 跆拳道起源、跆拳道发展历程 2. 指导员素质与沟通技巧 3. 跆拳道战术 4. 跆拳道段位制常识 5. 跆拳道特点与价值 6. 跆拳道内容与分类 7. 热身活动与整理活动原理	1. 实战姿势、站姿与移动、手法、腿法（1） 2. 太极一、二、三章 3. 太极四章 4. 太极五章 5. 太极六章 6. 太极七章 7. 太极八章 8. 教学方法实践 9. 实战
中级指导员	1. 跆拳道技术应用原理与技巧 2. 跆拳道训练服装、器材与使用、损伤与处理 3. 跆拳道比赛的组织、跆拳道健身计划 4. 突发事件处理、沟通与服务 5. 跆拳道比赛的组织与裁判	1. 腿法（2） 2. 品势：高丽、金刚、太白、平原 3. 击破技术 4. 教学方法实践 5. 裁判手势口令 6. 特技编排设计实践
高级指导员	1. 跆拳道技术分析 2. 运动负荷的控制常识 3. 跆拳道代表队的组建和训练 4. 俱乐部管理、道馆人员培训 5. 教学技巧和方法	1. 品势：十进、地跆 2. 对打与防身术 3. 教学方法实践 4. 跆拳道舞
指导师	1. 跆拳道表演设计原理 2. 俱乐部管理理念 3. 专题讲座（2个） 4. 跆拳道发展研讨	1. 教法提高实践 2. 专题讨论（2个专题） 3. 基本专业韩语术语运用

注：此表根据《跆拳道社会体育指导员培训大纲》制定，教师和学员可根据表中规定在本教材中选择相应内容进行教授和学习。

参 考 文 献

[1] 中国跆拳道协会. 国技院跆拳道教程 [M]. 青岛：中国海洋大学出版社，2008.
[2] 刘宏伟. 跆拳道理论与方法. 沈阳体育学院教务处，2008.
[3] 中国跆拳道协会. 中国大众跆拳道教程 [M]. 北京：人民体育出版社，2009.
[4] 田麦久，等. 运动训练学 [M]. 北京：高等教育出版社，2006.
[5] 中国跆拳道协会. 跆拳道竞赛规则（竞技），2009.
[6] 中国跆拳道协会. 跆拳道竞赛规则（大众），2009.

郑 重 声 明

高等教育出版社依法对本书享有专有出版权。任何未经许可的复制、销售行为均违反《中华人民共和国著作权法》，其行为人将承担相应的民事责任和行政责任，构成犯罪的，将被依法追究刑事责任。为了维护市场秩序，保护读者的合法权益，避免读者误用盗版书造成不良后果，我社将配合行政执法部门和司法机关对违法犯罪的单位和个人给予严厉打击。社会各界人士如发现上述侵权行为，希望及时举报，本社将奖励举报有功人员。

反盗版举报电话：　（010）58581897/58581896/58581879
传　　　真：（010）82086060
E - mail：dd@hep.com.cn
通信地址：　北京市西城区德外大街 4 号
　　　　　　高等教育出版社打击盗版办公室
邮　　编：100120

购书请拨打电话：　（010）58582141　　58582135